本著作获西安财经大学学术著作出版资助

文化遗产旅游体验价值生成机理研究

——以西安城墙为例

Study on the Formation Mechanism of
Cultural Heritage Tourism Experience Value
—Taking Xi'an City Wall as an Example

李艳 著

经济管理出版社
ECONOMY & MANAGEMENT PUBLISHING HOUSE

图书在版编目（CIP）数据

文化遗产旅游体验价值生成机理研究：以西安城墙为例/李艳著．—北京：经济管理出版社，2022.6

ISBN 978 - 7 - 5096 - 8503 - 7

Ⅰ. ①文…　Ⅱ. ①李…　Ⅲ. ①文化遗产—旅游资源开发—研究—西安　Ⅳ. ①F592.741.1

中国版本图书馆 CIP 数据核字（2022）第 099591 号

组稿编辑：范美琴
责任编辑：范美琴
责任印制：黄章平
责任校对：蔡晓臻

出版发行：经济管理出版社
　　　　　（北京市海淀区北蜂窝 8 号中雅大厦 A 座 11 层　100038）
网　　　址：www. E - mp. com. cn
电　　　话：（010）51915602
印　　　刷：唐山昊达印刷有限公司
经　　　销：新华书店
开　　　本：720mm × 1000mm/16
印　　　张：15
字　　　数：259 千字
版　　　次：2022 年 7 月第 1 版　　2022 年 7 月第 1 次印刷
书　　　号：ISBN 978 - 7 - 5096 - 8503 - 7
定　　　价：88.00 元

前　言

　　遗产景观是一个国家和民族的象征，文化遗产地因其所具有的符号意义以及旅游符号消费意义，受到越来越多旅游者的关注。从本质上来说，文化遗产地的空间表征是在国家权利话语基础上展开的经由规划师、专家、旅游开发商以及旅游经营者等多种力量博弈的结果，是权利、资本、技术的融合统一。一旦"遗产地空间"和"旅游"相结合，遗产地的建构和表征就会成为一个重大议题。当旅游者涉入此空间，开始运用人的感官对文化遗产空间进行感知和体验，旅游者主体开始对空间进行解构性分析，遗产地空间的建构与解构成为一对生动的主客关系，而这一对生动的主客关系，正是本书研究的出发点。

　　以往有关文化遗产旅游的研究大多基于文化遗产地的客体视角，后来也有学者开始关注文化遗产旅游者主体的感知，但鲜有研究能够结合主客两种视角来进行文化遗产旅游研究，而在一个系统中研究文化遗产地的表征与解构这一对立统一的矛盾关系，正是推动构建理想的文化遗产旅游体验价值的重要力量。基于此，本书关注主客双方对于旅游体验价值的影响及生成作用。本书将按照三个相互递进的研究进程对该问题展开研究：①文化遗产地空间有关旅游吸引物的建构表征与游客感知和解构之间是如何互动的？②游客旅游体验感知要素是如何影响旅游体验价值生成的？③借由游客感知这一中间媒介，管理者设计表征的旅游吸引物对游客旅游体验价值的影响及作用的机理是怎样的？

　　针对以上问题，结合不同研究范式有关本体论、认识论及方法论的论述，本书以单案例嵌入式研究为策略，采用扎根理论与内容分析法相结合的研究方法，选取西安城墙为案例地，基于主客两方面的视角，以立意抽样和滚雪球抽样的抽样方法结合半结构化访谈法采集一手数据，并借助 Nvivo11 软件结合扎根理论三级编码处理访谈数据，得到初始范畴与主范畴。为了保证研究的可信赖性，选取

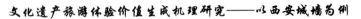

大众点评、猫途鹰以及马蜂窝三大网络平台上针对西安城墙旅游体验感知点评的网络文本数据,利用内容分析法对网络文本进行高词频统计,对词频进行编码并与扎根理论三级编码进行匹配校验。最终以初始范畴、主范畴,归纳出核心范畴,构建了西安城墙文化遗产旅游体验价值的生成模型。

本书研究发现:从客体层面来说,①文化遗产旅游空间建构主体为国家、政府、旅游开发商、规划师、学者以及旅游经营者,他们分别代表着空间生产的权利、资本、技术以及市场,在他们的共同作用下促成了文化遗产地西安城墙的"意象"。②进入现场的符号生产本质是旅游吸引物的现场表征阶段。旅游吸引物系统要素可以分为技术属性、功能属性以及体验属性。从主体层面来说,文化遗产旅游者通过由管理者客体构建的一切有关西安城墙的非现场标识信息构建了对西安城墙的意象。经由实地探访,旅游吸引物感知最终表现为主题感知、氛围感知、节事感知、真实性感知以及服务感知。这些感知要素影响了游客旅游体验中的认知价值、情感价值、休闲娱乐价值以及功能价值的生成。从主客互动层面来说,①基于主题、对应要素、主题活动以及服务设施的旅游吸引物表征生成的技术属性、功能属性以及体验属性直接影响着游客主题感知、氛围感知、节事感知、真实性感知以及服务感知。管理者立意对旅游体验的塑造借助游客感知最终影响了旅游体验价值。②只有主客双方在以上层面实现了良好的积极互动,才能构建值得回忆的旅游体验,并影响游客的认知价值、情感价值、休闲娱乐价值以及功能价值。

本书的创新点包括以下三个方面:首先,本书的视角以符号互动论为基础,首次在实证领域揭示了文化遗产旅游空间中,由管理者设计表征的体验属性与游客感知属性之间的符号互动过程,这是在实证领域校验主客双方互动过程及结果,并深化旅游符号学的研究。其次,本书在微观层面关注旅游者动态性、情境性的旅游体验心理活动并延伸至旅游体验价值研究,这将丰富旅游体验价值理论研究中的社会学、心理学理论体系。最后,本书焦点是遗产旅游吸引物表征、遗产旅游体验感知和旅游体验价值三者的关系,研究这样的关联互动,可追根溯源,找到影响旅游体验价值的旅游吸引物要素,并发掘旅游体验价值的实现过程。这不仅对遗产旅游空间管理方更好地设计表征体验产品有启发性,也可使得其他文化遗产地体验设计者受益,从而提升旅游者旅游体验价值。

目　录

1 引言

1.1 研究背景与研究问题

1.1.1 研究背景

1.1.1.1 文化遗产旅游空间的再建构与解构

遗产是历史遗留经过社会价值体系筛选的产物（Ashworth and Tunbridge，1999），主要表现为建筑、艺术、景区景点、物质文物以及能够反映历史遗产的当代人的生活方式等（Butler，1997），具有重要的经济、社会、政治和科学意义。尽管关于遗产旅游的概念还有争论，但大部分研究者都认为，遗产旅游是基于旅游吸引物所进行的旅游活动。

依据列斐伏尔"空间三元论"，遗产空间的初始价值在于它在物理意义上可感知的物质空间，物质空间是物质的和物质化了的"物理"空间，一旦"物理"空间和话语权利相结合，以国家、民族、地方的身份出现时，就会具有强烈的影响力和吸引力。现代社会中，随着资本、技术的介入，遗产空间进入轰轰烈烈的"空间再现"（Representations of Space）阶段，遗产资本化开始走上必由之路。Poria 和 Ashworth（2009）认为，遗产资本化主要关乎如何使用"过去"实现特定的目标，包括寻求广泛的文化认同。因此，从遗产地景观符号的象征意义和旅游地的社会建构属性来看，"遗产地空间"和"旅游"结合，使得遗产地的建构和表征成为一个重大议题。长久以来，文化遗产地的建构与表征掌握在话语权利主体以及科学家、规划师手中，这使得遗产地的空间表征以"构建"为基本特征，其表征手段与"景观""概念""语言""文本""事件"等息息相关，其结果是多种力量博弈后的"空间再现"（Representations of Space）。同时，20世纪后，随着现代主义思潮的出现及其盛行，人们对文化遗产及其所承载的思想和文化价值产生强烈兴趣（Caffyn，1999），加之大众文化消费需求的增多以及"怀旧思乡"（Nostalgia）的心理诉求，使得文化遗产旅游逐渐成为现代社会人们的生活方式之一，当旅游者涉入此空间，开始通过人的感官对空间存在进行感知和体验，并对空间进行分析性的解构与重构时，便进入空间实践（Spatial Practice）阶段。自此，空间对话伊始，空间的建构与解构成为一对生动的主客关系。

1.1.1.2 符号学与符号互动论视角：揭示意义的生产与深层结构

Hopkins（1998）指出，符号学是解释文化创造的批评理论的分析工具，符号学可用于研究所有的文化，即建筑、城市、电影、语言、文学，当然还有地方广告和符号化景观，都潜在地属于符号学分析范畴。从遗产地的符号属性以及大众符号消费特点来看，符号互动论成为研究文化遗产地表征与阅读的一个很重要的视角。在《心灵，自我与社会》一书中，米德提出人的心理、自我、社会都是在相互关系中产生的，它们都具有社会意义，自此，他成为符号互动论的开创者。布鲁默则最先提出了"符号互动论"，他深化了米德的研究，强调社会是一种动态实体，经由持续的符号沟通、互动过程形成，从而建构了意义（彭丹，2014）。

在消费社会，旅游作为一种符号消费范式蓬勃发展，文化遗产因其所蕴含的独特的文化意义和象征意义而受到越来越多旅游者的追逐。Herbert（2001）曾建构了遗产景观的"表征"和旅游者"阅读"的循环模型，以圈形图来展现景观表述者和阅读者之间的关系：作为客体的旅游吸引物的构建是一种符号生产过程，而作为主体，游客的体验本质上是一种符号阅读及解读的过程，这说明生产者建构的吸引物最终必须由旅游者解码方可实现其符号意义。

在麦克奈尔旅游吸引物理论三要素中，除了"景观"和"标识"外，"人"在文化遗产空间中也很重要，因为"人"既是文化遗产旅游消费的主体，也可能是被消费的客体。王宁（1997）是很早便关注旅游者间人际关系的社会学家，他指出，从符号互动论角度来看，旅游被赋予了强烈的情感意义。据此，他提出了旅游主体体验本真性，即存在性真实。他的研究，实质上是将旅游中的人际关系纳入了旅游体验的研究范围。Urry（1996）在"旅游凝视"理论中提出了"有他人在场的集体的凝视"，文化遗产地作为旅游消费的热点，如若没有人的参与，其魅力将大打折扣。因此，文化遗产空间的"人"在某种意义上也是旅游吸引物。

因此，文化遗产空间中的"人—物"关系及"人—人"关系既是符号互动非常重要的关注点，也和本书研究密切相关。符号互动论下，文化遗产地空间建构与解构的内容集中表现为"景观""标识"和"人"。

1.1.1.3 旅游体验价值生成研究——回归对旅游主体应有的关照

一旦以符号学视角研究文化遗产旅游，旅游体验将是本书关注的焦点。我国学者谢彦君曾在其博士论文《旅游体验研究》中以汉米尔顿的《旅游营销学》序言"写书就像走夜路，谁知道能走到哪儿"为楔子，引出他将"旅游体验"纳入他的研究视野中的偶然性，自此进入这个广阔而优雅的学术空间，并认定，旅游体验研究将是整个旅游学研究最核心、最基本、最纯粹的学术宝藏。谢彦君指出，旅游体验是旅游者个体与客观世界互动后的结果，更多是旅游者的内在心理活动，旅游体验本质是一个时序过程（谢彦君，1999）。

相较于旅游体验，旅游体验价值是旅游时序过程中的"收益"阶段，它衍生于旅游体验，是旅游期望与实际感知的差异，因此或正或负。文化遗产旅游是对遗产文化价值的体验并衍生出旅游体验价值的过程，其内涵是旅游者从事遗产的观赏、审美、体验、学习和愉悦等与遗产文化相关的旅游体验活动，其本质是一种"求真""求知"的体验。因此，文化遗产地的"真"与"知"会影响旅游体验价值。同时，文化遗产地空间还是一个由旅游环境大背景、旅游吸引物要素以及旅游软硬件服务设施等多个类属构成的旅游系统，系统内的每一个部分、每一个要素都承载着一定的信息，都向旅游者提供相应的旅游体验，完整的旅游体验不仅来自核心旅游吸引物，还来自对旅游设施、服务、旅游背景环境等的感知，而这一系统中的每一个要素都有可能影响旅游体验收益。因此，在文化遗产旅游主客互动的过程中，旅游吸引物的支撑系统（软硬件服务）也是非常重要的互动内容，影响着游客旅游体验价值。

因此，在本书中，我们关注旅游吸引物中的"景观""标识""人"以及服务配套系统是如何影响遗产旅游体验价值生成的，而旅游者主观性、动态性、情境化的心理特征又对旅游体验价值有何影响？本书最终基于主客两个方面构建文化遗产旅游体验价值影响因素以及生成模型。这是从本源上对旅游主体给予关怀，同时也希望构建理想的文化遗产旅游空间。

1.1.2 研究问题

本书以符号互动论为切入点，主要关注基于主客互动的游客旅游体验生成研究，具体研究问题可分割为以下几个方面：

（1）主客双方有关旅游吸引物的表征与解读如何影响旅游体验生成？旅游体验价值衍生于旅游体验，研究旅游体验价值之前，我们先关注旅游体验生成，即管理者是如何表征遗产旅游客体（旅游景观、旅游标识、旅游设施）符号系统的，以及游客对于遗产地符号体系的感知和解读又是怎样的？借由此路径解析主客双方有关旅游体验的塑造及感知。这一问题的研究路径如下：

首先，在客体层面，我们关注在遗产地空间中，管理者重点表征的旅游吸引物系统中的旅游景观、旅游标识以及"人"有哪些？在遗产地空间中如何体现？

其次，在主体层面，我们关注在旅游吸引物符号系统传递以及游客"阅读"的过程中，旅游者是如何感知以及解构这些符号的？

依据谢彦君（2010）的研究中符号解读的"正读""误读""忽略""放弃"等阅读结果，游客对于符号的解读自然呈现不同的结果，我们将关注游客对于遗产地符号表征的具体解读结果及差异。这是从第一个层面上探讨主客互动对于旅游体验影响的生成。

（2）在有关旅游吸引物符号互动的结果中，游客感知到的体验要素与旅游体验价值是如何互动的？游客感知要素如何影响旅游体验价值生成？

文化遗产地的旅游吸引物系统中的核心要素依旧是"景观""标识"和"人"，这既是管理者表征的依托，也是旅游者体验的内容，通过对游客访谈资料进行三级编码，找到游客旅游体验感知要素核心主范畴，既探析出旅游体验价值维度的生成过程，又发现了哪些体验要素和不同的体验价值维度紧密相关。这是借由旅游体验研究渐入旅游体验价值研究。

（3）管理者表征的旅游吸引物要素最终是如何影响游客旅游体验价值的？符号互动论下，主客双方之于旅游体验价值的生成是怎样的？最终构建出符号互动下主客双方之于旅游体验价值的生成模型。对这一问题的研究剖析如下：

本书研究了游客感知与旅游体验价值的互动关系，进而到管理者与体验价值的互动研究。在顾客价值领域，评估服务和商品的体验质量时，学者提出两个维度：一是技术或结果维度，二是功能或过程维度（Zeithaml，1988）。前者着重于"将什么传递给顾客"，意指商品；后者则关注"如何传递"，意指服务。在本书中，依据此理论，首先把管理者表征的旅游吸引物要素（旅游景观、旅游标识、旅游设施）分成技术属性、功能属性以及体验属性；其次把这三类属性与游客感知要素对接，发现管理者表征的旅游吸引物要素是如何影响旅游体验价值生成的；最后构建出符号互动机制下，主客双方有关旅游体验价值生成过程模型。

1.2　研究意义和价值

1.2.1　理论意义

从理论意义上讲，本书最大的贡献在于：①深化了符号学在旅游体验领域的研究应用，这对旅游学基础理论知识的积累有贡献意义。谢彦君在其多部著作中强调旅游体验在旅游学领域的核心地位，虽然十几年来，有关旅游体验的研究已经成为热点，但是系统化、理论化的研究并不多见。符号学是旅游体验的一个最重要的内容、一个最显著的独特现象、一个最缺乏解释的领域，但以符号互动论为切入点深入研究文化遗产旅游体验价值的文献鲜见，因此，本书中符号学尤其是符号互动论与旅游体验的深度结合将大大完善符号学在旅游体验领域中的理论知识的丰富与积累。②目前，国内有关旅游体验的研究多是借鉴国外理论成果，缺乏严谨的、科学的以本土视角进入旅游田野调查的研究成果，本书选取有代表性的中国文化遗产地为案例地，通过对基于人—物互动及人—人互动的体验研究，展开对旅游体验互动的深度描述，这能够帮助我们基于文化遗产地的编码机制把握游客心理，了解游客的译码机制，这样的思路更多的是将旅游体验与社会学、心理学结合，进一步完善对旅游体验理论的研究。③虽然有关旅游体验的研究在国内已经成为热点，但是有关旅游体验价值的研究并不多见，且多是顾客价值的理论移植，对于旅游体验价值研究的深度和广度还有待进一步拓展，而研究多采用定量测度的方法，忽略了旅游体验情境化、动态化、主观化的特征，本书最终通过游客感知到的管理方的设计要素去关注游客体验价值生成，试图从主客两个层面发现影响游客体验价值的因素，从而构建出主客双方之于旅游体验价值的生成模型，这也可以进一步积累和完善旅游体验价值领域的理论知识。

1.2.2 现实意义

本书从主客两个层面探讨旅游体验价值是如何生成的，从实践上来说，这对文化遗产旅游市场营销管理、经营管理以及文化遗产地可持续发展方面具有直接的借鉴价值和启示意义。①从符号互动论的角度来说，旅游开发运营商采用现代经营管理理念与开发手段，构建、表征遗产地空间旅游景观、旅游标识以及旅游设施设备等符号体系，旅游者则以自身的外来文化作为价值评价标准，解码符号体系。旅游者是如何感知、解读旅游空间中的符号体系的？文化遗产地的旅游经营者该如何更好地构建表征旅游吸引物系统，该怎样实现有效的符号互动，从而产生"共享意义"？这样解读的最终目的是发现旅游目的地和旅游出发地的旅游者怎样共同建构了理想化的旅游地，这有着非常重要的社会建构意义。②旅游体验价值是在顾客价值的理论基础之上发展起来的，在市场营销领域对顾客价值一直有着深入的研究。我们深入研究了文化遗产空间旅游体验价值及其维度，研究了管理者表征的旅游吸引物要素是如何与游客感知互动的，而游客感知又是如何影响旅游体验价值生成的，实质上是以游客感知为中间媒介构建管理者表征与旅游体验价值的互动，这便是站在游客角度去理解游客是如何评估并确立自身旅游体验价值的，这样就能帮助旅游地制定更加切合游客需求的市场营销战略及经营管理策略。③长久以来，文化遗产地的保护与开发一直是学界和业界讨论的焦点，但在本书研究中，我们更关注实践中的文化遗产地空间是如何同时践行保护与开发的，可持续发展理念未必是指单一的对文化遗产资源本身的保护，更有通过相应的旅游景观、旅游标识（事件）的开发将有形或无形的文化遗产发扬光大，究其本质也是保护。因此，通过案例研究，案例地对于其文化资源的开发与生产、建构与表征将对其他文化遗产地旅游资源的保护开发有直接的现实指导意义。

1.3　研究思路与框架

1.3.1　研究思路

本书以符号互动论为切入点，采用定性研究和定量研究相结合的案例研究方法研究遗产旅游空间游客体验价值生成过程。本书研究路线如图1.1所示。

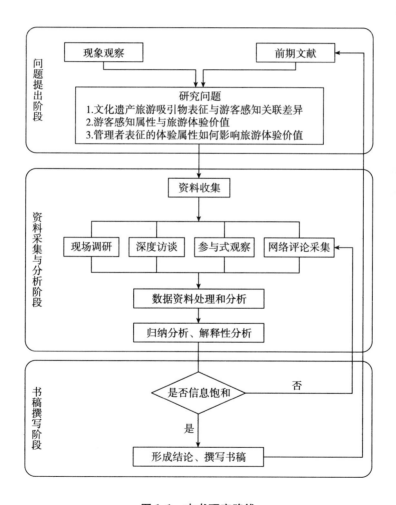

图1.1　本书研究路线

首先，在对遗产旅游空间进行参与式观察的基础之上，采取定性研究的方法，对遗产地景区管理者及游客分别进行半结构访谈，对于采集到的一手访谈资料运用 Nvivo11 软件进行扎根理论三级编码，同时，采集网络二手点评数据，用内容分析法进行资料分析，比对定性研究三级编码的研究结果，以验证一手资料的信息饱和度。通过数据分析，比对主客体两个层面，管理者建构表征的旅游吸引物与游客体验感知间的关联及差异，探析主客双方对于旅游体验生成的影响。其次，研究游客体验感知要素与旅游体验价值互动并确认文化遗产地空间旅游体验价值的维度、影响要素以及管理者旅游吸引物表征中的技术属性、功能属性以及体验属性与游客感知的关联，进而以游客感知为中间媒介，发现这三大属性与旅游体验价值的关联，最终确立主客双方之于旅游体验价值生成的影响，为旅游体验价值共创提供理论及实践支持。

1.3.2　本书框架

本书内容共有八章，可分为四个部分：第一部分为第 1 章、第 2 章、第 3 章和第 4 章，主要阐明研究立场，说明研究问题、研究思路、创新点、研究意义以及架构设计，并对国内外基于符号互动论的旅游吸引物相关研究、旅游体验相关研究以及文化遗产旅游体验价值的相关研究成果进行回顾和述评，总结相关理论，提出本书的理论框架。第二部分为第 5 章与第 6 章，主要研究西安城墙文化遗产旅游吸引物建构与表征以及游客体验感知及解构。通过设计差异化的半结构访谈提纲分别访谈管理者、相关工作人员以及游客，首先构建出管理者之于西安城墙旅游吸引物的表征，既而利用 Nvivo11 软件结合扎根理论三级编码方法对游客访谈文本资料进行处理，提炼出游客体验感知并通过网络数据验证一手资料饱和度，验证扎根理论三级编码结果。第三部分为第 7 章，通过主客体两个层面研究旅游体验价值，首先从游客层面，把游客对于旅游吸引物体验感知的要素与旅游体验价值对接，发现西安城墙旅游体验价值的维度以及影响要素；其次从管理者层面，把旅游吸引物按技术属性、功能属性及体验属性分类，探析相关属性如何通过影响游客感知来影响旅游体验价值，最终构建出符号互动下，主客双方之于旅游体验价值的生成模型。第四部分为第 8 章，主要阐述研究结论、研究不足以及未来展望。

1.4 创新点

本书的创新点体现在以下三个方面：

首先，本书的视角以符号互动论为基础，首次在实证领域揭示了文化遗产旅游空间中，由管理者设计表征的体验属性与游客感知属性之间的符号互动过程。体验是旅游者的一场精神之旅，是旅游主体和旅游世界的深刻互动，在这一过程中，体验本质是旅游者大脑和心灵的内在活动，它不同于普通商品和服务，旅游者并不是被动地接受旅游地的表征，他们更多的是自己塑造自己的旅游体验。因此，由管理者设计的体验属性和旅游者最终感知到的属性可能不同。与此同时，虽然旅游者的体验更多的是主体内部的活动，但旅游者自身并不能生成旅游体验，还须依靠管理者创造一定的条件、提供一定的环境来激起、诱发游客体验。从以往有关用符号学研究旅游体验的成果来看，多是仅从游客主体或旅游目的地二者中选取一方进行研究，在本书中，以符号互动论为基础，首次把旅游者和遗产地二者在一项研究中结合起来，通过对遗产旅游空间旅游吸引物符号编码及游客符号解码过程的深度研究，揭示主客双方的行为特征与心理特征，为提升遗产旅游形象符号表征提供理论依据及实证验证。这是旅游符号学研究中一次大胆而有意义的尝试。

其次，遗产旅游及其体验研究在学术界已经取得了丰硕的研究成果，现有研究多集中于遗产地保护与开发、遗产地原真性研究、遗产旅游地利益相关者、市场营销等内容，以及基于出游动机、决策、感知、满意度以及行为意向等的主体研究，本质上是一种主客分离的研究状态，且在微观层面对于旅游者动态性、情境性的旅游体验心理活动缺乏关怀，尤其对于旅游体验的感知评价即旅游体验价值的研究缺乏关注，而本书从旅游体验出发，但最终落脚点在于游客的旅游体验价值研究，这将丰富旅游体验价值的理论研究。

最后，本书关注游客的旅游体验价值，研究焦点是遗产旅游体验塑造、遗产旅游体验感知和旅游体验价值三者的关系，之前鲜有研究会去探索这三者之间相互递进且相互影响的关系。在本书研究中，确认了文化遗产游客的体验价值的评估维度和影响因素，以及管理者表征与旅游体验价值的互动管理，并最终构建出主客互动下旅游体验价值生成模型。研究这样的关联互动，不仅对于遗产旅游空间管理方更好地设计表征体验产品有启发意义，也可使得其他旅游目的地体验设计者受益，从而最终提升旅游者旅游体验价值。

2 相关文献综述

2.1 旅游体验研究

2.1.1 体验的定义

有关消费体验的论述可以追溯到 20 世纪 50 年代，Abbott（1955）指出，人们真正渴望的并不是产品而是令人满意的体验。体验可以通过活动获得，为了使活动能够进行，通常需要物质对象或人的服务。人们想要产品，因为他们希望产品带来的服务能呈现出他们想要的体验。20 世纪 70 年代，美国学者托夫勒在其著作《第三次浪潮》中明确预言：服务业最终还是会超过制造业的，体验生产又会超过服务业。1998 年，美国学者约瑟夫·派恩和詹姆士·吉尔摩在《哈佛商业评论》发表了一篇题为《体验式经济时代来临》的文章，指出现今的经济时代是体验经济时代。

在对"体验"进行概念界定时，《牛津英语语典》认为"体验"是一个名词，和认知结果相关，包括知识和技能。体验是情感和感觉，与思考对立，是参与当下发生的事情而不是对于一个事物的抽象思考。从静态的认知角度来看，Schmitt（1999a）指出，体验是遇到和经历，它们提供感觉、情感、认知、行为及相关的价值从而替代功能价值。Turner 和 Bruner（1986）认为，体验是结构性的，有其自身的时间程序结构。Otto 和 Ritchie（1996）基于过程导向给出了"体验"的定义，认为体验是被参与者感知的主观心理状态。Gupta 和 Zeithaml

（2006）把体验的发生描述为一个顾客感知和获取的知识均是其与服务供应者在环境中创造的各种不同层次的要素互动的结果。这样的定义暗示出在创造体验的过程中，顾客的角色引起了更多关注。后来的许多研究（Addis and Holbrook，2001；Carù and Cova，2003；LaSalle and Britton，2003）都指出，体验是顾客与公司及公司产品或服务的一系列复杂互动，正是因为有顾客积极地参与才使得他们共同创造了属于顾客独一无二的体验。

我国学者也对体验的定义进行了界定，陈才（2010）从哲学认识论角度出发，指出体验是一种认识方式，是人及其情感认识和理解世界的一种方式，是感性的代名词，是作为理性的对立面出现的，体验思考的内容是生活的意义和存在的真理。王苏君（2003）则认为，有关体验的思考是一种诗化思维、诗化的生活方式，体验本身就是目的。伍香平（2003）从心理学角度探讨了体验发生的心理过程，即体验是人的有机体在中枢神经系统调控参与下对内外环境刺激的一种综合效应，不仅包括因综合各种感官的外在感受而引起的情绪、情感体验，还包括在外部情境作用下内心世界产生的活动，即在体验过程中，不仅输入外在客体信息，而且激活内在已有信息，形成活动状态。

综合以上分析，我们认为，体验并不完全是商品和服务，它们之间是有区别的，体验既是一种心理受益，也是一种融入了情感的个体参与的动态过程，有主观性、参与性、不确定性及差异性等特点。因为具有主观性和情感性这样的特质，体验为消费者营造了难以忘却的回忆。但需要指出的是，商品和服务并非与体验无关，它们作为媒介融入消费者的体验过程中，是体验的组成部分之一。本书对于体验所采取的视角既是静态的，也是动态的。

2.1.2 旅游体验内涵

旅游体验研究是国外旅游理论研究的重要领域之一，旅游研究领域里的体验研究始于 20 世纪 60 年代，至今已经取得了一些初步成果。最初学者们对于"体验"的思考属于哲学范畴，随后，心理学、美学、教育学、经济学和管理学也都开始关注体验。主要的研究视角是应用心理学理论，与此同时，涂尔干社会学学派、现象学派及批判法也对旅游体验的解释与理解提供了有用的视角。

Clawson（1963）撰写了一篇有关休闲体验的文章，Boorstin（1964）将旅游体验（Tourism Experience）定义为一种流行的消费行为，是人为的、预先构想的，是做作的、刻板的。他坚持把旅游者（Tourist）和旅行者（Traveler）区别对待。在他看来，大众旅游者（Mass Tourists）是不懂得如何体验旅游真谛的乌合之众。进入 20 世纪 70 年代，众多学者（Cohen，1979；Dann，1977；MacCannell，1976）认为，旅游就是为人们提供一项体验经历的活动。Graefe 和 Vaske（1987）认为，旅游体验是旅游者在一个特定旅游地花费时间来游览参观所形成的，是一系列特定体验活动的产物，由许多复杂因素包括个人感知、地方印象、所处的情境、个性、沟通能力等构成。Pine 和 Gilmore（1999）分析了美国休闲业及旅游吸引物增长带来的经济增长情况。他们认为，主题公园、音乐会、剧院、体育事件都可以被称为旅游吸引物，为人们提供有价值的、独特的、值得回忆的体验经历。

Richards（2001）认为，体验经济的概念为旅游体验提供了解释维度。Stamboulis 和 Skayannis（2003）认为，旅游主要和旅游者的一系列观光、访问、学习、享受及体验不同生活方式等活动相关。Ballantyne、Packer 和 Sutherland（2011）也认为，一个访问者的体验会对他的认知及后续行为产生影响。所以从本质上来说，旅游是社会—心理体验的一个范畴，它贩卖的是一种"定制化"的体验，它最核心的生产活动便是创造旅游者体验。因此，2007 年，加拿大旅游委员会指出，从某种意义上来说，旅游就是一种体验。游客的一切诸如行为、感知、认知和情感、可表达或隐含的都可以被称为体验。显然，旅游体验作为旅游的核心，其重要性及实践性不言而喻。

国内关于旅游体验的研究起步于 20 世纪 90 年代末期，谢彦君在 1999 年出版的《基础旅游学》一书中率先提出"旅游体验"这一命题，并指出旅游体验是旅游学研究的内核。龙江智（2005）也认为，旅游研究应该以体验作为基本视角，并以旅游体验为基础构建旅游学科体系。谢彦君（2005）以现象学为视角，系统构建了旅游体验的基本范畴和研究框架，提出了旅游世界、旅游情景、旅游场等概念。随后，国内学者也开始关注旅游体验，且大多从游客的心理感受角度去探讨旅游体验的本质。谢彦君（1999）指出，旅游最核心的要素即旅游体验，它是指旅游个体借助观赏、交往、模仿和消费等活动方式实现的一个时序性过程，个体通过与外部世界取得暂时性的联系而改变其心理状况并调整其心理结构，旅游体验是旅游者的内在心理活动与旅游客体所呈现的表面形态和深刻含义之间相互交流和相互作用的结果。他还指出，旅游是现代人的文化消费活动，本质上是一种文化体验活动。林南枝（2000）将旅游过程和结果（感受）概括为旅游体验，实际上是对旅游活动的总结。邹统钎（2011）认为，旅游是旅游者为了追求一种个性化的、难忘的、愉快的心理体验而进行的活动。旅游的本质是旅游者内心的感受，是一种体验活动，并认为旅游体验具有个体性、参与性、综合性等特点。胡燕雯和张明（2003）指出，旅游体验是游客通过参与旅游活动最终形成对旅游的整体印象。苏勤（2004）认为，旅游体验是旅游者在旅游过程中的动机和行为与旅游地多种因素之间相互作用后旅游者自身旅游需要的满足程度。黄鹂（2004）指出，旅游体验是旅游者在旅游活动中产生的对旅游产品在心理上和情感上的体验。

通过回顾国内外有关旅游体验概念及内涵的阐释，我们发现，学者一般从两个角度对旅游体验进行界定：一类把旅游体验看成是一个时序过程，整个旅游过程就是旅游体验，因此，旅游体验的序列为出游前、出游中以及出游后；而另一类界定则强调旅游体验本质上是一种心理感受，情感或者情感的状态是其核心要素。

结合本书的研究视角，我们以 Ballantyne、Packer 和 Sutherland（2011）以及谢彦君（2011）的体验概念为基础来归纳旅游体验的概念。首先，笔者认为旅游体验是处于旅游世界中的旅游者主体在与客体交往互动过程中产生的心理感受，主要以内在情感和情绪状态的形式表现出来，因此，旅游体验的心理效价既包括积极体验产生的积极情感如愉悦、兴奋等，也包括消极体验带来的焦虑、失望等消极情感；其次，旅游体验是可以被干预、定制的一个过程，旅游体验是可以被设计、创造的，其核心生产力便是创造积极的旅游体验，但必须经由旅游客体和旅游者的积极互动才能实现。

2.1.3　旅游体验的内容研究

2.1.3.1　根据旅游体验的过程分类

大部分有关旅游体验的分类研究都着眼于旅游体验的时序状态，即把旅游体验分为三个阶段：一是预期体验，指旅游前的计划和准备阶段；二是现场体验，是指在目的地现场旅游的阶段；三是回忆体验，即旅游后的追忆阶段（Tung and Ritchie，2011；Tussyadiah，2014；Volo，2009；龙江智，2010 等）。Clawson 和 Knetcsh（1969）认为游憩体验包括预期、前往、现场、回程及回忆五个阶段。Jafari（1987）归纳了旅游者跳板模型，并将旅游体验概括为六个阶段：①旅游者在世俗生活世界中产生离开其惯常居住地及生活的出离心（Corporation）；②旅游者从世俗生活世界进入旅游世界的神圣空间（Emancipation），并产生因为空间分离而带来的思想和心灵解放；③旅游者在旅游世界中进入旅游角色（Animation）；④旅游者准备从神圣空间返回其世俗空间（Repatriation），空间上和心理上开始发生改变；⑤回到世俗生活世界的旅游者，回归原地后，与其相融（Incorporation）；⑥日复一日地在世俗生活世界中，旅游体验逐渐被遗忘或抑制。

2.1.3.2　根据旅游体验的内容分类

约瑟夫·派恩和詹姆斯·吉尔摩（2012）共同描述了一个体验内容的模型框架，以顾客的参与程度为横轴，吸收及沉浸为纵轴，依据这一结构维度和标准将旅游体验分成四种类型：娱乐体验、教育体验、遁世体验和审美体验（见图2.1），简称"4E"，"4E"的体验分类框架最具影响力，其他学者提出的体验类型多从其分类演化而来。Cohen是最早提倡用类型学来阐明"旅游者"这一概念的学者之一。1979年，Cohen在《旅游体验现象学》一文中使用了"旅游体验"（Tourist Experience）一词，并提出，不同的人需要不同的旅游体验，这对不同的旅游者而言具有不同的意义。他把旅游体验分为五类：休闲、排遣、获取经验、试验、存在。它们代表了不同的体验方式，如恢复健康、逃离喧嚣、寻求美感、寻找可选择的生活方式、接受异域文化。Pearce（1982）依据马斯洛的理论提出了旅游需要阶梯模型，以实证主义视角将旅游者的需要由低到高分为五个层次，需要的层次越高，旅游者得到满足后产生的满意度也会越高。由此，拉开了旅游体验定量化研究的序幕。

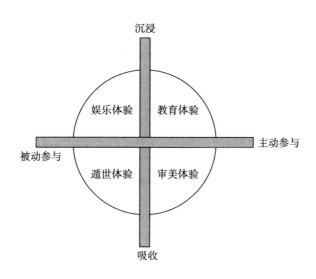

图2.1　旅游体验"4E"模型

进入 20 世纪 90 年代后，越来越多的学者投入对旅游体验的研究中。Richard C. 等（1998）对旅游者在体验中获得的利益进行分类，对游憩体验进行深入研究，提出了体验等级理论（又称层次论），把旅游体验细分为四种类型，包括享受自然、摆脱紧张、学习、价值共享的创造。1998 年，Prentice 和 Witt 综合多家观点归纳出了研究旅游体验的五种模式：①体验的等级模式；②体验的标准模式——"畅爽"，它是由心理学家克珍特米哈依（Csikszentimihalyi，1975）提出的最佳体验标准，这种状态"具有适当的挑战性而能让一个人深深沉浸其中，以至于忘记了时间的流逝，意识不到自己的存在"；③有目的地的行为模式，从行为理念、标准化理念和控制理念中预测目标导向的行为；④多类型模式，基于旅游者有多种类型，不同类型的旅游者所寻求的旅游体验也不同；⑤局内人和局外人模式，该模式把目的地居民界定为局内人，而旅游者则是局外人，作为局外人是无法理解或意识到代表当地文化的象征符号的。Chhetria 等（2004）认为，旅游体验包括期望体验、迫使性体验、忧惧的体验和社交的体验。

窦清（2003）通过分析和整合旅游和体验的含义与特征，对旅游体验进行了系统的研究，并结合案例，把旅游体验分为九种，包括情感体验、文化体验、生存体验、民族风情体验、学习体验、生活体验、自然体验、梦想实现和娱乐。邹统钎（2003）区分了旅游体验的五种类型，即娱乐、教育、逃避、美感和移情，并提出旅游景区的体验塑造应遵循差异性、参与性、真实性与挑战性四个原则。李晓琴（2006）阐述了旅游体验的核心内容和基本特点，提出以旅游体验为核心将旅游体验进行强度等级划分，据此建立了旅游体验动态模型，认为旅游体验的核心内容是情感体验、知识体验、实践体验和转变经历。全帅、王宁（2004）认为，旅游体验由支撑性体验和高峰体验两个维度构成，支撑性体验意指旅游目的地基础消费，它是实现高峰体验的基础和保障。王晓蓉（2007）以森林旅游为研究对象，在市场分析基础上构建了森林旅游体验营销组合模型，认为游客体验是一个基于游客的原点体验、中位体验、超值体验和盈溢体验四个层级的集合体。武虹剑等（2009）深入分析了旅游者与旅游场之间的互动，研究了旅游体验的内在机理、结构和类型，认为旅游体验的生成途径包括审美、认知、交往、模仿、游戏和娱乐六种类型。

2.1.4 旅游体验的影响因素

Berry 等（2002）从顾客的视角出发，提出"任何可以被感知到或者识别到的都可以称为体验属性"。Carbone 和 Haeckel（1994）把属性归为功能属性和情境属性。基于性能的属性与商品或服务的功能有关，意指技术功能的表现（Ellis and Rossman，2008）；情境属性涉及情感，包括多感官和提供情感的环境。情境属性包括两种类型：一种是机制，由事物发出（如景观、图形、气味、音乐）；另一种是人本主义，由为顾客提供服务的人发出（Carbone and Haeckel，1994）。因此，体验是多种元素混合的结果（Shaw and Ivens，1982），让消费者从情感、身体、智力和精神上参与进来（Carbone，1998；Oswald et al.，2006），使消费者的各种感官受到刺激（Mossberg，2007）。

2.1.4.1 主题

主题及故事叙事是影响旅游体验的重要因素，体验设计是一门艺术，如何改变环境以及主题化体验将决定体验设计成功与否（Nelson，2009）。主题通常由一系列线索构成，它有意识地激发人们对于不同空间或时间的旅途的幻想（Holbrook and Hirschman，1982），不同类型主题化的环境已经被研究了。主题化的度假酒店和餐厅已经非常普遍了，威尼斯人酒店就是一个例子。在事件行业中，剧院的隐喻用来描述个人如何给予表演，控制他们的剧本，并进入创造经验的设置。在 Goffman's（1959）的戏剧理论视角中，环境被构建成舞台和剧院，个人变成演员或表演者，他们的存在和表演定义了顾客体验并建立了他们的品牌，而消费者则变成了欣赏表演的观众，并成为创造自身世界及旅游体验的合作者。主题环境可通过物理设计及使用可创造吸引力的媒介实现。然而，物理环境和性能设计并不是创造情感体验所需的全部，这是因为经验是动态的，通常与过程相关联，序列、进展和持续时间也是体验的重要组成部分（Zomerdijk and Voss，2010）。一些环境，如旅游景点、酒店和餐馆，被概念化为故事，与主题相比，故事通常建立在一些可信的元素上，如信息、冲突、角色的划分和行动（Fog，Budtz and Yakaboylu，2003）。更重要的是，虽然叙事形式对于主题环境来说不是必需的，但它对于建立在一个故事上的环境是至关重要的。换句话说，一个环境主题可能包括一个寓言故事或真实故事的上演。故事和故事的使用可以被看作一种社区语言，能够帮助顾客学习（Van Limberg，2009）。体验阶段的过程可以从戏剧结构的概念中受益，以达到特定的艺术或情感效果，如刺激消费者的想象、情感的参与或娱乐（Jensen，1999；Twitchell，2004）。对于有经验的管理者来说，主题或故事是可以用来帮助消费者沉浸在体验环境中的方式。此外，它们还能带来更好的意义，如创造一个整体的体验形象、塑造组织的品牌，甚至为消费者创造体验（Mossberg，2008）。

2.1.4.2 氛围

环境心理学家认为，当一个人的环境发生变化时，他/她的行为和经历也会随之改变。因此，许多有关环境的研究都集中在消费环境有形和无形设计所涉及的因素上，尤其是零售业（Machleit and Eroglu，2000；Underhill，1999）。1973年，营销学界泰斗菲利普·科特勒率先提出氛围的概念，他认为商店氛围是为吸引某种特定的购买者，商店对空间做出的有意识的设计。Mehrabian 和 Russell（1974）认为，氛围是引起顾客评价和某些行为反应的刺激物。Milkman 和 Fugate（1986）认为，环境是由各种氛围因素集合而成的，而氛围则是刺激人感知的领域的合成体。Panzarella（1980）指出，视觉艺术可以更新体验，音乐则可以激活运动体验。Milliman（1986）发现，顾客购买数量和停留时间可能会受到音乐节拍变化的影响。Donovan 等（1994）发现，顾客情感反应（愉悦或唤醒）是被购物店的环境诱发出来的，这将会影响他们的购物时间及花费。因此，体验的操作性和访客之间的关系被认为是反身性的。例如，Pullman 和 Gross（2004）解释了 VIP 马戏团活动的设计元素，如食物和饮料、互动、座位和感觉设计，可以促进与参与者的情感联系，从而创造出忠诚的行为。在旅游业领域，有关氛围的研究集中于如何通过氛围设计为游客创造积极的旅游体验。因为生产与消费是同时发生的，氛围的设计并不仅是吸引旅游者，也会影响他们的实际体验，氛围要素是环境中的背景要素，如温度、气味、噪声、音乐、光线，本质上这些要素会影响游客的五官感觉。Echtner 和 Ritchie（1993）认为，在旅游体验中，物理环境依旧发挥重要作用，这是因为游客通常首要消费的就是目的地提供的"氛围"而非商品或服务。氛围不仅与单个场所（如餐厅、博物馆）有关，也与更广阔的区域有关，如一个旅游目的地由无数个具体的地方组成，如商店、博物馆、城市、运动场、购物中心、邻里公园和著名的旅游景点（Eberlein C.，Giovanazzi S. and O'Dell，2005）。Watson 和 Kopachevsky（1994）认为，除非我们考虑到更大的背景，否则游客体验无法被正确理解。Kotler、Bowen 和 Makens（2009）建立的模型中，6 个环境因素（包括人口、经济、自然、技术、政治和文化力量）塑造了宏观环境。因此，旅游目的地是社会心理互动的动态环境，作为显性社会和隐性社会实践的舞台，游客行为可以被描述、解释和预测（Snepenger et al.，2007）。Andereck 等（2006）将社会和环境活动作为整体体验框架的组成部分来解构旅游者体验的意义。从体验的概念来说，它是有关个人参与的过程以及因其参与而产生心理收益，因此旅游者并不是被动的消费者，他们是有创造性的、交互的。Ek 等（2008）指出，在旅游环境中，无形要素和有形要素将一起通过"凝视"同时构建他们的体验和感知，管理者设计的要素将是游客构建自身体验过程的刺激物。当游客通过与管理者创造的环境要素进行互动而拥有了知觉或者获得了知识，体验就发生了（Gupta and Zeithaml，2006）。氛围与感知价值之间有着密切的联系，学者们对此也从各个方向进行了研究探讨。其中，Kotler（1973）认为，感知质量是顾客感知价值的重要构成维度，氛围在营业场所中扮演的是空间质量的角色，因此，在有服务性质的营业场合，氛围将影响顾客的感知价值。Wakefield 和 Blodgett（1996）则研究了初中和高中的学生，证明了不同的氛围倾向于影响感知质量、满意度以及未来的购物倾向。Baker 等（2002）研究了环境氛围对于商品感知质量和行为意图的影响，他们的结论是商店环境氛围能通过感知产品质量、感知成本、人际服务质量来影响感知价值。

国内关于氛围的研究起步较晚，涉及范围也比较有限。郭承波（1998）从室内环境设计入手，认为氛围是人们对环境中的色彩、材料、温度等刺激所产生的感知和联想。李雪松（2000）从两个对立角度进行分析，认为氛围是经营者营销的一种手段，经营者通过对店内购物环境进行美化和强化，刻意营造出一种良好的商店营销气氛，刺激顾客的感官，进而激发顾客的心理活动。任留柱和龚露（2012）从人的视觉角度出发，分析人们对室内形态设计的空间氛围需求，从色彩、形态、材质三方面探讨了室内空间形态设计的创新性和多元性，认为氛围是通过特意地设计与管理所创造出来的环境，是人们能感知到的实在的空间环境以及实体空间外的气氛、意境和风格。龚静芳（2009）认为，室内艺术氛围的营造和饰品的经营布置是最主要的方法，饰品的选择与布置的艺术价值对空间装饰的风格和质量起着决定性的作用。在有关旅游景点的研究方面，叶仰蓬（2003）研究了景点旅游氛围的基本层次、内容和管理对策，指出景点氛围由基本旅游氛围、核心旅游氛围以及超值旅游氛围三个层面构成。李娜（2006）以饭店大堂为研究对象发现，影响顾客感知价值的大堂氛围因子分布在环境、服务和营业三大维度，其中环境氛围的贡献最大，服务氛围次之，营业氛围地位最低。李海英和李琼（2008）以天—地关系、人—地关系、人—人关系和人本身身—心关系为切入点，认为和谐休闲的氛围包括和谐的休闲文化、良好的场景设计、统一协调的景观设计以及休闲体验化的项目活动等，这些有利于休闲旅游者实现身心和谐、自我解放。方法林和宋益丹（2010）以江南古镇为例，提出要尊重和了解当地历史文化和现实生活，才能从历史文化氛围、现实文化氛围和艺术文化氛围三个视角对古镇进行开发。陈岩英和谢朝武（2010）认为，对历史名城要均衡协调保护与开发，要采用城市环境管理、文化个性提炼、科学规划定位和开发等方式来加强对历史名城旅游氛围的管理。要体现室内装饰个性化和艺术化，从人的视觉生理和环境心理的需求出发，通过采用室内照明，宋晓真（2010）发现，人群行为心理严重影响着空间氛围的营造。吕函霏、肖晓和江岳安（2010）以环境知觉理论为研究框架，并借鉴服务景现体验模型，提出从视觉、听觉、嗅觉和味觉四个方面入手的主题酒店氛围营造模型。叶宗造（2011）以杭州地区的农家茶庄氛围为研究对象，从顾客感知价值角度出发，探究茶庄氛围与顾客心理响应及顾客感知价值之间的关系，将氛围定义为使特定场合中的顾客做出预期的行为而对环境做出的设计。黄克已（2013）研究了宗教旅游景区氛围，根据因子分析结果，将研究模型分为四个氛围变量：宗教旅游景区外部氛围、内部氛围、布局氛围和人员氛围，在此基础上提出研究假设，进而使用结构方程模型对假设进行验证。

2.1.4.3 主客体因素

旅游体验是游客与旅游环境互动后产生的生理、心理反映，因此影响旅游者体验的因素包括主体因素（旅游者因素）、客体因素（旅游环境因素）两个方面。

Ryan Chris（1997）将旅游体验的影响因素分为先在因子、干涉变量、行为和结果三个方面，先在因子指游客自身因素，干涉变量主要是指旅行过程和旅游目的地外部因素，行为结果是指游客在旅游过程中的期望与感受之间的差距。Chubb 等（1981）把旅游体验分为 11 个阶段，并认为过去的经验、完备的信息、社会价值观、交通距离、交通时间、游伴、沿途风景活动机会、自然环境、社会环境、管理环境、服务、设施等因素会影响游客的旅游体验。Mervyn S. Jackson 等（1996）的研究则指出，旅游者自身能力和努力程度、任务艰巨性和旅行运气好坏等方面会影响到游客的旅游体验，并发现旅游者倾向于将正面的、积极的体验结果归结为自身因素，而将负面的、消极的体验结果归结为外部、非旅游者可控的因素。Ross（1991）认为，旅游体验质量的高低与主体及客观因素均相关，不仅取决于旅游目的地的各种属性及旅游企业接待人员的服务质量，还受旅游者自身因素影响。评价旅游者的体验质量是一个复杂的过程，需要考虑旅游动机、旅游者行动模式和旅游者的期望与实际感受。Jacinto 等（1999）认为，旅游者与

不同文化的相互作用影响着旅游者体验的满意度和对目的地的态度。Joar Vitters
（2000）认为，旅游产品的象征性、情感性意义与不同旅游者的认知协调战略会
影响到旅游体验。Faullant 等（2011）认为，情绪会影响游客的旅游体验。Wear-
ing 等（1996）认为，个人和观光空间的互动性、游客本身的文化和社会背景以
及旅游的目的是影响游客旅游体验的重要的因素。Chhetria 等（2004）认为，风
景、理解、信念和认同是影响游客旅游体验的重要因素。Mckercher（1993）等
认为，单凭文化旅游的动机尚不足以定位文化游客，还应该结合游客的体验深度
综合考虑。美国学者 Timothy（1997）论述了四种遗产体验的模式，提出研究个
性化遗产旅游的潜在的广阔空间，Timothy 发现当游客访问国家本土和个人遗产
景点时，或许会产生更强的关联感，从而拥有不同深度的体验。Bosque（2008）
等基于心理学与游客行为理论，通过对到访西班牙的 807 名游客开展问卷调查分
析，提出了关于游客满意度的认知情感模型，解释了态度、先前理念、体验后评
价、旅游者行为目的四者之间的相互关系。Ching - Fu Chen 等（2010）等通过对
游览台湾台南四个主要文化遗产景区的 447 名游客进行调查，分析了文化遗产旅
游游客体验以及体验质量、感知价值、满意度与行为意向之间的关系。Beeho 等
（1997）研究了 New Lanark 世界遗产村落，研究内容包括活动、环境、体验和收
获四个方面。Light D（1996）通过研究文化遗产地举办旅游节庆时的游客特征，
发现遗产地的节庆活动对于吸引游客、提高游客满意度具有明显的作用，而且这
种满意度会延长游客逗留时间和引起重游行为。Frochot（2000）指出，影响旅游
者体验质量的因素有开放与关闭时间、停车空间、指示系统、员工帮助、设施设
备、残疾人辅助设施等。Yale（1991）在这些研究的基础上探讨了测量游览质量
感的量度。

　　此外，国内学者对旅游体验影响因素的划分也基本上包含了旅游者因素、旅
游供给因素和外围要素三个方面。谢彦君和吴凯（2000）运用模型分析的手段探
讨了旅游期望的概念和特点，提出了旅游体验过程中获得满足的渠道和影响机
制。李怀兰（2004）采用了问卷调查法研究影响旅游体验效用的主要因素和次要
因素，其中，旅游企业服务人员、旅游体验产品特性、旅游者个性心理特点和个
人知识能力是影响旅游体验效用的主要因素，而旅游地居民、旅游同伴、体验整
体环境氛围和旅行途中的安排则是影响旅游体验效用的次要因素。马秋芳等
（2006）以西安入境欧美客源为样本进行游客满意度评价，认为期望差异、花费
收获、服务绩效模型和标准模型与总体满意度显著相关。李晓琴（2006）研究了

旅游体验的影响因素并构建了动态模型，认为影响旅游体验的主体要素有知识背景、早期的经验、取得技能的自我努力、接受新鲜事物的态度和能力、闲暇时间、购买力，客体要素包括与当地居民的互动。白凯等（2006）以北京入境游客为研究样本，认为旅游目的地客观要素及整体形象对入境游客的体验质量有影响，而因为常住地间距离的差异及文化背景的差异会导致游客体验质量的不同。章尚正和董义飞（2006）以西递宏村为研究案例，研究了游客对于村落总体印象、活动项目、古建筑、游览氛围等对旅游体验的影响，并给出了相应对策。刘扬（2012）研究了影视主题公园的游客体验，运用内容分析法，以网络数据为分析对象，认为影响旅游体验质量的因素包括景区体验、基础设施、旅游服务、旅游环境等方面。何琼峰（2014）采用大众点评网上北京七家 AAAAA 景区 15000余条游客的评论数据，利用扎根理论方法的开放性编码、选择性编码和理论性编码三个过程，构建了由"出游期望—出游方式—核心吸引物体验—配套服务体验—游后评价"五个维度构成的文化遗产景区游客满意度影响因素概念模型，揭示了核心吸引物体验和配套服务体验是最核心的两项影响因素。屈册（2013）指出，文化遗产地的开发并没有满足旅游者"差异化"的需求及"情境化"的需求，据此对旅游情境进行了深入研究，归纳了影响旅游体验质量的构成要素，指出旅游吸引物系统中包含了符号性因素和媒介性因素，旅游者和旅游供给者对于一些很重要的"符号"性有形吸引物的建构是一致的。

王钦安等（2016）以琅琊山景区为例，采用因子分析和回归分析等定量方法对琅琊山景区游客感知满意度和游后行为倾向的关系进行研究，结果表明，景区游客感知满意度和资源与环境、设施与条件、管理与服务三个维度相关。白丹等（2016）以"世界文化遗产"秦始皇陵兵马俑为研究对象，采用扎根理论对游客点评资料进行编码分析，建构秦始皇陵兵马俑景区游客感知评价模型，由出游期望、出游行为、旅游吸引物体验、配套设施与服务体验及游后评价五个维度共同构成。

2.1.4.4　与他人互动

除了氛围、主题等环境因素之外，游客的旅游体验也直接受到社会环境或环境中人（提供服务者及其他游客）的因素的影响（Heide and Grønhaug，2006）。服务者及游客在功能属性和情感属性上都起着不可或缺的作用（Kumar and Karande，2000）。

（1）顾客与提供服务者的互动。Bitner（1992）认为，多种社会因素（如互动）可能会影响消费者对服务氛围的感知。自助服务（仅限客户）、人际服务（包括客户和员工）和远程服务（仅限员工）情况存在差异。Bitner 等（1990）认为，员工处理顾客需求的能力，服务时的失败以及他们的自发行为，都会强烈影响客户的感知。Kellogg、Youngdahl 和 Bowen（1997）发现，当顾客从事建立关系的行为时，他们拥有更高频率的满意服务结果。进入设计体验的顾客可以被认为是进入了一个特殊的世界，但是如果他们对环境没有认识，可能很难适应并融入其中（Carù and Cova，2003）。员工，尤其是一线员工，可以成为与客户建立情感联系、促进客户融入的宝贵资源（Pine and Gilmore，1999；Zomerdijk and Voss，2010）。导游作为开拓者或导师以及作为游客和当地景点之间的中间人可以发挥作为游客信息来源的作用（Josiam，Mattson and Sullivan，2004）。当员工与顾客接触时，他们进行的可能是情感性的工作（Hochschild，2003；Zomerdijk and Voss，2010）。在服务环境中有两种形式的情感性工作：一种是建立融洽的关系，它与愉快的互动有关，包括关爱、友好的感觉，以及对他人的真正兴趣或心理相似性的个人联系；另一种是传递真实的理解，这在长期的、情感的和亲密的服务接触中尤为重要（Price，Arnould and Tierney，1995）。因此，员工和消费者之间的关系超越了短暂的信息交流，而变成了提高客户满意度、忠诚度和口碑推荐的关系（Gremler and Gwinner，2000；Price et al.，1995）。Martin（1986）认为，成功的客户—员工互动，员工需要同时具备程序性技能和社交技能。前者涉及服务流动，包括业务效率和及时性等方面；后者与员工的社交能力有关，并可加强体验氛围。因此，那些特别乐于助人、表现出同情心以及非常友好的员工，可能会带来更大程度的激励和愉悦（Slåtten et al.，2009）。此外，在舞台经验中，应强调互动技能以及知识技能，使员工既能成为组织的教育者，又能成为为消费者服务的艺人和价值创造者，如歌剧演员和厨师，或者是在迪士尼乐园表演的演员（Furunes，2005）。

（2）游客间的互动。Martin 和 Pranter（1989）在前人研究的基础上率先提出了顾客间互动的概念，认为顾客间互动是其他顾客直接或间接导致顾客满意或不满意的行为，前者是指特定的顾客间的人际接触，后者则将其他顾客作为服务背景的一部分。研究人员研究了与其他消费者在一起的积极方面，以及这些方面如何影响消费者成为合作生产商的意愿（Gummesson，1993；Silpakit and Fisk，1985）。这一点特别适用于顾客彼此距离很近，或者必须同时共享资源或空间的情况（如餐馆、航空旅行），甚至在等待时也是如此（Kellogg et al.，1997）。

Harris 等（2004）曾对顾客间的互动做了清晰的划分，将其分为"在现场的"（on – site）和"不在现场的"（off – site）。Nicholls（2005）认为，顾客间互动就是指服务场景（过程）中顾客间的接触，也就是"在现场的"，除此之外其他类型的互动如品牌社群、网络群体中的各种互动则被理解为"现场之外的"。Gustafsson 等（2010）发现，在酒店环境中，客人之间的会面会影响顾客的满意度。与此同时，与其他客户的联系是满足消费者社会需求，使体验更加愉悦的机会（Grove and Fisk，1992；Harris and Baron，2004；Martin and Pranter，1989；Nicholls，2005）。Martin 和 Pranter（1989）把顾客之间的互动划分为直接互动和间接互动两类，直接互动指顾客之间具体的人际交流，间接互动则指的是那些仅仅在服务现场中出现的其他顾客群的影响。通过消费价值观和消费行为的分享，消费者可以与他人建立社区意识，或者是群体归属感（Gao Lihua，2013）。毫无疑问，在一个由管理者设计的体验的环境中，游客能够间接影响其他游客以及因为情绪扩散而被其他游客的情感所影响（Tombs and Mccoll – Kennedy，2003）。游客作为旅游情境下的特殊顾客群体，游客间的互动情况与顾客间类似。Grove 和 Fisk（1997）提到的社交性的互动行为比较凸显。往往正是在那种特定的环境中，其他顾客被视为服务体验中的重要参与者和投入要素。在 Levy（1959）的研究中，研究者利用实验操作，营造积极的顾客间互动，结果发现积极的顾客间互动对顾客满意度具有显著的积极影响。

国内最早提出顾客间互动的学者范秀成（1999）认为，在服务过程中服务消费者与服务企业要发生多层次、多维度的交互作用，这种交互可以直接影响顾客对服务过程的评价，并从服务交互过程入手，分析服务交互的性质、交互质量的含义和改善交互质量的途径。李森（2005）以大连市为样本地，关注旅游者之间的互动，分别研究了两类群体（邂逅群体和同游者群体）与旅游者的互动，得出群体规模对旅游者体验质量存在影响，而情感沟通对于同游群体是非常重要的影响旅游体验质量的因素。彭丹（2013）认为，旅游者之间的互动和社会关系的质量对旅游者体验质量有着很大的影响，游客体验受到他人在场与否的不同程度的影响。蒋婷和张峰（2013）使用探索性分析对团队游客间的互动进行研究，发现团队游客间的互动将会影响游客体验感知及游后行为。黄颖（2014）以西塘古镇为案例地，以游客间互动、游客体验价值及满意度为研究内容，把游客间互动定义为在一定旅游情境中发生的，陌生游客在相遇时相互之间所产生的信息交流过程。李志兰（2015）从互动风格视角出发，探索不同风格导向的顾客间互动对体验价值创造的作用机制，认为顾客间互动源于共享服务、服务环境或服务设施而产生相互作用或相互关联的方式。其互动模式表现为两个或多个顾客之间通过口头交流、身体接触、文本信息、肢体姿态互动甚至仅仅在场等。

2.1.5 旅游体验的策划与管理

在旅游背景下，Otto 和 Ritchie（1996）认为，为了将消费者体验转化为管理行为，有必要从营销角度对旅游体验进行研究。Ritchie 和 Hudson（2010）认为，Otto 和 Ritchi 的研究开始探索如何更好地理解有效旅游体验的设计。Lindquist（1974）指出，体验中所有的因素都应与整体产品相关，并和最适合客户需求的形象相关联。因此，休验中的有形和无形的方面是同等重要和相互支持的（Stephen and Adelina，1999）。Stamboulis 和 Skaynnnis（2003）把体验式旅游定义为一种预先设计并组织的，有一定程序的，顾客需要主动投入时间和精力参与的，追求舒畅而独特的感受的旅游方式。通过体验设计，一个旅游目的地可以从一个简单的游览场所发展成为一个具有鲜明可识别特征的体验符号（Baker，Grewal and Parasuraman，1994）。Gross 和 Brown（2006）指出，游客在一定的地理空间开展活动，而在这个空间体验可以由管理者策划。Mossberg 和 Lena（2007）指出，在管理者设计的体验环境中，顾客与管理者一起共创了自己独特的体验以及空间。这种独特的空间是通过他们在互联网上展示给朋友、家人，同时以及潜在公众的故事以及相片中创造出来的（Ek et al.，2008）。虽然体验的管理者不能将体验本身提供给消费者，但他们可以通过创造一定的条件来响应客户的需求，在这种条件下，提供输入和机会，使每个客户能够塑造自己的体验，并根据竞争对手的产品区分体验（Högström et al.，2010）。

Royo - Vela M.（2009）基于定性与定量研究，识别了乡村历史与文化遗产、当地整洁宁静的环境与来访者得到的款待与服务等有关目的地形象的八方面情感认知因素，提出了目的地定位与形象管理的五个方面的进程，即了解并开发相关情感要素、管理历史遗产要素、控制游客的聚集、游客接待服务质量管理以及标志性遗产地旅程质量与独特性开发与管理。Antonio P. Russo 等以有意重游里昂、里斯本、鹿特丹、都灵四个欧洲城市的文化旅游者为研究对象，重新界定了城市的接待功能，探讨了文化资源体系的消费者导向管理策略与其他旅游政策之间的关系，对范登博格（Van den Berg）等提出的城市旅游目的地综合吸引力模型从大都市层面的现存的旅游管理策略、信息与接待质量、次要或辅助性旅游服务的提供与质量、内部与外部可进入性、景点与事件等方面进行了实证分析，认为主要与次要旅游产品的"柔性"部分与内部可进入性是高效开发目的地旅游的重要前提。

魏小安和魏诗华（2004）将通用商业分析的方法运用于旅游规划中，提出通过旅游情景规划与体验项目设计，为旅游者创造出全身心的高质量体验。李经龙和张小林（2005）认为，体验时代的旅游规划应该在横向上丰富旅游体验的类型，在纵向上提升旅游体验的层次，通过横向和纵向的更新发展，建立旅游体验系统。陈娟（2006）以具有体验特性的景观为基础，以游客的独特体验为目标，运用体验化的手段设计策划出了包括产品主题、情节、场景、角色、表演和控制6类要素的体验型旅游产品。芮田生（2007）在游客潜在心理和审美心理分析的基础上，提出了体验型旅游产品设计的程序，包括体验型旅游产品的种类、游客行为分析、体验型旅游产品设计原则和步骤等。贾秉瑜（2007）结合体验经济与旅游产品的相关理论，研究了体验经济时代旅游产品的体验性开发特点。郑向敏和田苗苗（2005）分析了体验经济时代下体验营销的特点和主体框架，并探讨了感觉营销、情感营销、思维营销、行动营销和关系营销五种模式在饭店业的应用。周霓（2008）结合体验主题化、顾客心理需求、参与性、提供附加产品、品牌、体验营销队伍6个方面的体验营销理论，研究了旅游产品开发策略。高小华（2008）构建了旅游产品体验性设计的宏观RMP模式和以主题、情节、布景、角色和表演为主要要素的微观设计模式。刘欣（2007）从感官营销、感受营销、思考营销、行动营销和关联营销五个方面，提出了科技旅游产品设计开发的策略。马潇（2007）从游客心理需求的微观角度研究了城市体验型旅游产品的开发模式，将电影创作的基本方法引入开发实践中，提出了广州市体验型旅游产品开发的具体方法。王镜（2008）在对遗产生态系统和遗产旅游者旅游体验研究的基础上，运用HELP模式进行景观开发和旅游产品设计，并指出随着遗产生态环境和旅游体验的变化对景观和旅游产品进行动态调整。李钰（2010）认为，旅游体验设计包括本能层次、认知层次及反思层次的旅游体验设计。庄志民（2007）提出"羊角模式"，从时间向度解析遗产旅游价值取向，对遗产旅游开发提供了诸多有益启示。

2.2　旅游符号学研究

2.2.1　符号学的概念及内涵

符号学的起源可以追溯到古希腊罗马时期，古希腊医学家希波克拉底把病人的症状看作符号，被称为"符号学之父"。现代符号学诞生于19世纪，是一门研究符号的科学。瑞士语言学家费迪南德·D. 索绪尔和美国哲学家查尔斯·S. 皮尔斯被誉为现代符号学的奠基人。索绪尔的符号学思想受结构主义的影响，基于承认语言本质是社会的产物。他的研究基本局限于语言符号，其方法论依据是二元的，认为符号是有意义的实体。索绪尔指出，符号（Sign）由所指（与能指相关的意义和连接）和能指（图像、语言和声音）两部分组成。索绪尔所说的"能指"（Signifier）就是符号的具体形式，可以感知，由物质、行为或表象载体所充当，如文字图片等。符号意义的指称成为所指。"所指"（Signified）即符号内容，也就是符号所传达的思想情感，或者称为"意义"。意义是通过符号载体来提示、显示和表达不太确定，所以也可以称为"隐含"。符号是由能指和所指，即形式和内容所构成的二元关系。能指和所指的联系是任意的，能指和所指构成了意指系统。

皮尔斯则将符号学称为"Semiotics"，认为符号始终处于符号本身（Sign）、符号对象（Object）及符号解释（Interpretant）的三角关系之中。所指即所指的对象/概念，符号即用于代表事物的能指，解释项是指解释符号的东西；所指与能指之间构成表征的关系，能指和解释项之间构成意指的关系，而解释项主要受文化、社会规则的约定；皮尔斯把符号分成了三类：图像符号（Icon）、指示符号（Index）和象征符号（Symbol）。图像符号是最直接、最基本、最易辨识的符号元素，因为能指与所指的事物类似，又被称为"肖像符号"。指示符号的能指与所指之间存在着一种直接的因果或邻近性的联系，又被译为"指索符号"，指索符号能够指示或索引符号对象的存在，如路标。象征符号的能指与所指之间没有类似性或因果相承的关系，它们的表征方式仅仅建立在任意的社会约定建构之上。按照皮尔斯的理论，一张澳大利亚乌鲁鲁的相片同时可以是图片、索引和象征。象征需要解释，因为岩石和澳大利亚的心脏并没有直接关系，需要给予相关的解释。换句话说，要理解这一象征意义，需要拥有乌鲁鲁的先验知识，去体验乌鲁鲁以及明白其在澳大利亚国家形象中的作用。这一视角显然注意到符号学的隐喻功能。特纳有关符号学的体悟主要在于这样一种观点——符号意义必须在具体的仪式语境中才能获得，仪式符号的意义可以通过三种方式得出：外在形式、仪式专家或常人的阐释和人类学家借由语境所做的推断。

结构人类学家克劳德·列维—斯特劳斯最早意识到符号学的价值并将其运用到人类学研究中，随后，这一研究范式被其他人文科学学科广泛应用。与索绪尔将符号意义的生成理解为系统差异性不同，特纳主张摆脱语言学的束缚，在他看来，象征符号是指某物，它通过与另一些事物有类似的品质或在事实或思维上有联系，被人们普遍认作另一些事物的典型或代表物体，使人们联想起另一些物体。

罗兰巴特深受索绪尔理论的影响，将结构主义符号学运用于现代社会文化分析中，并提出符号的"意义分析扩充论"。罗兰巴特认为，符号在传达意义的过程中利用两种层次来解释符号：第一层为"外延意义"，第二层为"内涵意义"。内涵意义由第一层的符号转向社会价值与意义的指涉，由传统或文化而来，说明符号如何与使用者的感觉和情感及其文化价值观互动。符号表意的方式受制于社会文化，因此并非是静态的，而是会随着传统文化变动或地域文化的不同而有所改变。罗兰巴特为社会学界提供了以符号学分析意识形态的最好学术范式，这种传统影响着此后诸多西方社会学者。

从心理学角度深化对于符号学研究的人是乔治·米德，他在其代表著作《心灵、自我与社会》中提出，姿态作为一种符号，能够在人际交往中发挥沟通作用，姿态的意义并非体现在主体做出姿态的过程本身，而是体现在主体必须通过姿态接受者在接受之后做出的反应并对其反应做出进一步反省。显然，在经过他者的反应之后重新回馈至姿态发出者后便促成了思维的形成，米德的符号学也因此被学界称为符号互动论。

迄今为止，从结构主义符号学到其他符号学分支，社会文化符号学以不同的形态、在不同领域（语言学、哲学、文学、社会学、人类学、传播学以及文化艺术）进行艰难而富有成效的学术实践。

2.2.2　旅游吸引物系统的符号化表征

西方学术界把符号学思想和结构主义的思想引入旅游研究领域发轫于20世

纪 70 年代。1976 年，社会学家 Dean MacCannell 在《旅游者：休闲阶层新论》一书中首先提出旅游吸引物系统中的景点符号学意义。MacCannell 指出，旅游吸引物由旅游者、景观和标识物三个部分构成，他把旅游吸引物的符号生产过程称为景观的"神圣化"过程。他指出，景观的神圣化过程一般包括五个阶段，分别为：景观命名（Naming）、确定范围和提升（Framing and Elevation）、装饰（Enshrinement）、机械化再生产（Mechanical Reproduction）和社会化再生产（Social Reproduction）。MacCannell（1976）认为，"景观神圣化"与旅游者作为朝圣者的"仪式化心理"是影响旅游吸引物构建以及发展的重要机制。他把"旅游者"描述成身处于无处不在、无时不有的旅游吸引物系统之下，全世界的旅游者都带着自身的阶级属性和文化阅读着城市风景文化，并与旅游符号不期而遇，并对旅游吸引物系统的符号意义进行"解码"。MacCannell 提出的旅游吸引物符号系统的观点也被后继者屡次引用。

Cooper（1993）认为，旅游吸引物系统应该是一个符号化的旅游标识。Graburn（1983）把旅游看作一种文化事物，是人们用来点缀和丰富自己生活的事物，因此，主体也被赋予了一定的文化内涵，因此具有了符号学意义。Graburn 对文化表征的分析对于今后众多有关旅游地表征的研究产生了重要影响。王宁在《试论旅游吸引物的三重属性》一文中指出了旅游吸引物的三重属性：客观属性、社会属性和象征属性。Wang Ning 在其英文著作《旅游与现代性》（*Tourism and Modernity*）中，比较系统地探讨了符号问题，尝试从社会学的角度探讨现代化过程中旅游消费文化的特点。

Ateljevic 和 Doorne（2002）研究了新西兰旅游业的形象与意识的表征，尤其是宣传中的表征问题，他指出，表征（Representation）与再建构（Reconstruction）是最近几年才开始出现在旅游研究的主流当中的。Hunter（2008）列举了"表征"的各种定义，分析了旅游图片的四种表征形式：没有人的旅游对象物、旅游者、当地居民以及旅游者与当地居民。Palmer（2010）认为，遗产景观象征着一个国家和民族，是一个国家的符号，代表了民族身份。

刘录护（2008）认为，旅游地以符号建构的思想来指导旅游景观的开发、旅游商品的制作、旅游活动的组织以及旅游宣传，从而建构起旅游者对于旅游地的梦想和期待。陈岗和黄震方（2010）研究了旅游景观形成机制及演变规律的符号学解释，指出旅游景观符号的现代化重构是基于文化主体意义博弈的结果，能指和所指都被赋予新的内涵。李玲（2011）指出，在后现代语境下，遗产旅游的发展应顺应"符号消费"的模式，遗产旅游的符号体系建构和权力结构建构才是发展之策。

彭兆荣在《旅游人类学》一书中，用专门的章节探讨了旅游景观的符号价值、艺术品、旅游标识物等符号系统，以及旅游景点的空间结构等问题。李蕾蕾（2004）从文化符号学角度分析了海滨旅游空间，提出"文化符号学家把一切文化，从语言到城市、聚落、景观都看成符号，具有特殊的意义"。丁雨莲等（2006）关注文化遗产地的符号属性，以丽江大研古城为例，分析了丽江大研古城的文化休闲符号，指出文化型遗产地应做出适合自身文化本底的正确选择。马凌（2009）指出，社会学视角下的旅游吸引物建构的过程既是旅游吸引物的符号化过程，也是意义和价值建构的过程。马秋芳、孙根年（2009）从符号学和传播学角度出发研究了西安秦始皇兵马俑博物馆，构建了双角度"三位一体"旅游品牌符号系统，该系统由品牌生成、符号传播、消费者解读三个方面构成，旅游企业须重点关注品牌生成过程的"神话"制造、品牌的传播和游客对品牌含义的真实解读。邓小艳和刘英（2012）以武当山为研究案例，指出在符号化消费背景下，符号化运作是世界文化遗产旅游地创新发展的路径选择，并以符号化运作模式为基础给出了六个步骤、三个方面的研究对策。桂榕和吕宛青（2013）以云南"彝人古镇"为例，认为"符号表征"与"主客同位景观"分别是民族文化旅游空间客体生产与主体生产的标志性特征，以存在性真实为切入点，从空间生产角度对民族文化旅游所体现的后现代性特征及其社会效应进行探讨。

2.2.3　旅游吸引物表征的符号学解析

2.2.3.1　符号互动论原理

有关旅游世界中的旅游主体与客体及他人的互动也是学者关注的重点。按照波普诺对符号互动论的解释，互动论有三个基本原理：第一，依据我们对事物所赋予的意义而对其采取行动；第二，我们对事物所赋予的意义源于社会互动；第三，在任何情况下，为了赋予某种情境以意义，并决定怎样采取行动，我们都要经历一个内在的阐释过程（戴维·波普诺，1999）。Herbert（2001）在Johnson提出的文化模型圈的基础上建构了遗产景观的"表征"和旅游者"阅读"的循环模型，以圈形图来展现景观表述者和阅读者之间积极互动的关系及相互影响的机制，旅游符号生产方必须考虑旅游符号消费方的译码机制，从而让旅游产品符号得到更恰当的表述（见图2.2），从而实现积极的符号互动。

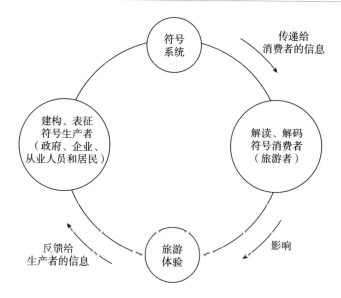

图 2.2 旅游符号系统的构建与解读

在具体的研究中，就是要考虑如何实现符号编码者，包括政府、企业、旅游目的地等与游客即符号解码者之间的积极互动。彭丹（2014）指出，研究旅游者对于这些旅游客体符号的意义是如何阅读理解的，或者说旅游者怎样诠释这些符号的意义，以及解读的效果对于旅游者有怎样的影响，等等，这有助于揭示旅游者的行为特征与心理特征，并可提高旅游者的体验质量和旅游者满意度。肖洪根（2001）指出，符号互动主义的一个最新发展动态就是旅游符号学的研究。谢彦君在《旅游体验研究》一书中以符号的视角对旅游体验进行了系统研究，把旅游看作文明社会的个体与自然、社会的互动过程，旅游体验过程其实是一个对符号的解读过程，旅游者解读这种文化乃至符号体系，也在重构这个体系。

2.2.3.2 符号解码者

旅游者作为旅游主体，也是符号化的人接收和解读旅游客体符号的人。正如MacCannell（1976）所言，"旅游者"是对旅游吸引物系统的符号意义进行"解码"的现代圣徒。继 MacCannell 之后，Culler 于 1981 年发表了《旅游符号学》一文，他沿用了 MacCannell 的观点，把旅游者比喻为"符号军队"，狂热地追求异国文化的符号，旅游者在体验过程中通过制造标志和景观之间的联系来建构意义，同时也通过找寻标志和景观之间的联系，对其意义进行解读。Boorstin 是对大众旅游者最严厉的批判者之一，他认为，现代旅游者趣味很低（the lowest of the low)，满足于"伪事件"的消费，而不去追求真正的本真体验。Taylor 以对旅游体验的深入程度区分出三种旅游者：一是静观性凝视周遭世界的旅行者（Travellers）；二是流连于各种表面景观符号的旅游者（Tourists）；三是以不经意或者快照式的方式进行体验的游览者（Snapshot Travellers）。随后，美国旅游人类学家 Nelson Graburn 指出，旅游反映了全人类普遍存在的游乐和消遣的需要，人们进行旅游的根源就在于人类有赋予自己的行为、活动以一定符号意义的意愿。英国旅游社会学家 Urry（1996）提出了"旅游者凝视"理论，他所讲的"凝视"是由符号建构的，"旅游就是对这些符号的收集"。凝视有两种形式：浪漫的凝视和集体的凝视。浪漫的凝视是孤独的，集体的凝视需要他者在场。除了景物和当地居民，其他旅游者、非旅游者甚至旅游本身也是他们凝视的对象。Urry（2002）指出，旅游凝视越来越具有标志性，标识物让我们得以确认哪些东西和地方是值得凝视的。在旅游活动中，旅游者的关注点会随着个人兴趣喜好的不同而发生变化。Pizam 和 Calantone（1987）的研究发现，旅游者在旅游过程中用代表着主观立场的文化眼镜去观察旅游世界，旅游者自身的文化属性会影响他对符号形式的知觉和对符号意义的解读。

刘丹萍和保继刚（2006）以云南元阳梯田为例，从"雅虎中国"网的一项调查入手，发现国内旅游者的消费行为也出现了"符号性消费"倾向，这种"符号性消费"行为影响了对旅游地的社会建构。彭丹（2008）深入分析了旅游者、旅游目的地居民、旅游从业者这三类群体的互动，认为旅游中三类人之间的互动关系实质上就是符号的互动。陈岗（2012）根据罗兰·巴特关于语言符号的双层表意结构研究了旅游吸引物的双层表意结构，揭示了旅游体验过程中，旅游者对不同类型旅游吸引物符号系统的不同期待。马秋穗（2010）认为，古镇景观的打造是基于景观的符号化和景观话语的建构，指出景观话语的建构是大众传媒和旅游者积极编码解码的互动过程。陈岗（2015）以杭州西湖的"西子"诗词为例，研究了旅游者符号实践的内涵及理论支撑，指出符号学理论、实践理论和（身体）现象学理论已经构成了旅游者符号实践研究的三大理论支撑，指出杭州西湖景区营销文本应选择面向世界与未来的语言、幻想与诗意的语言符号叙事体系。杨俊和席岳婷（2015）运用符号学的研究视角，对真实性的内涵以及旅游活动的特征进行了深入解读，指出旅游者出游的根本动机是追求一种符号的感知即"天堂想象"。

2.2.3.3 文本符号解析

（1）纸质文本符号解析。很多学者采用符号学方法来研究旅游宣传册、图片、明信片、旅游纪念品等"文本"源于美国人类学家 Nelson Graburn 的研究，在对文化表征形式的分析方面，他倡导用符号学的方法对符号、标志、象征、民间传说、神话、规则、诗词文记、图示石像、广告宣传、私人摄影和明信片、商业化旅游纪念品、游记与历史记录等"文化文本"进行"解构分析"，以期揭示意义结构、文化结构及其变化的过程和规律。在 Graburn 的影响下，国外对于旅游符号学的研究开始集中在旅游吸引物系统的符号意义和价值上。具体思路大多以某旅游地为样本，运用符号学和社会学相关理论分析其旅游地符号表征（旅游吸引物符号的载体），并分析其符号隐含意义。Berger（1966）应用符号学方法对旅游广告进行了研究，认为旅游目的地的价值和意义是由符号构建的，而明信片、大众传播等与旅游宣传手册相关的媒介等都可以成为符号建构的方式。Harkın（1995）则对旅游纪念品和旅游摄影的符号象征含义进行了探讨。Aitchison（2001）以建构论视角指出，"旅游包含了符号消费"，遥远的梦想、遥远的海岸和热带天堂等宣传册表征的都是旅游者消费的他者，是地方和人被建构成他者的能指，符号是被建构的结果。Selwyn（1996）等分析了旅游手册中的照片和文字中的四种旅游元素：景点、海滩、当地居民和食物，研究发现，旅游手册是"销售神话"的媒介，对旅游者访问前有关目的地的前置形象将产生积极影响。Andriotis 和 Mavric（2013）指出，明信片是有移动性的，表现在身体的、想象的、交流的、视觉的和物体的移动性五个方面。

马秋芳（2014）则进一步深化了对于旅游符号的研究，她以 Planet China（LPc）旅游手册符号文本为研究对象，从旅游景观和主客关系两方面探讨中国国家旅游形象在国际市场的变迁，研究表明：尽管主客之间的亲密度存在某种程度的下降，但国际游客对中国旅游地符号的认识越来越客观、中性和多层次化。

（2）网络文本符号解析。随着网络信息时代的来临，网络开始成为旅游目的地市场营销的重要方式。Choi 和 Lehto（2007）等对澳门的旅游地网络传媒符号进行了研究，发现因为不同网站的传播目的和受众的不同，澳门官网、旅游博客、旅游企业网站、旅游杂志等各种网站呈现的旅游地符号不同。我国学者也从众多旅游媒介入手，开始分析它们的符号学意义。谢彦君（2007）对旅游网站上的符号传播模式、内容、类型和功能进行了符号学分析，指出旅游网站的符号将影响、建构旅游者的需求和期望。马秋芳（2011）选取陕西省为样本，研究了旅游目的地的中英文版本官方网站、国外旅游手册及国内旅游网站等传播媒介，指出由于文化、立场及目标不同，不同传播媒介存在差异。黄蓉等（2014）以三峡车溪民俗旅游区为例，研究了旅游景区标识系统的个性化实现路径，指出规范化与个性化是其设计的基本要求。

（3）旅游符号营销。还有一些研究是围绕旅游符号营销展开的。Echtner（1999）指出，符号范式在旅游学领域里具有相当大的研究空间，他以符号学范式指导旅游市场营销，提出了旅游营销的三角理论，即在旅游营销中存在着三种不同的关系：①旅游广告商如何表征旅游目的地；②潜在旅游者如何解释这些表征；③旅游目的地提供给潜在旅游者的"符号消费"经历是什么。Brown（1992）从营销的角度探究了旅游消费的潜在意义，指出旅游消费具有象征意义，旅游业促销的目标就是要用恰当的符号系统来展现各种能够象征身份和社会地位的体验。Norton（1996）采用开放式访谈法研究了旅游者对东非旅游体验的诠释并指出，营销文本的制作是解释旅游地最直白的方式，它们从特定的形象定位来表述特定的文化含义，而旅游营销文本的解读和旅游者对体验的描述之间存在相关性。Dann 在《旅游语言》一书中提出，旅游促销要创立自己的语言，并提供了分析这种语言的详细的符号学方法（Echtner，1999）。

2.3　旅游体验价值研究

2.3.1　顾客价值

2.3.1.1　顾客价值概念

顾客价值是市场营销的基础，识别和创造顾客价值是组织（企业）生存及制胜的关键要素。正因如此，顾客价值引起了学术界及实践领域的广泛关注，有关顾客价值的研究已经从市场营销领域扩展到组织战略管理、心理学及社会学（Graf and Maas，2008）领域。一般来说，有两种研究顾客价值的视角：顾客感知价值、企业或组织设计的顾客价值。顾客感知价值被概念化为使用商品或服务的得到和付出之间的一种交易取舍。这样的视角集中于顾客感知到的产品及服务的性能（Gale，1994；Zeithaml，1988），这些特性可能被认为有更多的产品导向和关系导向（Graf and Maas，2008）。在市场环境中，交易是自愿产生的，研究者相信市场选择和顾客偏好是由产品的功利价值所驱动的（Chiu，Hsieh，Li et al.，2005），但受制于价格和收入（Sweeney，Soutar，Whiteley and Johnson，1996）。早期对顾客价值的研究多从经济学视角来考虑利益得失的问题，关注产品本身，特别是质量和价格。在许多研究中，研究者发现，感知的质量和顾客价值有着积极的关系，但在感知价格和顾客价值之间以及感知价格和感知质量之间存在消极关系（Bolton and Drew，1991；Desarbo，Jedidi and Sinha，2001；Kashyap and Bojanic，2000）。Monroe（1979）把对顾客价值的识别指标分为内在的和外在的。内在指标是产品的一部分，如质量，只能随着产品的修正而改变，但外在指标除了和产品相关外，还和品牌及广告等相关，并随着时间变化而改变。价格作为外部因素，影响着产品质量的感知和顾客感知价值，但它仅仅是顾客价值的一个先行条件，而不是组成部分。其他一些学者认为，价格和质量是顾客感知价值的内部参考要素，在顾客脑海中感知的价值和质量是与真实的价值和质量对比的基础。Thaler（2008）提出，顾客感知价值是以获得和交易效用衡量的，前者是感知到的受益和实际支付价格的对比，而后者则是消费者内部参考价格与实际售价之间的比较。在Zeithaml（1988）所构建的模型中，等级变量是根据抽象的级别建立的，感知到的价格和感知的牺牲是对低级属性的感知；感知质量是高级属性；感知价值是一种更高层次的建构，从感知的牺牲和质量中推断出来。按照这个模型，顾客评估产品质量、价值的标准并不是产品实际的质量和价格，而是顾客感知到的。一些研究人员将他们的研究扩展到更广泛的外部对象上，Ravald 和Grönroos（1996）认为，除了效用、成本和相关服务外，顾客和公司之间的关系也可以积极或消极地影响感知的顾客价值。关系持续的时间越长，它的强度越高，人们对商品或服务顾客的价值判断就会转变成双方的利益/牺牲的关系判断（Graf and Maas，2008）。创造价值不仅在于成本削减、核心产品、采购过程、公司内部管理，还应该包括扩大顾客收益（福利）。

从消费者的角度来看，许多研究者指出，顾客从商品或服务中得到的东西可能不是他们想要的；换句话说，感知的顾客价值不同于期望的顾客价值。与感知的顾客价值相比，期望的顾客价值被概念化为消费者价值体系的一部分，并与抽象的价值维度或从特定的性能特征衍生出来的结果相关联（Holbrook，1994；Woodruff，1997）。为了理解顾客通过产品和服务试图实现价值的类型，一些研究者使用手段—目的理论概念化顾客价值模型，该理论讨论了个体如何通过购买产品和服务去实现他自己所渴望的最终状态（Gutman，1982，1997）。使用这种方法，其他研究已经从顾客的角度探索了价值的许多方面，如文化、产品选择以及零售商的供应和顾客感知之间的价值差距。

随着研究从产品世界向体验世界的转变，消费者体验的享乐价值受到同等的重视，而不是只考虑功利主义的价值。然而，价值的交易认知的概念被批评为没有反映顾客价值的复杂性，因为它忽略了消费过程中许多无形的、内在的和情感的因素。结果，这样偏隘的构建逐渐被多维构建所取代，这种新的构建发展并确认了顾客的需求和渴望是通过购买产品、服务和体验寻找的。尽管享乐价值和功利价值的侧重点不同，但是这两种视角也有共同点：第一，顾客价值是顾客对其购买产品和服务的主观判断；第二，价值感知是相对及对比来的，因为对产品和服务的评估也来源于竞争出价及之前的体验经历；第三，顾客价值是一个动态的结构，是一个具有多维度和基于多个抽象层次理论的高阶结构。

2.3.1.2 顾客价值的维度

有关顾客价值的结构维度，已经有众多学者探讨过。50 多年前，Hartman（1967）提出了一个价值领域内的价值论模型，他把顾客价值分为外在价值、内在价值及系统价值，外在价值反映的是一种效用和工具化的使用，内在价值代表了情感增值，系统价值指的是系统交互中内在关系的理性或逻辑方面，如给予与回报。Mattsson（1991）采用了这一分类方法，并把它们衍化为三个维度：情感维度（Emotional）、实用维度（Practical）和理性维度（Logical），并指出三个维度的价值水平依次为（E > P > L）。同年，Sheth、Newman 和 Gross（1991a，1991b）指出，顾客价值是一种多种消费价值的功能集合，在不同的情境下有不同的表现，并据此确认了五个消费价值类属：功能价值、社会价值、情感价值、认知价值和情境价值。功能价值代表被感知的效用，从功能、效用或物理性能中界定；社会价值指与人口、社会经济和文化族群有关的形象和象征意义；情感价值与各种情感状态有关，或是一种感觉觉醒，可以是积极的或消极的；认知价值是关于激发好奇心的教育功能；情境价值是影响顾客感知价值的重要驱动价值，影响顾客对于品牌的认知。多维度结构方法对顾客价值研究做出了重要贡献并为之后的研究提供了方向。但几乎所有研究都是站在顾客角度去思考顾客价值，他们的框架和分类并没有捕捉到适合市场营销及运营管理的构建。考虑到这一限制，Smith 和 Colgate（2007）采用了战略营销定位，并区分了可由组织创建的四种主要顾客价值类型。功能/工具价值关心的是商品或服务的期望特性，即它是有用的，或者有着执行期望的功能；体验/享乐价值是指商品或服务能够为顾客创造适当的体验、感受和情感的程度；符号/象征价值关注的是顾客附加于产品心理意义的程度；成本/牺牲价值与交易成本有关。此外，基于五个主要价值的来源——信息、商品、互动、环境和所有权，与核心价值链过程相关，Smith 和 Colgate 开发了一个客户价值框架，这个框架是通过借鉴、整合和扩展以前的概念基础来构建的。它不仅适用于商业环境，也适用于消费环境。更为重要的是，对管理者而言，它是对价值创造进行分类及阐释的一个有用的工具，也是确定新价值创造的机会，建议对现有商品或服务的价值进行改进。

2.3.2　顾客体验价值

2.3.2.1　顾客体验价值的概念

最初有关顾客价值的研究都是基于产品视角，即顾客从交易中获得了产品以及镶嵌于其中的服务的价值，也就是等价交换。当研究的视角从"产品世界"转向"体验世界"时，有关价值创造过程中供应商和接受者的角色便产生了不同的观点。Vargo 和 Lusch（2004a）认为，价值是在顾客消费的时候感知和评估的，对于顾客来说，商品和服务不再仅被视为市场供应的一个类别，而是一种价值创造（Heinonen and Strandvik，2009）。换句话说，只有当客户在使用商品、接受服务或参与体验时，商品、服务或体验的价值才能被实现以及被评估。Grönroos（2006）指出，价值不是由商品制造商和服务提供者在他们的计划、设计和生产过程中创造的，而是由顾客自己根据供应商创造的资源来创造的。Sandström 等（2008）指出，价值与整个体验相关，是个人对功能体验和情感体验结果的一种判断。因此，个体是价值的共同创造者，体验价值又被称为价值的使用或者体验中的价值，是一种商品或服务为顾客创造的恰当的感觉和情感。Mathwick、Malhotra 和 Rigdon（2001，2002）指出，顾客体验价值来源于顾客使用商品的过程及远远欣赏商品及服务间的互动。顾客体验价值包括外在收益和内在收益（Babin and Darden，1995）。外在收益来源于购买功利化的一种体验，而内在收益则来自对体验自身的欣赏。在体验消费的过程中，顾客既可以是主动的，也可以是被动的（Holbrook，1994）。顾客越是活跃或积极参与，他与市场主体间的协同性就越高。顾客协作被认为是创造一种有趣的、嬉戏般体验的必要先决条件。Mathwick、Malhotra 和 Rigdon（2001）把顾客体验价值的范畴界定于

自我导向维度，包括玩乐、美感、投资收益及卓越的服务。值得注意的是，采用这种方法的研究主要集中在零售行业，特别是在电子服务领域。顾客体验价值产生于感觉、情感、认知刺激、好奇心满足、基于产品的生活方式引导以及帮助顾客做出购买决策的品牌信息（Jeong et al.，2009）。Burke（2005）认为，信息的层次及感觉对顾客的吸引力程度不同，所以顾客体验价值可能是不同的。低层次的顾客体验价值来自产品形象，但是高层次的顾客体验价值可能来源于：①更丰富的源自生动有趣的形象的体验；②强化的产品的感官品质；③增强的快乐的认知体验。

2.3.2.2 顾客体验价值的维度

一些学者将马斯洛需求层次理论纳入体验价值结构维度的研究中，提出体验价值的维度与不同需求层次之间存在内在联系，认为顾客体验满意源于不同层次体验需求的满足。Mano 等（1993）将消费体验价值分为实用价值和享乐价值两个部分。Michie 和 Gooty（2005）提出了实用、享乐和象征性价值三类，其中的象征性价值是指通过对产品及服务的消费所提升的顾客角色、自我形象、归属感及自我意识等。Sheth、Newman 和 Gross（1991）基于顾客体验视角，把顾客价值分为五个维度：功能性价值、社会性价值、情感性价值、尝试性价值以及知识性价值，各个维度又包含具体的体验要素。Babin 等（1995）将体验价值分为内在价值和外在价值两个方面：内在价值由在消费过程中得到的愉快及乐趣所构成，并非来自任务的完成；而外在价值则通常是由一个任务或工作开始，并因任务或工作的完成而获得价值。在此基础上，Babin 等提出体验价值包括内在、外在和系统价值三类，系统价值是对收益与牺牲相抵关系的认知。Mathwick 等（2001）将内在与外在、主动与被动两个二维细分变量作为分类依据，将体验价值分为内在的趣味性与美感以及外在的投资者投资回报与服务优越性四个价值维度（见表2.1）。

李建州和范秀成（2006）也都认为，体验价值维度具有层次性特征，并从马斯洛需求层次理论出发，构建了包括功能体验、情感体验和社会体验在内的层次式体验价值结构维度。张凤超和尤树洋（2009）对 DIY 业态下的体验价值进行分析后认为，功能价值、情境价值、情感价值、认知价值和社会价值五个维度构成了体验价值，这是体验消费的本质，各价值维度对顾客体验价值的贡献有所不同。同年，他们把体验价值结构维度分为内省式、关联式和层次式。

表 2.1　体验价值构成维度汇总

文献	类型/组成部分
Holbrook 和 Hirschman（1982）	1. 体验消费价值，如符号的、享乐的和美感的 2. 理性消费价值：如解决问题和需求满足
Shteh 等（1991）	功能性价值、社会性价值、情感性价值、尝试性价值、知识性价值
Holbrook（1994）	效率价值、卓越价值、地位价值、尊敬价值、游戏价值、美感价值、伦理价值、心灵价值
Lai（1995）	功能性利益、社会性利益、情感性利益、知识性利益、感知性利益、快乐性利益、情境性利益、整体性利益
Ruyter（1997）	外部价值、内部价值、系统价值
Williams 和 Soutar（2000）	功能性价值、情感性价值、社会性价值、知识性价值
Mathwick（2001）	内在趣味性价值、美感价值、投资者投资回报价值、服务优越性价值
Michie（2005）	实用性价值、享乐性价值、象征性价值

2.3.3　旅游体验价值的概念

国内外学者对于旅游体验研究的成果较多，但有关旅游体验价值的研究并不多见，且依旧运用顾客价值和顾客体验价值理论对旅游消费体验价值进行研究。对于旅游者来说，旅游价值源于旅游体验，因此可称为体验价值（Prebensen，Woo，Chen and Uysal，2012）。国内学者对旅游体验价值概念的界定与研究顾客价值的视角一致，分别从感知利益角度以及感知利益与成本比较的角度进行界定。代表性的观点有：张成杰（2006）认为，旅游体验价值是游客在消费过程中感知到的总体利益，是游客对旅游消费的心理认知和感受。李丽娟（2013）将旅游体验价值定义为游客在旅游产品消费过程中感知利益与感知成本比较权衡的结果，感知利益包括产品功能效用带来的实用需求的满足，以及在旅游消费过程中获得的心理认知和愉悦情感；感知成本包括货币成本及时间、体力、精力等非货币成本。

2.3.4　旅游体验价值的影响因素

Prebensen（2011）的研究显示出感知价值是游客满意度评价的主要决定因素，一趟旅程的感知价值将最终决定游客的满意度和忠诚度，而游客的感知价值往往建立在对旅游产品、服务属性的评价上（Jani and Han，2011）。价值共创是有关旅游体验价值研究的新领域，Ranjan 和 Read（2016）指出，价值共创的两个重要属性：一是合作生产，二是价值的使用。Morgan（2007）在对游客的体验价值进行研究时指出，体验价值不是服务提供者所提供的，服务提供者卖不出精心策划的体验给客户，他们所能做的就是为游客设置一个舞台让他们自己创造自己的体验。Mathwick 等（2002）认为，体验价值的感知是来自消费者与产品或服务在直接或远距离状态下的互动，而体验价值的提升可以由互动来达成。

我国学者也研究了旅游体验价值的影响因素，黄志红（2010）运用层次分析与综合模糊等现代评价方法，构建了休闲农业体验价值评价指标体系与计量模型。窦璐（2016）从旅游者感知价值出发，指出感知旅游资源质量、感知旅游服务质量及感知旅游活动体验对环境负责行为具有显著正向影响。刘少艾和卢长宝（2016）的研究表明，景区游客的管理理念模型由偏好管理、容量管理、体验管理和行为管理四大板块构成，可通过改进四大板块的管理创新与联动实现价值共创。徐虹和李秋云（2016）基于在线评论事件，通过内容分析法发现，顾客体验评价集中于体验场景、服务流程、体验项目、顾客体验及体验价值，管理者可通过游客评价改善顾客体验价值。徐虹和李秋云（2016）通过对迪士尼及欢乐谷网络评论的研究发现，顾客评价的心理逻辑分为满意导向型、价值导向型、体验导向型和全面要求型四类。管理者可根据游客类属更好地满足游客体验价值。

2.3.5　旅游体验价值的维度

Lin 等实证得出，遗产旅游地体验价值由称心如意的体验（Desirable Experience）、社会互动体验（Social Interaction Experience）、驱动体验（Impelling Experience）、忧虑的体验（Apprehensive Experience）等构成。杨韫和陈永杰（2010）运用结构方程探讨了度假酒店旅游体验的本质、驱动因素以及影响后果，得出度假酒店的顾客体验价值由经济体验价值、享乐体验价值、社会体验价值及利他体验价值四个维度构成。董培海等（2010）结合符号学的观点，认为旅游产品的符号价值同时诞生于"生产"与"消费"，旅游产品对于旅游消费者而言，有"社会象征性"和"个体的特定意义"的符号价值。

张茜等（2017）通过对乡村旅游进行研究发现，文化价值、体验价值、服务价值越高，游客满意度越高，而感知成本则负面影响游客满意度。向坚持

（2017）以酒店业 O2O 模式为研究背景，发现 O2O 体验价值模式与网站功能价值、店家服务价值、成本价值、情感价值四个维度关联，并对顾客满意度产生影响。郭安禧等（2018）研究了旅游者感知价值对重游意向的影响机制，结果表明：实体价值、经济价值、学习价值与重游意向正相关。皮平凡等（2016）通过多地的实证研究开发出中国旅游目的地情景下的游客体验价值量表，并把体验价值分为功能性价值、社会性价值、情感性价值和社会性价值。

2.4 文化遗产旅游研究

2.4.1 文化遗产旅游者研究

关于遗产旅游者的界定颇富争议，人们往往将遗产旅游者同文化旅游者联系在一起，正如人们常常把文化与遗产混为一谈，也许这是因为两者之间存在着显而易见的联系，即遗产是文化的一部分。但通常传统的大众旅游也包含游客到历史和文化景点的旅行活动。不少研究者从人口统计特征研究了遗产旅游者，Martin 等（2004）认为，就游客行为和人口统计特征而言，遗产类游客确实不同于其他类型游客。Timothy（2011）认为，访问遗产景点的游客通常都具备良好的教育，拥有高于大众水准学历的游客不在少数。Prentice 等（1998）认为，旅游行为只能揭示游客的某些特征，并不总是理解游客的可靠指标。在同类型研究中，Mckercher 和 Du Cros（2002）在研究香港的文化游客时发现，使用人口和行为特征无法有效区分遗产旅游者及非遗产类游客。Poria 等（2001）也认为，游客的人口特征、活动场地或参与的活动并不足以区别游客群属。

也有从旅游动机入手研究遗产旅游者，较早的是 1989 年 Herbert 对英国威尔斯遗产旅游者的调查研究，他认为，游客对文化、遗产或历史的兴趣可以用于对游客进行细分。Stebbins（1996）则将文化游客分为两类：业余型文化游客和爱好者型文化游客。业余型文化游客是随意的休闲参与者，爱好者型文化游客还可以细分为一般文化游客和专业文化游客。一般文化游客热衷于访问不同地理位置的文化遗产，以增长他们对其他国家或地区文化的了解；专业文化旅游者通常会反复到访某处或某几处地方，以便能更好地理解该地的文化。Yaniv Poria、Richard Butler 和 David Airey（2001）等提出了"遗产旅游者"和"在遗产地的旅游者"的概念，并依据对遗产地的认知与旅游动机将参观遗产地的游客划分为：没有认识到遗产特征的游客；认识到了遗产特征但是基于其他动机到访的游客；基于遗产特征的动机到访但并不认为这些特征是其自身遗产一部分的游客；基于遗产特征动机到访当地并认为这些特征是其自身遗产一部分的游客。Brian Garrod 等（2001）认为，Poria 对遗产旅游的分类不能仅仅依赖旅游者的感知，要结合供应遗产旅游体验的人的看法一起考虑。因此，能结合主客两个方面研究遗产旅游体验将是一个非常有意义的尝试。根据游客对文化感兴趣的程度，Silberberg（1995）把文化游客分为五个层次：中心层为极大程度上受文化兴趣驱动的游客；紧挨中心层的是部分为文化兴趣所驱动的游客；第三层的游客到访该目的地的参与文化活动只是其旅行行为的一部分；第四层为偶然性游客，他们前往该地原本并不打算参与文化活动，但是被亲朋好友顺便带领着参与了其所住酒店附近的文化类活动；第五层为圈外的游客，他们对文化不感兴趣，几乎在任何情况下均不会参与此类活动。Janet Chang（2006）通过对台湾鲁凯族部落地区文化节的研究，按照恢复内心平静、参加节会或学习、探新求异、社交与文化寻幽五类不同的旅行动机将旅游者划分为土著文化学习者、改变日常生活旅行者与主动的文化探寻者三种市场细分类型。

2.4.2　文化遗产旅游原真性研究

2.4.2.1　原真性理论研究

（1）客体真实研究。1976 年，旅游人类学家兼社会学家 Dean MacCannell 指出，旅游体验是人们对现代生活所遭遇的困难的积极反应，并构建了一种所谓"本真性"（Authenticity）的旅游研究范式。在旅游体验的研究过程中，旅游体验本质是对真实性的追求这一观点逐渐成为一个重要的关注领域。西方学界关于旅游体验的客体真实分为客观性真实、建构性真实和后现代性真实。

客观主义者坚持客观性真实，即强调客观事物原汁原味的真实性，由此产生的旅游者体验是对事物原形的认识性体验，这一观点的代表人物是提出"伪事件"和"舞台事件"的 Boorstin 和 MacCannell。Boorstine（1964）抨击了旅游者体验的"真实性"，认为旅游体验是一种经过人工设计的、流行的消费行为，公众被"假事件"所欺骗。针对 Boorstin 的观点，MacCannell 则积极地指出，旅游者在接受自己所处的社会不真实性和虚假性的同时，也在积极了解目的地的真实生活。

进入 20 世纪八九十年代，越来越多的学者用建构主义的观点来研究旅游体验的真实性。建构主义者坚持建构性真实，认为旅游的真实性其实是体现旅游生产商想象、期望、偏好、理念等因素的建构的产物，而旅游者由于其所处情境及主观感受的差异，会产生不同的旅游体验。此时，建构论者已经跳出了客观性真实的藩篱，强调文化及游客主观能动性对于体验的影响，Culler（1981）、Cohen（1988）、Bruner（1989）等都持建构性真实这一观点。

与客观性真实、建构性真实相对应的是后现代主义者，后现代主义者坚持怀疑主义和反本质主义，鲍德里亚（Baudriuard，1988）是持后现代主义真实观点的代表人物，认为世界已进入仿真时代，没有原物、没有本源、没有现实作为参照，仅是符号的抽象。仿真（Simulations）和虚像（Simulacra）是其思想中的两个重要概念。仿真是一种虚真，是对实在之真的模仿，虚像是非真实的景象，是以复制品、虚构的摹本而成的像，但它们却得以超真实，比真实还真。

（2）主体真实研究。1999 年，中国学者王宁在《旅游研究纪事》上发表了《对旅游体验真实性的再思考》一文，总结了国外对真实性体验研究的几种观点，文中指出旅游真实性可分化为两类问题，即旅游者主体体验的真实性和旅游客体的真实性。王宁从存在主义的角度提出旅游体验的主体性本真，关注旅游者主体真实体验的研究。他认为，旅游者只是通过旅游活动或旅游目的物来寻求真实的自我。旅游体验的真实性是在阈限的旅游活动中获得被激活的生命状态，因此，存在性真实又可以分为两类内省真实性，包括旅游者的身体或感官的正面体验（如健康、自然、年轻、魅力、活动等）以及自我塑造、自我认同，即人际真实性。所谓人际真实强调旅游者在旅游中通过与其他旅游者交流和分享快乐而获得的真实感受。特纳（Turner）称之为"共睦态"，是一种反结构的类似于朝圣的状态，一种在共同归属中达到极致的状态。王宁的研究实质上是把旅游体验原真性从客体真实转移到了主体真实的视角，从而把人际关系纳入旅游体验原真性体验范畴中。

2.4.2.2 文化遗产旅游原真性研究

人们较早时是从文化遗产保护的视角关注文化遗产原真性问题。"原真性"是文化遗产保护的重要原则，西方学者以原真性理论展开了实证研究。Deepak Chhabra（2003）等以美国北卡罗来纳州弗洛拉·麦克唐纳苏格兰高地运动会为例，研究了原真性感知作为产品质量标准与旅游者满意度的决定性因素的作用，分析了舞台原真性与遗产旅游的关系，发现不同游客群体的原真性感知有显著不同，认为高度的原真性感知可在一个远离文化传统最初来源的地方通过表演而获得。Chris Halewood（2001）等通过对欧洲各国维京（Viking）博物馆、遗产中心、主题公园、复原村庄、季节性贸易集市或市场以及各种维京复现活动或"活现历史"社团的调查访谈，研究了维京遗产旅游原真性与商品化，认为原真性在博物馆、遗产中心与主题公园的商品化过程是原真性的核心要素。John P. Taylor（2001）通过考察新西兰的毛利旅游研究了原真性与真实性，提出了"文化表演"的概念，认为应在"真实"的文化体验中鼓励旅游者与"演员"相互妥协而达成协商一致。Hyounggon Kim（2007）等对美国得克萨斯文艺复兴节的重访旅游者进行了深度访谈并亲自参与节庆活动观察，认为存在主义原真性概念是理解定期重复节庆来访者的核心。Konstantinos Andriotis（2009）以现象学视角分析了参观希腊阿陀斯山圣地的男性旅游者，揭示了精神的、文化的、环境的、世俗生活的以及教育的因素是影响旅游者真实性体验的重要因素。

我国学者陈伟凤等（2008）以存在性真实视角切入遗产旅游真实性研究，指出了目前遗产旅游体验真实性陷入了"符号与内涵""通俗与高雅"和"商业化与地方化"的困境，有针对性地总结了塑造遗产旅游体验真实性的途径。张朝枝（2008）以符号学为视角，研究了周庄、乌镇的"原真性"问题。以建构性真实的论点得出"伪真实"是被建构的符号化的真实，而旅游地开发者、媒体和大众共同促成了这种符号的生成。靳晓丽（2013）使用隐喻抽取技术，分析了游客对于工业遗产旅游景观的符号认知，指出工业遗产地的发展应结合符号性要素提炼主题，运用真实性符号，构建场所精神增强符号互动。

2.4.3 文化遗产地解说系统研究

2.4.3.1 解说与旅游解说系统

1920 年，米尔斯（Mills）在《一个自然导游的探险》一书中，首次提出了"解说"（Interpret）一词。1957 年，提尔顿（Tilden）在其著作《解说我们的遗产》（*Interpreting Our Heritage*）中对"解说"做出了明确的界定，他指出，"解说并非简单的信息传递，而是一项通过原真事物、亲身体验以及展示媒体来揭示事物内在意义与相互联系的教育活动"。旅游解说是指借助于一定的解说媒介向旅游者传递特定的旅游信息，并达到服务和教育旅游者的基本功能。美国解说协会（National Association for Interpretation）把解说定义为一种基于任务型的交流过程（Mission‒based Communication Process），目的在于建立遗产传承意义与观众兴趣间的情感和心智联系，可在不偏离中心主题的前提下通过提供相关的资讯来满足人们的需求与好奇心。Sharp（1969）认为，解说就是服务、教育和娱乐的升华。Istvan（1993）构建了自导式和向导式解说系统与游客获得的知识与态度值的自变量、因变量关系，构筑了"人—解说者—解说对象"的概念性框架。Moscardo（1986）认为，解说是保证游客体验质量的关键，解说的目的就是尽量促进思考型游客的形成。

2.4.3.2 遗产解说

遗产展示或遗产解说是遗产研究的一个重要方面，也是影响旅游者质量体验的重要因子之一（Light D.，1995）。Moscardo（1999）把解说定义为一套有计划、有步骤的体系，保障让旅游者尽可能多地通过参观学习了解遗产和参观者自身的价值。Richard（1993）的研究发现，遗产大门口的介绍中心与高科技的多媒体解说是比较有效的，而一些传统的解说方式如宣传手册、导游指南等效果并不十分明显。Ian D. Clark（2002）结合问卷调查与深度访谈对访澳大利亚格兰坪国家公园岩画艺术景点的游客进行了研究，并构建了解说体系框架。Emma（1998）等通过对新西兰 Mount Cook 国家公园的研究发现，遗产解说只对专业型游客（Termed）、探索型游客（Seeker）、偶然发现型游客（Stumbler）有效。Pierssene（1999）强调，解说是一种愉悦感生成的过程，始于信息交流。黄旭南（Shiuh‒Nan Hwang）等以中国台湾的五个国家公园为例，研究了场所依赖、游客参与及解说满意度之间的关系，提出了解说满意度模型。

陶伟等（2009）认为，解说是一种重要的遗产保护策略，能够通过影响游客的知识重组和行为意图，帮助达到遗产旅游可持续发展和遗产资源有效保护的双赢结果。郭凌和王志章（2015）借助文献总结和深度访谈资料，通过对世界文化遗产地都江堰市的调查研究，指出了文化遗产旅游解说系统存在的不足，包括文化遗产旅游解说系统软件设施落后、未能充分满足游客的个体差异以及通过解说系统获取的信息不充分等问题，这些问题充分影响了游客对于遗产地历史文化的欣赏和理解。杨文华（2016）认为，旅游解说是展示文化遗产真实性的重要手段，旅游解说规划、旅游解说资源、旅游解说受众、导游词、旅游解说人才、自导式旅游解说等共同建构了文化遗产文化价值的旅游解说系统。

本章小结

文化遗产旅游因其承载着符号象征意义以及有权利、资本及技术的干涉，使得文化遗产旅游在研究领域一直是学术界关注的焦点，而后现代人们的符号消费倾向也使得它成为旅游追逐的热点，在确定以文化遗产旅游为研究主题进行论文撰写时，有必要选取一个与本书研究目的及研究意义相契合的切入点。本章回顾了与本书相关的旅游体验的概念、内容、影响因素、测度与评价、旅游符号学的诞生发展、旅游吸引物符号化的生产与解析、符号互动；顾客价值及其维度以及旅游体验价值的影响因素，再到对文化遗产旅游旅游者主体、真实性的研究以及遗产地解说系统等相关文献。总的来说，这些研究形成了一定的知识积累，一些具有启发性的对策和建议也被运用到实际的管理实践中。即使如此，既有研究还存在一些不足之处：

首先，在以往有关文化遗产旅游的研究视角中，遗产旅游的保护与开发、遗产旅游地利益相关者、市场营销与旅游形象、遗产旅游原真性探讨以及社区居民权益等"客体"视角一直占据主流，而站在主体立场去关注旅游者对于遗产旅游的意义的研究较少。对于旅游体验社会学、人类学以及心理学的关照，是研究者应回归的本源（谢彦君，2005）。游客作为最直接的体验感知主体和最具权威的消费评价者，并没有得到应有的重视。针对游客感知评价，尤其是遗产旅游地游客感知评价的研究更为缺乏（白丹和马耀峰，2016）。

其次，旅游符号学是分析意义生产过程非常有效的工具，大量研究分别从旅游吸引物符号生产、表征以及游客解析两个层面对旅游体验进行研究，但结合主客两个视角的研究少之又少。从管理者角度来看，符号的表征是技术、功能、体验三种属性的结合，而旅游者则依据自身立场及情境作为价值评价标准，解码符号体系。游客有关符号的体验是在一系列生理的、智力的、情感的、精神的交流和互动之中建立的。彭丹（2014）基于符号互动论指出，在今后的旅游地表征研究中可以重点探讨旅游目的地和旅游出发地是怎样共同建构被理想化的旅游地的。因此，把两种视角更多地融合在一个实证研究中进行"对话"将是有意义的尝试。

再次，从已有的有关旅游体验及其价值的测度方法上，尽管定量研究、定性研究、定量与定性研究结合均有涉及，但总体来看，学者依旧多采用"自上而下"的研究范式，主要通过问卷调查进行定量分析，而采用"自下而上"在具体情境中的质性研究方法关注游客感知、情感及认知方式的文献相对较少。

最后，尽管旅游体验已经得到了深入的研究，但关于旅游体验价值的研究相对匮乏，现有的旅游体验价值研究依旧借鉴的是顾客价值和顾客体验价值的相关理论，缺乏系统性和实证化研究，尤其是针对实证领域的旅游体验价值研究。

基于以上对于文献综述的总结和评价，本书采用了"自下而上"的质性的研究方法，并且深入到实证领域，结合主客两方面视角研究旅游体验价值。

3 理论基础

3.1 研究概念界定

3.1.1 文化遗产旅游

3.1.1.1 遗产与遗产旅游

英文"遗产"（Heritage）一词最初诞生于拉丁语，指父亲留下的财产。从 20 世纪 80 年代开始，"遗产"的含义开始被延伸，包括地方文脉、历史人物等都被视作是一种遗产，并与商业用途越来越紧密结合（张朝枝，2008）。遗产是历史遗留经过社会价值体系筛选的产物（Ashworth and Tunbridge，1999），主要表现为建筑、艺术、景区景点、物质文物以及能够反映历史遗产的当代人的生活方式等（Butler，1997）。因此，遗产实际是一个文化过程而非单纯的物理存在，具有重要的经济意义、社会意义、政治意义和科学意义（Hall and McArthur S.，1993）。

早期关于遗产旅游的定义，大多是从需求与供给两方面综合考察的（张朝枝，2008）。根据世界旅游组织的定义，遗产旅游是指深度接触其他国家或地区自然景观、人类遗产、艺术、哲学以及习俗等方面的旅游。这个定义主要阐明了遗产旅游的体验对象以及体验方式。需要注意的是，遗产往往是国家话语及权利结构的一种体现，所以当遗产与旅游相结合，变成了遗产旅游资源，由"谁"以及如何"解释"遗产就变得非常重要。在这个过程中，讲故事者本身表征着权威、资本与技术，借助于商业机构实现经济利益，听者成了大众消费者，故事本身也因此成为一种"权力话语"（彭兆荣、郑向春，2008）。可见，如果说，遗产通过旅游活动来阐释其意义与价值，那么，其核心问题是向谁展示或怎样阐释，展示或阐释的主体与目标对象不一样，遗产旅游的形式与内容就会不同。

通过对前人研究成果的总结，结合本书研究，笔者提出"遗产旅游"的概念为：旅游者对遗产地空间自然景观、人类遗产、艺术、哲学以及习俗等方面物质要素与精神要素等旅游吸引物的体验和感知，在此过程中，遗产地空间的表征与再建构是旅游者体验感知的重要前提。在本项研究中，我们并未苛责游客对于遗产地属性有着清晰的界定和认知，当遗产地进入现代社会，当权力、资本、技术的介入以及遗产地成为普罗大众的旅游消费对象，我们更关注遗产地之于遗产地客体及游客主体的多样化意义。因此，我们将结合主客两种视角对遗产旅游展开研究，一方面，我们关注遗产地管理主体是如何向大众展示、诠释遗产地的意义和价值的；另一方面，我们也从客体角度，关注游客对于遗产地意义和价值的体验和解读。

3.1.1.2　文化遗产与文化遗产旅游

目前常用的"文化遗产""自然遗产"概念正式形成于1972年联合国教科文组织在巴黎制定实施的《保护世界文化和自然遗产公约》，该公约正式将文化遗产和自然遗产确认为国际公约的直接保护对象，还对"自然遗产"和"文化遗产"两词进行明确定义并分类。"文化遗产"包括以下三项："文物"，从历史、艺术或科学角度看具有突出的普遍价值的建筑物、碑雕和碑画，具有考古性质成分或结构的铭文、窟洞以及联合体；"建筑群"，从历史、艺术或科学角度看，在建筑式样、分布结构或与环境景色结合方面具有突出的普遍价值的单立或连接的建筑群；"遗址"，从历史、审美、人种学或人类学角度看具有突出的普遍价值的人类工程或自然与人联合工程以及考古地址等地方。

文化遗产是一个国家、民族的象征和代表，留存着民族历史文化的记忆，美国人类学家格尔茨认为，文化是使用各种符号来表达的一套世代相传的概念，人们凭借这些符号可以交流、延续并发展他们有关生活的知识和对待生活的态度。因此，文化遗产有着鲜明的符号属性。而当代的消费者又有强烈的符号消费欲望，人们对事物的关注带有越来越强烈的符号猎奇和符号迷恋的色彩，他们对于文化遗产的兴趣源于传统与现代的文化符号的差别。

在本书研究中，案例地西安城墙历史文化景区属于以"建筑"形式呈现的

"遗址类"文化遗产，因为，我们将文化遗产旅游界定为：文化遗产旅游本质上是旅游者对文物、建筑、遗址等物质要素及精神要素等旅游吸引物的一系列体验活动，是一种文化符号体验与符号解读的互动过程。

3.1.2 旅游体验价值

3.1.2.1 顾客价值

价值作为市场营销中的概念，主要指涉功能特质及使用价值（Rihova et al.，2015）。顾客价值是影响顾客购买决策和购买行为的关键要素，早已成为管理学和营销学研究的热点。对于顾客价值概念和内涵的界定有两个角度：一是通过比较顾客感知利益（总价值）与成本（总成本）来界定顾客价值，如"顾客感知价值集中于顾客感知到的产品及服务的性能，被概念化为使用商品或服务的得到和付出之间的一种交易取舍"（Zeithaml，1988）；二是从效用角度以顾客对产品属性、功效和效果的感知偏好和评价来界定，如伍德鲁夫（1997）认为顾客价值是顾客在一定的使用情境中对产品属性、产品功效以及使用效果达成（或阻碍）其目的和意图的感知偏好和评价。作为一种理论和经验的建构，顾客感知价值在过去 30 年的市场营销和旅游研究中得到了越来越多的关注（Holbrook，2000；Williams and Soutar，2009；Nina K. Prebensen，Jinghua Xie，2017），已经成为研究顾客价值的重要视角。

在本书中，考虑到旅游体验是一种对旅游吸引物的感知过程和心理历程，本书对于顾客价值的界定也主要从感知价值角度出发，定义为：顾客价值是指在一定的使用或体验情境中，顾客经由与产品、服务属性间的体验互动对产品属性及其功效所做出的心理评估和看法，它体现着顾客的意图和感知偏好。

3.1.2.2 顾客体验价值与旅游体验价值

随着体验经济时代的来临，顾客体验价值成为研究顾客价值非常重要的一个视角。有学者继续从感知利益与成本差异角度来研究顾客体验价值（Monore，1991），有学者以主观认知收益来界定顾客体验价值（Euu－ju Lee，et al.，2003；吴佩璇，2008），也有学者从互动后的认知偏好及情感满足角度来研究顾客体验价值（Wooderuff，1997；黄映瑀，2008；Butz et al.，1996）。Mathwick、Malhotra 和 Rigdon（2001）把体验价值定义为顾客通过对产品或服务的直接使用和间接观察得到的顾客感知。尽管界定角度不同，但学者们都强调了顾客的主观感受和情感偏好，其视角更重视顾客的心理感知和情感。

对于旅游者来说，旅游价值源于旅游体验，因此可称为体验价值（Prebensen，Woo，Chen and Uysal，2012）。目前有关旅游体验价值的研究依旧借鉴的是顾客价值及顾客体验的理论，也有少数学者对旅游体验价位概念、特征等基本理论进行了初步探讨。国内学者李丽娟（2012）总结了旅游体验与旅游体验价值二者的区别，她分别从含义、测量维度以及影响因素三个方面论述了旅游体验与旅游体验价值的差异，强调旅游体验是生理和心理感受，而旅游体验价值是心理收益和成本认知；测度维度方面，旅游体验的质量是从游客对旅游产品或服务质量的认知、心理需求的满足以及情感表现方面进行测度，而旅游体验价值的测度侧重成本与收益比较权衡后的心理认知结果；至于影响因素，虽然二者都受到游客自身因素和旅游产品及服务因素以及其他外部因素的影响，但是旅游体验价值中还包括对体验成本（货币成本和时间、体力、精力等非货币成本）的感知。

但也有不少学者认为，基于心理和情感维度的感知价值是影响旅游体验质量的重要因素，Prebensen（2014）的研究显示，感知价值是游客满意度评价的主要决定因素，一趟旅程的感知价值将最终决定游客的满意度和忠诚度，而游客的感知价值往往建立在游客对旅游产品、服务属性的评价上（Jani and Han，2011；Yuksel and Bilim，2010）。

综合前人的研究成果，基于本书的研究目的，我们将旅游体验价值定义为：基于旅游体验即旅游者内在心理活动与外部世界进行一系列的相互交流、相互作用的时序过程后的情感收益和心理收益，它与旅游产品及其服务属性密切相关。

3.2　研究理论基础

3.2.1　符号论与旅游吸引物理论

3.2.1.1　旅游吸引物概念和内在属性

早期在对"旅游吸引物"进行研究的时候，学者对"旅游吸引物"概念一直未达成共识。最初对旅游吸引物的界定强调的是所有"吸引力"要素的总和。代表性观点如 Lew（1987）认为，从本质上看，旅游吸引物就是指"吸引旅游者离开家去非家（Non - home）的地方旅游的所有要素，它包括景观、活动以及经历"。国内最有影响力的旅游吸引物的概念是保继刚、楚义芳（1999）提出的，"促进人们前往某地旅游的所有因素的总和，它包括旅游资源、适宜的接待设施和优良的服务，甚至还包括快速舒适的旅游交通条件"。大部分学者认为，旅游吸引物是吸引人们进行旅游的事物和因素。

随后，Getz（1986）开始强调旅游吸引物是旅游系统下的一个子系统，它由几个部分组成并相互作用。Leiper（1990）认为旅游者不只是传统意义上的"旅游吸引物"的消费者或使用者，他自身也是旅游吸引物系统的一部分。而也有学者开始注意到有关景观"标识"于旅游吸引物系统的重要性，如皮尔斯（Pearce，1991）和罗顿（Lawton，2005）认为，吸引物是"吸引管理者和旅游者注意的，有特殊的人类或自然界特征的知名事件、遗址、区域或相关现象"。

因此，在吸引物的系统观点下，旅游吸引物有着双重属性：一是能够吸引旅游者的某种特殊的客观属性；二是具有因旅游经营者和旅游者的构建和感知而产生的承载某种价值与理想的符号属性。

3.2.1.2 "符号学"与"景观神圣化"理论

（1）符号学与旅游吸引物系统。现代符号学诞生于19世纪，它是一门研究符号的科学，最早发端于语言学领域，代表人物是瑞士语言学家索绪尔。索绪尔（1980）指出，符号由所指和能指构成。"能指"是符号形式，即符号的形体；"所指"是符号内容，也就是符号所传达的内在含义，或者称为"意义"，意义是通过符号载体来表示和表达。美国哲学家皮尔斯提出了著名的符号"三角理论"，他认为，符号的意义来源于三组关系：所指、符号和解释项；所指与能指之间构成表征的关系，能指和解释项之间构成意指的关系，而解释项主要是来源于文化、社会规则的约定。在此理论基础上，皮尔斯把符号分成了图像符号（Icon）、指示符号（Index）和象征符号（Symbol）。迄今为止，符号学思想已渗透到语言学、哲学、社会学、心理学、文学、人类学、传播学以及文化艺术等多个领域。符号学已经成为旅游研究中的重要方法之一。麦克奈尔（MacCannell）较早运用符号学理论对旅游吸引物进行系统分析，受到皮尔斯（Pearce）符号学思想的影响，他指出旅游吸引物符号由游客（Tourist）、景物（Sight）和标志物（Marker）共同构成。在麦克奈尔看来，每一个景观或景点都是由一系列象征性的标识物所标志出来的。"在很多情况下，旅游吸引物值得去看，往往不是因为景观或景物本身，而是因为关于这一景观或景物的信息（符号意义）让人们觉得值得一看。在此，立足于旅游体验主体本身，麦克奈尔强调了旅游吸引力产生的原因，这对促进旅游吸引物的开发与经营有着重要意义。

（2）"景观神圣化理论"与旅游吸引物的建构。"景观神圣化"是麦克奈尔有关"旅游吸引物"研究的重要理论，他认为，"景观神圣化"与"旅游朝圣者"的"仪式化心理"是吸引物建构和旅游发展的动力机制，而"景观神圣化"来源于"神圣理论"。在旅游人类学中，特纳（Turner）借鉴了莫斯（Mauss）将"神圣"运用于祭祀仪式的研究，提出了共睦态（Communitas）和阈限（Liminal）理论，这是"神圣"理论初次应用于旅游研究中。在《宗教生活的基本形式》（*The Elementary of the Religious Life*）一书中，杜尔凯姆指出，作为一种仪式物品，"神圣事物"是所有宗教都具有的核心要素。杜尔凯姆从"结构和功能"的角度来分析"神圣事物"，并将其视为一种时代和社会变迁的标志物，因此有关世俗与神圣的学说深受社会学传统的影响。他认为，"旅游吸引物（景区系统）是反映现代社会和意识的差异性的现代宗教"。

基于符号学的思想，麦克奈尔（1976）提到了旅游吸引物的符号生产过程——景观的"神圣化"过程。他指出，景观的神圣化过程一般包括给景观命名（Naming）、确定范围和提升（Framing and Elevation）、装饰（Enshrinement）、机械化再生产（Mechanical Reproduction）和社会再生产（Social Reproduction）五个阶段。在麦克奈尔的笔下，"景观神圣化"的过程揭示了现代社会中吸引力的结构，旅游景观（旅游吸引物）成为理解现代社会结构变迁的最重要的一个符码。在这一过程中，旅游吸引物不仅是简单的、随意的物质的呈现，而是经过加工、被赋予意义和某种价值感的景观，承载了理想和价值的再建构。借助于"景观神圣化"理论，麦克奈尔进一步对现代条件下旅游吸引物在世界范围内的"扩张"现象进行了描述，麦克奈尔一直试图寻找形形色色的旅游吸引物背后所隐藏的"结构"，而"现代性"无疑构成了这种结构的核心特征。这与诸如斯特劳斯以及戈夫曼所持的有关现代性的观点背道而驰，因为他们认为现代社会中并不存在一个足以理解现代社会复杂性的通用代码，现代性在他看来是一种"断裂"和"疏离"。但麦克奈尔认为，现代性变迁所带来的"传统"与"现代"的断裂引起了"异化"，但以旅游吸引物的形式来呈现的"过去"，是对"现在"的再一次强调，以实现对过去与传统的延续与替代，旅游景观本身亦构成了理解现代性条件下社会文化结构变迁的一把"密钥"，他将旅游景观（旅游吸引物）在全球范围内的扩张放到了现代性的语境之下来予以审视，为旅游现象的社会学研究开辟了全新的境界。

3.2.2 符号互动论与旅游吸引物的解构

运用符号学可以很好地分析旅游主体的符号化活动和旅游客体的符号意义。布鲁默在1962年发表的《作为符号互动的社会》一文中提出了其符号互动理论，在《符号互动论的视角与方法》（*Symbolic Interactionism：Ideas and Method*）一书中，他进一步概括了符号互动论的三条假设，即人们指向事物的活动基于事物对他们的意义；这些事物的意义源于人们与同伴的社会互动；个体处理他遇到的事物时会通过解释过程对事物的意义进行处理和修正。符号互动主义通过对主格"我"（I）和宾格"我"（me）之间孪生关系的审视，来解释社会个体的个性演变和发展。为了了解其他社会成员对自己的认同状况，符号互动主义认为，个体在社会化过程中必须经历一系列"角色调整"（Role Negotiation）阶段。符号互动主义的这种认识，在对旅游过程中主客交往关系的解释方面得到了非常广泛的应用。

传统的符号互动论认为，社会是由人的互动构成的，对于各种社会现象的解释也只能从个人之间的互动中去寻找。麦克奈尔完全吸收了符号互动论的观点，尝试通过旅游者与旅游吸引物之间的互动关系去理解现代社会。他认为，符号是主体和客体间的一种统一关系，符号的能指与所指之间具有随机性原则，人的要素在旅游吸引物的建构过程中具有重要意义。由此，他总结道，"旅游吸引力就是景物、标志和游客之间的关系"，并将旅游吸引力的形成描述为"一个从标志1→景物1→标志2→景物2的过程"。在麦克奈尔看来，旅游者和景物间的第一次接触并不是景物本身，而是对景物的某个描述。旅游者总是自觉或不自觉地接受了媒体的话语叙事，社会符号意义的建构是旅游供给方对符号的编码过程，符号意义的诠释是旅游消费方对符号的解码。

3.2.3 真实性理论

3.2.3.1 旅游体验的客体性真实

真实性（Authenticity）是激励旅游者出游的普遍价值和本质驱动力，是旅游社会学研究中的核心概念之一，它反映了旅游者对现代旅游好恶交织的心理。西方学界关于旅游体验的客体性真实分为客观性真实、建构性真实和后现代性真实。

（1）客观性真实。持客观性真实观点的代表人物有 Boorsti 和麦克奈尔

（MacCannell）。最初，Boorstin（1964）认为"旅游者越来越远离目的地社会的本真现实，旅游变成了一个永远封闭的假象系统（System of Illusions）"，他提出了"伪事件"，指出大众旅游经历是失真的旅游体验。但 MacCannell（1973）则认为，旅游者生活在现代的、异化的社会中，他们在接受自己所处的社会不真实性和虚假性中并没有放弃对真实的寻找，只不过由于"旅游发展的结构化后果"，旅游者看到的是"舞台真实"。

"舞台真实"这一说法是源于戈夫曼（Erving Goffman）的理论。戈夫曼把人生比作一个大舞台，并提出了"前台"（the Front Stage）与"后台"（the Back Stage）的观点。"前台"指演员演出及宾主与顾客服务人员接触交往的地方，"后台"指演员准备节目的地方，这是一个封闭的空间。在他看来，在社会这个舞台上有三种人：第一种是演员，第二种是当地的观众，第三种是外来人。当游客和东道主接触时，游客看到的只是"前台"展示的"真实性文化"，而"后台"的真正意义上的真实文化游客是无法感知的。以 Boorstin 和 MacCannell 为代表的客观性真实论者关注的是客体的固有属性，强调旅游客体与原物的对等性与绝对性。

（2）建构性真实。继布尔斯丁和麦克奈尔之后，"真实性"理论被世界范围内的旅游人类学家和社会学家们不断深化和完善，不少学者开始从建构主义的角度来研究真实性，布鲁纳（1989）根据旅游者对真实性追求程度的不同，对旅游者的角色类型进行了分类，提出了"四类型"真实性。科恩（1988）则先后提出了"环境泡"（Environmental Bubble）和"渐成的真实性"（Emergent Authenticity）。建构主义者认为，社会和文化是人们根据自己的观念、信仰和权威建构的，事物表现出来的真实是人类建构的，而旅游者也不是寻找客观的真实性，而是与其脑海中的印象或旅游期望相契合的真实。旅游者选择性地建构了自我的符号性真实性感知。

（3）后现代性真实。后现代性真实是以解构性真实为特征的，它是怀疑主义和反本质主义的代表。鲍德里亚（Baudrillard）是这一观点的持有者，他提出了"仿真"（Simulation）和"镜像"（Simulacra），认为当今世界已经进入了仿真时代，没有本源、没有现实，仅有的只是抽象的符号。镜像是非真实的景象，是以复制品、虚构的摹本而成的像，但它们却得以超真实。后现代思潮影响了后现代旅游思想，人们对虚构景物的态度也随之发生改变，只要景观能给人以知识、享受、娱乐，游客是并不关心景观的起源和真实性问题的，迪士尼就是其理论的现实再现。

3.2.3.2　旅游体验的主体性真实

无论是客观性真实、建构性真实还是后现代性真实都是基于客体的客观视角，王宁（1999）在回顾前人相关研究成果的基础上，以主体主观视角出发，对真实性理论的发展进行了系统总结，首次提出了"存在的真实性"（Existential Authenticity），并将存在真实性划分为内省真实性（Intra - personal Authenticity）和人际真实性（Inter - personal Authenticity），前者侧重于身体和感官的积极体验，如健康、活力以及自我塑造及确认，后者针对群体，是人与人之间共享的一种直接交流、息息相通之情，与特纳的"共睦态"形成呼应，也可称为"类阈限"体验。存在性真实将有关真实性的视角从客体意义转为关注旅游者体验（Tourist Experience）。

3.2.4　空间三元论

20 世纪下半叶，自空间研究成为后现代显学以来，大多数学者对空间的思考呈两个向度，空间被视为物质载体与精神建构的统一。但法国马克思主义哲学家亨利·列斐伏尔（Hen M. Lefebvre）将马克思的历史唯物主义和黑格尔的唯心主义哲学结合起来，重新思考了这样的二元向度，在其著作《空间的生产》（*The Production of Space*）中，提出了"空间三元辩证法"。空间三元辩证法理论的核心是：（社会）空间是（社会）生产，［（Social）space is a（social）product］。亨利·列斐伏尔用三元辩证法将空间分为空间实践（Spatial Practice）、空间的再现（Representations of Space）与再现的空间（Representational Space），依次对应空间的认知（Perceived）、构想（Conceived）以及生活的（Lived）三个层面。

空间实践（Spatial Practice）指社会活动和交往的行为过程及其创造的社会空间的物质结果，它强调对空间的感知，并通过感知对空间进行分析性的解构与重构。物质空间是物质的和物质化了的"物理"空间性，空间实践包括生产和再生产的行为过程，故其是生产关系的体现，对它的感知途径就是通过人的感官，在感知的过程中人们建构了对空间存在的体验。对物质空间的阅读方法可以分为两个层次：一是集中对事物的表象进行精确描述，二是在外在的社会、心理和生物、物理过程中寻求空间的解释。

空间的再现（Representational of Space）是精神性的与概念化的空间想象，

与物质性的空间实践相反，是构想（Conceived）出来的。它包括概念、语言、文本、表达方式等。关于空间的构想建立在对空间的感知的基础上，后者为前者提供了原始的材料。人们通过对原材料进行再加工形成了对空间的构想并在此过程中完成了对知识的生产，空间再现的话语权通常掌握在科学家、规划师等人手里，它是一个动态变化的过程。精神空间认识论的注意力主要集中在构想的空间而不是感知的空间，它假设，空间知识的生产主要是通过话语建构式的空间再现，通过精神性的空间活动来完成的。

再现的空间（Representational Space）属于生活层面（Lived），是社会空间。列斐伏尔认为，社会空间是人通过相关既定的意象和符号以及象征而直接使用外在世界的空间，是与社会生活隐秘的一面相联系的、复杂的符号体系，分布在伴随着它的形象和象征中的空间，是一个真实的空间。象征意义在空间中进行表达并形成社会规范、价值以及经验，其方式根据不同的社会、历史、文化而不尽相同。再现的空间是居住者与使用者主导的空间，即二者与外部世界互动的真实空间，作为一个具有统治性并且被动的经验空间，它为实践和认知互动提供了场所。

不少学者以城市为大背景，依据列斐伏尔的空间三元论研究了景观空间生产，并提出空间三元辩证法视角下的景观空间生产，包括景观空间的实践即景观的感知空间，景观空间的再现即景观的构想空间，再现的景观空间即景观的生活空间。

3.3　本书理论构架

本书关于文化遗产旅游体验价值的研究面向三个逐步递进、相互关联的研究问题：①文化遗产地空间之于旅游吸引物的空间构建及表征与游客对于旅游吸引物的感知与解构；②文化遗产地空间旅游体验价值维度、游客感知属性与旅游体验价值的关联；③管理者表征的技术属性、功能属性、体验属性与旅游体验价值的关联。结合以上问题本书构建出符号互动下文化遗产旅游体验价值生成机理模型。因此，本书涉及社会学、符号学、心理学以及营销学、传播学等理论。

纵观人类历史长河，文化遗产因其与国家、民族历史文化的关联而具有依托象征意义的符号价值。在当代，随着话语权利、资本及技术的介入，文化遗产地的表征成为一个值得关注的重大领域，其空间生产在时代的变迁中也处于一个变化的过程。与此同时，对于文化遗产地的旅游消费也成为热点，此时，旅游者如何解读文化遗产空间生产以及旅游吸引物体系的建构与表征，解读的结果又如何影响旅游体验价值，对这一问题的探究，实质是期望构建主客双方有关文化遗产旅游吸引物表征与解构的理想状态，实现积极的主客互动。其中，遗产地"客体原真性"与"主体体验原真性"成为本书难以忽略的问题，但以往关于遗产旅游的研究，其主题主要涉及保护与开发、可持续发展、原真性探讨、遗产目的地开发与管理至旅游者动机、旅游者满意度研究等，其视角都是单纯地从一个方面出发，而并未结合主客双方的视角，本书试图打破这一藩篱，结合两方面的视角相互校正研究旅游体验价值。虽然在众多研究中，也涉及了文化遗产旅游价值这一命题，但究竟旅游体验价值的生成机理是怎样的，即体验属性是如何影响旅游体验价值的，并未有研究深入探讨。本书将文化遗产地的空间生产、旅游吸引物的表征与游客体验感知相结合，再把旅游体验感知与旅游体验价值相结合，进而实现了管理方的设计表征是如何影响旅游体验价值的对接，这是一个大胆而有意义的尝试。全书理论框架如图3.1所示。

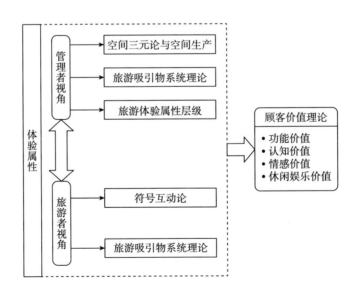

图 3.1   理论框架

4 研究方法与具体研究设计

本章在总结前人研究成果的基础上，提出适合本书的研究范式、方法论和研究方法。萨兰塔克斯（1998）曾对开展研究时所使用的范式、方法论和方法三个术语进行辨析。他认为，方法论是"一种模型，该模型有助于研究者对于理论加以提炼和对框架进行构建，并以此指导研究在特定的范式下开展"，而 Neuman（2006）指出，方法论是基于对社会组织背景、哲学假设、道德原则及政治因素理解的研究支撑。方法论和方法时常混淆，但方法是"供研究者用以收集经验资料或分析数据的工具或手段"。因此，范式实际上是关于世界运转方式的总体观点，方法论则是基于这种关于世界的范式性观点而展开研究时所要依赖的补充性指导原则，而方法则是收集和分析数据的具体工具。

本章第一部分将讨论解释社会学范式于本书的适用性。第二部分则关注研究策略，本书采用单案例的嵌入式分析，同时提出选择西安城墙作为案例地。第三部分关注研究方法，主要采用定性的研究法。第四部分则讨论具体研究设计，包括数据收集、数据分析，以及数据呈现及验证。

4.1 研究方法

4.1.1 解释社会学研究范式

Guba（1990）指出："无论是在日常生活中，还是在与系统的研究有关的活动中，范式都是指导行动的一套基本理念。"在确定研究方法之前，采用何种范式将会影响到数据收集以及结果呈现。长期以来，实证主义范式在大多数旅游研究中占支配地位，随着时间的推移，建构主义范式（包括解释社会学范式和批评理论范式）、女性主义范式、后现代主义范式、混沌理论范式向这一观点提出挑战，如表4.1所示。但无论何种范式，都是基于哲学范畴的本体论、认识论和方法论。

表4.1　对指导旅游研究的范式概述

	实证主义	解释社会学	批评理论	女性主义视角	后现代主义	混沌理论
本体论	普遍真理和规律	多重事实	由显性力量或隐性力量所组成的复杂世界	世界是由性别结构所调节的；男性掌握权力	世界是复杂和不断变化的；无限的解释	世界是不稳定的、非线性的和动态的
认识论	客观的	主观的	介于主观和客观之间	主观的	主观的	客观的
方法论	定量的	定性的	主要是定性的	主要是定性的	质疑并解构，定性的形式	定量的，如果采用隐喻的方法则是定性的

　　解释社会学范式是建立在马克斯·韦伯的"理解"及"移情"的基础上的，韦伯认为"理解"是"通过移情式参与，我们可以充分掌握行为发生的情感背景，以此实现移情或理解的准确性"。其本体论认为世界存在多重事实，现实是被建构的且处在变化之中；其认识论认为，为了获得"理解"，研究者要融入相应的社会环境，并参与其中。因此，研究者与被研究者之间的关系是主观的。从方法论来看，研究者多采用参与观察、深度访谈、案例研究等方法来从经验领域获得知识。

　　根据本书的主要研究问题：管理者与游客间有关旅游吸引物的表征与解读的关联，游客感知属性与旅游体验价值的关联，以及由管理者设计的体验属性将如何影响游客旅游体验价值等表明，本书存在多重事实，且研究的展开要扎根于具体的社会环境中，研究者与被研究者在整个研究过程中存在互动，研究者本人所持观点对最终结果亦有影响。因此，由于"存在多重解释或事实，研究过程主观，从局内人视角而非局外人视角收集数据，在真实的社会或自然环境收集数据而非实验条件下"，因此，本书更适宜采用解释社会学范式。

4.1.2　定性研究——扎根理论

扎根理论（Grounded Theory）由芝加哥大学的 Glaser 与哥伦比亚大学的 Strauss 于 1967 年首次提出。它是一种运用归纳方法对现象加以分析整理得出结果，再经由系统化资料收集与分析而构建出某一理论的质化研究方法。随着研究的深入，扎根理论在旅游研究领域已经越来越多地被应用于实证研究中的现象学和解释学领域，逐渐成为旅游研究领域中较为成熟的质性研究方法，在归纳演绎的基础上，其具有明显的问题导向性与解决性特征。

分析本书，基于案例研究策略，本书属于实证研究。在实证研究方法中，有演绎法和归纳法，演绎法首先从理论出发，然后通过数据收集对理论进行检验、证明或反驳假设。而归纳研究方法从数据收集开始，然后进行理论生成，这两种方法分别与定量研究和定性研究有关。在案例研究中，采用这两种方法中的任意一种或者并列使用两者都行，但对比两种方法，本书更适宜采用归纳法，以定性研究方法来指导本项研究。

西安城墙作为一个开放的文化遗产空间，其环境有着动态的情境性，在这一空间中，因为旅游体验是主观的、动态的、差异化的心理活动，因此我们关注游客的感知、情感以及认知世界的方式，这本质上是对经验的理解。而定量研究的前提，按照本体论和认识论，是缺乏对经验的理解，这显然与本书主旨不符，如果研究者对游客体验的细节以及动态的体验过程感兴趣的话，传统的问卷调查法就无法满足此需求。因此，本书将采用解释社会学研究范式的案例实证研究，采用归纳法的扎根理论的质性研究方法，结合深度访谈，对研究问题进行深入描述。

4.1.3　定量研究——内容分析法

内容分析（Content Analysis）法是一种对传播内容进行客观、系统和定量描述的研究方法，它能够将文本中的词汇按照明确的编码规则细分为不同类别，其实质就是对文本所含表征信息的准确意义进行推断的过程。内容分析法利用词频统计可以将原文减少到以单元为变量的矩阵之中，并通过对这个矩阵进行网络语义及情感分析可获得结论。在本书中，有两个层面需要用到内容分析法：一是利用词频分析，结合扎根理论编码，给出相关节点及子节点等相关类属的频次，这样更能直观说明问题；二是在以扎根理论为研究方法构建出了相关模型后，以内容分析法对网络信息内容进行分析，这样可更好地复现分析，以检测模型的饱和度及解释性。

4.2 研究设计

4.2.1 单案例嵌入式研究

在决定采用某种研究方法之前，必须考虑的三个问题是：①研究所要回答的问题类型是什么？②研究者对研究对象及事件的控制程度如何？③研究的重心是当前发生的事，还是过去发生的事？表4.2列举了五种主要的研究方法及其与这三个前提条件的关系。

表4.2　不同研究方法的适用环境

研究方法	研究问题的类型	是否需要对研究过程进行控制	研究焦点是否集中于当前问题
实验法	怎么样？为什么？	是	是
调查法	什么人？什么事？在哪里？有多少？	否	是
档案分析法	什么人？什么事？在哪里？有多少？	否	是/否
历史分析法	怎么样？为什么？	是	是
案例研究法	怎么样？为什么？	否	是

尽管每一种研究策略都有其明确的特征，但它们之间也有重合，根据本书的研究问题：文化遗产地空间中管理者是如何通过旅游吸引物的设计与表征影响游客旅游体验感知价值的，回答的是"怎么样""为什么"的问题，因此，实验法、历史研究法和案例研究法合适。但根据"是否需要对研究过程进行控制"来看，本书研究是在情境化的旅游田野中展开的，较之于实验室环境，很难去控制，因此排除掉实验法，再根据"研究焦点是否集中于当前问题"来判断，案例研究适合用于发生在当代的事件，它与历史分析法大致相同，但它比历史学家多了两种资料来源：直接观察事件过程以及对历史事件的参与者进行访谈。而根

据本书的数据来源，的确是参与观察以及深度访谈，因此，案例研究法适合本书研究。

根据 Yin（2009），案例研究是一种实证研究，它在不脱离现实生活的情况下研究当前正在进行的现象，且待研究的现象与其所处的环境背景之间的界限并不十分明显。

案例研究的用途有三种：解释性或因果性案例研究，描述性案例研究以及探索性案例研究。探索性研究并不提出假设，用在当因果关系不够明显，或因果关系复杂多变时的情境，旨在最大限度地加深对社会或心理生活领域的理解。在本书中，由管理者设计表征的体验属性究竟是如何影响游客旅游体验感知价值的，这一问题具有探索性，属于探索性案例研究，"它有助于产生新的想法，并把它们编织在一起，形成有根据的理论，或直接从数据中产生理论"。

本书在选择具体的策略时，根据"研究的问题类型，以及是否需要对研究过程进行控制及研究焦点是否集中于当前问题"等参照，最终选择案例研究策略。案例研究最重要的作用是解释现实生活中各种因素之间假定存在的联系，对其进行探索。按照本书研究问题：由管理者设计表征的旅游吸引物系统最终将如何影响游客感知及游客对于体验价值的评估，适宜采用案例研究方法。

在案例研究策略中，有单案例研究和多案例研究，如图 4.1 所示。单案例研究有五个典型的适用环境：①对一个广为接受的理论进行批判和检验；②对极端及独一无二的案例进行分析；③了解某一典型案例出现的环境和条件；④研究启示性案例；⑤对于两个或多个不同时间点上的同一案例进行的纵向研究。相较于单案例研究，虽然多案例研究有更明显的说服力，但考虑到个人研究力量的限制，对于探索性研究，更适宜于单案例研究。

在单案例研究中，研究问题可能是整体性的，也可能有多个分析单元，后者称为嵌入性研究。在本书中，既要访问管理者，又要访问游客，通过两个层面的访谈，要解决三个问题：一是在遗产旅游空间"表征"与"阅读"模式中，管理者是如何设计表征遗产旅游吸引物要素的？游客对此又是如何感知的？二是在"人—物"互动及"人—人"互动结果中，游客如何感知到体验要素与旅游体验价值相关联？文化遗产旅游体验价值表现的维度集中在哪几个方面？三是管理者设计的旅游体验属性究竟是如何影响游客体验价值的？如何实现二者的良性互动，提升游客体验价值。因此，在本书中单案例的嵌入性研究将更适宜。

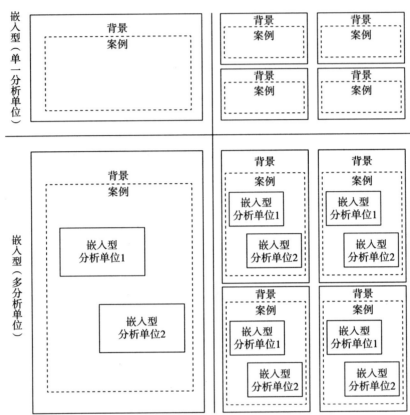

图4.1 单案例研究与多案例研究

4.2.2 案例地选择——西安城墙

4.2.2.1 案例地选择依据

本书研究需要访谈管理者和游客两方，所以在选择具体的遗产地时，需要考虑以下几个要素：①适合于做本书的物理及行政框架。考虑到个人在做研究时的限制，案例地除了需有相应的物理边界之外，还应该有清晰的行政归属。②因为本书关注主客体间有关体验的设计及解读，所以遗产地空间应该有着较为丰富的体验内容且管理方愿意配合本项研究。③进入遗产地进行数据收集的可行性。本书关注主客互动，将分别访谈管理者和游客，这对遗产地游客接待量是有要求的，要确保能获得丰富的一手资料。④数据收集的时间、花费等客观因素。笔者就读于西北大学，位于陕西省西安市，考虑到时间成本、相关花费及个人精力等要素，最终确定西安城墙景区是最合适的案例地。

4.2.2.2 西安城墙简介

西安城墙又称西安明城墙，是中国现存规模最大、保存最完整的古代城垣，是第一批全国重点文物保护单位、国家 AAAAA 级旅游景区。城墙为明代建筑，是在隋、唐皇城的基础上建成的，再加上后来明清屡次修葺、增建，至今保存完好。2012 年 11 月 17 日，在北京举行的全国世界文化遗产工作会议上，西安城墙被国家文物局列入更新的《中国世界文化遗产预备名单》。

（1）建筑形制。西安城墙的建筑基础是军事"防御"战略体系，最初的西安城墙是用土、石灰和糯米汁混合打造而成，后又将整个城墙砌上青砖。城墙防御体系包括城门、护城河、吊桥、闸楼、箭楼、正楼、角楼、敌楼、女儿墙、垛口等一系列军事设施。护城河为西安城墙防御的第一道防线，间楼是第二道防线，用来打更和报警。西安城墙东西南北四座城门分别有正楼、箭楼、闸楼。闸楼用来升降吊桥，箭楼正面和两侧设有方形窗口，供射箭用，这是第三道防线。正楼在最里，箭楼与正楼之间是瓮城，若敌人攻进此处，即形成"瓮中捉鳖"之势，这是第四道防线。正楼四角翘起，三层重檐，底层有回廊环绕，古色古香，巍峨壮观。第五道防线是正城门，分别是：东长乐门、西安定门、南永宁门、北安远门。城墙四角都有突出城外的角台。除西南角保持唐皇城转角原状圆形外，其他都是方形，作用是辅助城门，观察和防御四面外来之敌。城墙每隔120 米修敌台（马面）一座，专门射杀爬城的敌人，每个敌台宽 20 米，从城墙向外伸出 12 米，高低、结构和城墙相同。西安城共有敌台 98 座，垛口 5984 个，外观形成锯齿形。敌台之间距离的一半，恰好在弓箭的有效射程之内，便于从侧面射杀攻城的敌人。内侧矮墙称为女墙，无垛口，墙上有既能藏身又能瞭望、射击的凹口和方孔。

（2）历史文化价值。西安城墙对于研究封建社会（唐明两代）历史、文化、军事和建筑有很高的研究价值。西安是世界四大古都之一。唐朝的长安是当时世界上唯一一个人口超过百万的国际化大都市。到唐朝末年，长安皇城规模明显缩小，现存的西安城墙建于明洪武年间，是在唐长安城的基础上建起来的。明城墙初建时，只有东南西北四座城门，依次名曰长乐、永宁、安定、安远，象征人们对平安、幸福生活的期望。20 世纪 20 年代修建了中山门、玉祥门、勿幕门，是以杰出的革命者的名字命名的；新中国成立以后开辟了诸多城门，包括对朱雀、含光等唐代城门的沿用，体现着历史传承；而以和平、建国命名，则体现了时代特征。近现代以来，西安城墙历经二虎守长安、日寇飞机的大轰炸，"大跃进"时期的萧索荒凉以及 20 世纪 80 年代市民义务劳动整修城墙，西安城墙已经成为古老城市的醒目标志，是凝聚市民城市记忆的具象物。

（3）现代文化及旅游开发价值。2009 年曲江文旅集团正式接管城墙，并于 2010 年成立了旅游公司，对城墙管理实施市场化战略，保护与开发双运行，建成护城河环城公园、含光门唐城墙遗址博物馆、南门广场礼仪文化展示中心、成功策划标志性唐文化舞台演出"梦长安"，同时举办了一系列展示传统文化及现代文化的大型事件及标志性事件。其中既包括上元节主题灯会、祈福新年敲钟活动，也包括城墙国际马拉松比赛等国际赛事，以及中国元首对外国元首的接待，这些事件的举办和媒体报道大大增强了城墙的知名度及影响力。近年来，西安城墙接待游客量一直在 300 万人左右，2017 年突破 450 万人，2019 年因新冠肺炎疫情影响旅游人数大幅下降，如图 4.2 所示。

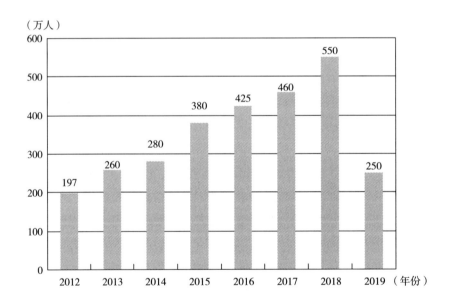

图 4.2　2012～2019 年西安城墙历史文化景区游客接待量

资料来源：城墙旅游服务发展公司。

西安城墙自 1987 年开始申报世界文化遗产。2003 年，西安城墙管理所正式向陕西省文物局递交了申报世界文化遗产的报告。2006 年 12 月 15 日，西安城墙与南京城墙等一起被列入《中国世界文化遗产预备名单》名录。2012 年

11 月 17 日，在北京举行的全国世界文化遗产工作会议上，45 项不同类型的文化遗产被国家文物局列入更新的《中国世界文化遗产预备名单》，西安城墙被列其中。

综上所述，作为中国现存最完整的古代城垣建筑，西安城墙无论其建筑形制、历史文化价值还是现代文化及旅游开发价值，都有极强的代表性，尤其是随着曲江文旅集团的进入，带来了资本及技术，古城墙旅游空间生产一片繁荣，加上近年来游客接待量的持续快速增长，使得西安城墙历史文化景区成为一个具有鲜明特色的文化遗产地空间，具有很高的研究价值。

4.2.3　抽样选择

抽样是在研究项目中纳入属于目标人群的研究对象或研究单位的方法，合理的抽样将更好地提升研究结论的可信度。当本书确定了案例研究法，且一手数据来源为深度访谈时，那下一步就是要选择合适的访谈对象为样本，对象选择的标准则是他们的阐释将有助于我们理解管理者设计表征的旅游吸引物要素与旅游体验价值之间的联系。

抽样类型有两种：随机抽样和非随机抽样。随机抽样常用于定量研究，非随机抽样则适用于定性研究。本书采用的是定性研究，且在选择样本时，并不是基于一般的人口的社会学、统计学意义，而是因为他们具有代表性的经验和知识。因此，本书将采用非随机抽样，为了深入理解西安城墙旅游体验设计以及游客感知，我们采用立意抽样和滚雪球抽样的方法。具体而言，就是在选择管理者时，应考虑：①其核心工作是提供旅游体验；②提供了好的体验表现；③有良好的声望，尤其在体验设计以及反映旅游体验多样性方面（Gao Lihua，2013）。

而对于旅游者的选择也有相应的标准：①样本为国内的游客，外国游客被排除在外，主要考虑到文化差异所造成的体验价值感知不同；②初次到访西安城墙的游客，以最小化先验知识和体验的影响；③游客已经完成了西安城墙之旅，确保体验完整性。

4.2.4　半结构化访谈

访谈法源自社会学理论中的阐释学，来自 20 世纪二三十年代美国"芝加哥学派"兴起的方法学革新运动所产生的一系列定性研究方法。质性研究访谈是收集数据的过程，它发生在倾听和讨论的空间中，是一种研究性交谈，尽可能从被试的观点了解世界，通过交换的语言观点展现其经验的意义（Crabtree and Miller，1999）。在案例研究中，不同形式的访谈被应用于不同研究，从主要应用于定量研究的结构化访谈到应用于定性研究的半结构化访谈直至无结构化访谈，而采用何种访谈形式取决于你希望从被访者身上发现什么。可以发现，访谈形式越不受结构影响，就有越大的灵活性理解正在发生的事情以及受访者如何解读他们身边世界所存在的意义。考虑到结构性访谈和非结构性访谈的优劣势，本书运用半结构化访谈。

本书在对访谈提纲进行设计时，首先仔细研读了有关旅游体验及旅游体验价值质性研究的访谈提纲，结合本书研究问题，再以预调研时与管理者和游客的互动，围绕本书研究主旨——旅游体验设计与感知，针对管理者和游客分别设计了访谈提纲，即采用两面的视角，从而确定感知的属性与顾客体验价值之间的关系。在设计具体问题时，针对游客，提问设计主要让游客描述其感受而不是对旅游体验进行直接评价；针对管理者，提纲主要涉及为了创造体验管理者设计表征的要素。因此，那些具有交叉视角的问题在本书研究中避免提及，如"作为初次访问古城墙的游客，您对古城墙的主题如何评价？"这样的问题替换为"当你在这个古城墙旅游的时候，你感受到了什么样的氛围？有特别引起你注意的吗？为什么？"来确保可信赖性。

4.3　数据采集

4.3.1　预调研

考虑到被访者年龄层次、性别、受教育程度等人口统计差异的影响，在确定访谈问题时，尽量做到清晰无歧义。鉴于此，笔者于2018年4月上旬在西安城墙景区进行了预调研以确保正式访谈时能够获得有效的信息，有四位管理者以及八名游客接受了访谈。四位管理者分别是城墙管委会旅游公司常务副经理、售票处经理、演艺部经理以及"金钥匙"金牌讲解员。而八名游客均为首次游览古城墙的国内游客，考虑到样本的多样性对于研究结果更有普遍性及说服力，在确定游客时，尽量选择不同类型的游客。根据预访谈的反馈，主要对针对游客的访谈提纲做了相应修改，增加了相应的子问题及替代描述以增加游客对于问题的理解。

在预访谈时，对于最适宜的访谈时间以及访谈地点也有了进一步的确认。在西安城墙能做深度访谈很大的一个优势就是有规则而宽广的空间。据实地调研发现，东西南北四个城门游客都能进入，散客多从南门进入主景区，而团队游客只能从东门进。散客一般是从南门向西门方向游览，或者向东门方向游览，团队游客则一般从东门往南门方向游览。从时间来说，一般在上午 11 点左右开始，到下午四五点游览结束，游客会在南门和东门正楼、敌台及魁星楼处休息，此时在这些地方最适宜做访谈，游客也比较配合。在做预访谈的过程中，研究者的采访能力得到了锻炼，并收集整理了访谈中可能出现的问题以及处理策略。例如，如何使用一种简单的表达方式提出问题，需要准备更多的额外的探究性问题来吸引参与者的注意，如何调动访客的积极性让他们继续对话以获取丰富的信息。

4.3.2　正式的数据收集

在做了预访谈之后，正式的数据收集从 2018 年 5 月开始直到 2018 年 10 月结束，历时 6 个月，经历春、夏、秋三季，这三季是旅游的旺季，特别是春、秋两季是最适宜游览城墙的。考虑到对经理和游客抽样选择有不同的标准，所以经理参与者和游客参与者的数据收集的抽样策略也是不同的。关于具体的访谈人数，有相应标准可以参考，Dukes（1984）指出，访谈对象应该包括 3 个、5 个、10 个主体。McCracken（1988）支持 Dukes 的观点并强调被访者应该多达 10 个。之后，学者们扩充了这一数量，Kvale（1996）认为被访者数量应在 5～25 人这个区间。本书最终访谈的经理是 12 位，游客是 45 位，一共是 57 位。

4.3.2.1　访谈管理者

本书将要抽样访谈管理者和游客，样本的选择取决于研究者的设计方案及抽样调查地点，抽样分为用于定量研究的随机抽样和用于定性研究的非随机抽样。在本书中，鉴于对管理者的选择应该是和游客体验设计直接或者间接相关的，他们是体验设计者，也可能是实际操作者，所以并不是随机抽样，对于管理者的选择采用立意抽样和滚雪球抽样。首先，根据西安城墙管委会框架结构，联系了管委会旅游公司常务副总，告知对方研究目的并邀请他们参与这个调查，争取同意后开始访谈。其次，以滚雪球的方式接触其他管理者或者相关工作人员，筛选的标准是保证其承担的工作和旅游体验相关。据研究目的，通过立意抽样和滚雪球抽样，本书共访谈到与城墙旅游体验设计表征直接或间接相关的11位城墙旅游公司管理者以及工作人员，分别涉及西安城墙旅游服务公司对应一线及二线部门，如表4.3所示。

表4.3 抽样访谈的管理者名单

序号	性别	职位	工作年限
MP01	男	城墙旅游服务公司总经理	8
MP02	女	售票处经理	10
MP03	男	演艺部经理	5
MP04	男	市场部经理	6
MP05	男	行政部经理、金牌讲解员	5
MP06	女	游客服务中心主管	4
MP07	男	"金钥匙"专员	8
MP08	男	"城墙卫兵"	9
MP09	女	旅游纪念品店店员	2
MP10	男	自行车租赁处员工	3
MP11	女	散客中心售票员	9

4.3.2.2 访谈游客

对于游客的选择，考虑到文化差异，外国人被排除在外，主要访谈国内游客，同时，必须是第一次到访的游客，尽量避免受之前经历的影响，因此，也采用立意抽样。先礼貌地接触游客，询问对方是否第一次来城墙，告知自己的研究目的、希望能得到他们的配合、具体访谈时间、需要录音，在获得同意后，开始访谈。本书共访谈了45名游客，获得录音文本6万余字。访谈到游客的信息如表4.4所示。

表4.4 半结构访谈游客名单

	分类	数量	百分比（%）
性别	男	25	55
	女	20	45
年龄	15~18岁	4	10
	19~30岁	12	22.5

	分类	数量	百分比（%）
年龄	31~40 岁	12	30
	41~50 岁	10	10
	51 岁及以上	7	12.5
受教育程度	初中	9	20
	高中	11	25
	大专	12	27.5
	本科	7	15
	硕博研究生	6	12.5
游玩形式	独自	7	15
	朋友	12	27.5
	情侣恋人	9	20
	与丈夫或妻子	7	15
	一大家子（带孩子）	10	22.5
是否跟团	是	2	5
	否	43	95
是否聘请导游	是	3	7.5
	否	42	92.5
是否去过其他古城墙	是	23	51
	否	22	49

4.3.3　网络数据收集

为使网络数据的采集和分析可验证，以及为检验深度访谈资料的信度和效度，研究员选取的网络文本资料来源于马蜂窝、大众点评及猫途鹰三个国内较大的自助型旅游社交网站平台，其理由有两点：①知名度和使用率非常高，影响力很大，平台点评内容均为游客原创，保证了文本资料的信度；②平台用户主要通过文字、图片等文本材料对其旅游体验进行直观描述及评价，与本书内容契合，研究价值和参考价值较高。

4.4　数据分析

4.4.1　分析原则

在定性数据分析中，要分析的文本一般包括显性内容和隐性内容。显性内容浮现于文本表面，可对原始资料中频繁出现的"词汇""短语""句子"进行概念初始化处理，但这样的方法并不能帮助研究者发现隐含在字里行间的深层意义。隐性内容着眼于内容的意义而非文本化的特征，需要从呈现的材料及个人诠释中去发现潜在的意义，并通过分析其隐含意义从而产生具有理论意义的概念，准确地弥补了显性编码的局限性。在本书中，因为NVivo11能够自动给显性内容直接编码，它习惯于快速地寻找特定词汇来确定文本所含类属，但对于隐形文本的编码还是要借助于手动编码。原则有以下三点：①要考虑到语境中隐含的意义以及它目前的适用性；②当现存的类属并不适用时，创造一个新的类属来表达相关数据的新观点；③为已经存在的类属创造子类属。

4.4.2　三级编码

4.4.2.1　访谈资料数据

针对一手访谈资料，访谈结束后，把收集到的录音转文本，然后进入数据分析阶段。通过对12位管理者及45名游客的访谈资料进行整理，共获得了39小时的录音记录，获得录音文本6万余字，考虑到文本分析数量庞大，将采用质性材料分析软件NVivo11。在本书中，辅助处理数据主要采用扎根理论三级编码方法。首先，以上述原则进行开放式编码，形成自由节点（子节点），围绕研究目标与主题，对初始概念出现的频率进行细化凝练，将其归类到树状节点（父节点）中，在这一过程中发现并建立原始资料、节点与连接三者间的关系，形成初步范畴的整合和分类。其次，进行主轴编码，将初步概念不断反复审视，结合NVivo11软件所提供的矩阵编码等方式来进行，发现初步范畴之间的关联介质，形成主范畴。最后，比对、整合、凝练、验证主范畴之间的逻辑关系并最终挖掘出核心范畴。

4.4.2.2 网络文本数据

针对网络数据，主要采用内容分析法对网络点评用语进行内容分析，利用ROSTCM6 软件进行高词频统计、词频搜索对收集到的文本资料进行编码及分类的内容分析，其编码思想依旧以质性研究编码方法为指导原则，然后将编码类别与扎根理论三级编码进行校验匹配，主要通过检测一手数据的饱和度来研究拟构建模型的稳定性与适用性。

4.5 数据呈现

在本书中，有两种表格被广泛应用：一是树形结构图。鉴于层级系统能够显示、探索类属关系以及评估、强化观点，监控项目的整体情况，所以树形结构目录在本书中用于管理所有类属。二是矩阵表。矩阵表基本包括 2 个或者 2 个以上的层面或序列，二者交叉组成，以了解层面间或变量间的互动，在访谈中发现，当游客谈及一个属性时，也会提到另外一个属性，暗示出属性之间是有联系的。矩阵表是一种有用的内容分析的账户，它使分析者能够计算关联，也可以作为对事件分析的入口。在本书中，矩阵表用于分析感知属性之间的关联以及感知属性与游客价值之间的关联。通过矩阵编码运算为行和列指定了编码数据的不同节点，然后将指定节点的组合初始显示为一个共生数量的表格。

4.6 可信赖性（确实性）检验

在实证研究中，信度和效度是常见的确保研究质量的检验标准，但本书的研究范式是解释社会学范式，属于定性研究，本书更适宜用"可信赖性"来确保。"可信赖性"是 Guba 和 Lincoln 于 1994 年提出的，用以替代广泛使用的信度和效度检验。可信赖性包括可信性和信赖性，应该被理解为在经验上分析者可以真正地理解叙事者的诠释，并能用系统的方法对叙事者的诠释进行再诠释。在社会学研究中，可信赖性有四个基本标准，分别是：①可信性，即你的研究发现有多真实，这涉及内部效度的量化标准；②可转移性，即研究发现能够多大程度适用于其他环境，这和外部效度相关；③可靠性，着眼于研究结果的一致性以及可再生性；④确定性，与中立性和客观性相关。

在研究设计阶段，可转移性是研究者的主要目标，即案例研究的特定结果是否可衍化出更广泛的理论。可转移性是通过使用有目的的抽样以及深描来实现的。在样本的选择上，如前所述，有关管理者和游客的样本选择标准是不一样的，为了确保管理者和游客对于旅游体验的表征及感知有着深刻的理解，立意抽样和滚雪球抽样的方法被采用。在数据收集阶段，可靠性和确定性是定性研究中常用的两种检验方法。

为了保证可靠性，首先要拟定案例研究草案，其次要建立案例研究数据库。研究草案具体包括研究目的、研究步骤、样本选择标准、访谈问题，然后进入数据收集阶段，数据收集结束以后，要有足够清晰的证据如图表、陈列等以供其他的研究者独立地判断研究发现及阐释。

为了确保"确定性"，如前所述，预调研会在正式访谈前进行，既可以完善访谈问题，又能对访谈中可能出现的一些情况积累经验。同时，半结构访谈中虽然是按照研究问题设计提纲，但在具体访谈中，有可能会出现诱导性提问，在本书中，为了避免这种情况出现，针对管理者和游客分别设计了访谈提纲，即采用两面的视角，从而确定感知的属性与顾客体验价值之间的关系。在具体问题设计时，针对游客，提问设计主要让游客描述其感受而不是对旅游体验进行直接评价；针对管理者，提纲主要涉及为了创造体验管理者设计表征的要素。因此，那些具有交叉视角的问题在本书中避免提及，如"作为初次访问古城墙的游客，您对古城墙的主题如何评价"。

数据分析合成阶段，也是理论浮现的阶段。这一阶段，每一种解释和发现都要与现有的发现相比较，在这个过程中，当一个新的类属出现，且和现有的文献并不匹配时，那么它们将被创建为新的节点，用于进一步探索和编码。这些新发现与现有的研究结果是否相关，将进一步探索。同时，在采用 NVivo11 软件编码时，本书只有一个人编码，所以就避免了因为多人编码所造成的逻辑不统一弊病。

4.7   研究伦理

对于社会科学数据的收集，有两个基本的伦理原则：一个是自愿参与研究，另一个是避免参与者受到伤害（Babbie，2010）。本书所面临的伦理问题主要集中表现在三个方面：首先，在接触潜在被访者时，要清楚地告知对方访谈目的，以及可能存在涉及个人隐私的信息收集，因此，要征得他们的同意才可以进行正式的访谈。其次，在数据收集过程中，要告知访谈过程需要全程录音，要征得受访者同意才可以用录音笔，录音时，也需要把录音笔放到显而易见的地方，同时，在访谈过程中，如果被访者拒绝回答问题或者要退出访谈，都可立即结束。最后，出于个人隐私保护的需要，在呈现研究过程及结论时，将对被访谈者的姓名等个人信息均隐去，采用代号统一汇编处理。

5　符号生产

——西安城墙空间生产与旅游吸引物表征

　　基于田野调查及深度访谈之后的数据分析,本章主要呈现对于访谈者访谈之后的发现。本章主要研究的问题是管理者是如何进行旅游空间生产建构以及旅游吸引物表征的。因此,本章主要分为三个部分对此问题进行阐释:第一部分关注西安城墙旅游空间生成的构建;第二部分则阐述管理者具体表征的旅游空间主题符号形象及表征设计;第三部分则以符号学分析方法构建了西安城墙旅游吸引物的符号学形态。

5.1　旅游空间生产

5.1.1　文化主题

　　西安城墙管理方是如何对其旅游空间进行主题确认并进行空间生产的?对此问题的研究,主要通过文献研究、实地调研、参与式观察以及深度访谈的方式展开。其中,深度访谈了 11 位与游客旅游体验设计管理有直接或间接关系的管理者及工作人员。访谈发现,管理者是通过西安城墙历史文化主题确认、对应文化要素表征,舞台、节事活动策划以及配套设施服务来进行旅游吸引物空间生产的。

　　在西安城墙的主题定位上,古城墙的管理者非常清楚自身的特质及优势所在。相较于国内另外两个最具代表性的古代城垣建筑——平遥古城墙及南京明城墙，管理者认为西安城墙的优势在于地理位置优越，文化内涵丰富且保存完好，因此其旅游整体发展思路是在弘扬历史文化的基础上大力推广现代文化。

据访谈："和国内的南京明城墙以及山西平遥古城墙相比，西安城墙的主要特色在于保存完整且规模宏大，并且我们位于古都西安，这是一个巨大的优势，除了军事文化的展示、唐历史文化元素的展示推广，我们也在做传统文化推广和现代文化的推广，主要是想打造西安城墙的知名度和影响力，使它成为我们西安的门户。"（MP01）①

这样的发展思路也在另外几位管理者 MP043、MP04、MP05 的访谈中得到了证实。"城墙不仅仅是一个景区的概念，最主要的是老祖宗的财富，每一个人都可以深入其中，在其他地方是听到历史、看到历史，在城墙则是可以触摸历史，目前，我们的注意力更多放在如何将它与历史文化名城、现代文化相融合打造城墙的影响力上。"（MP04）

5.1.2　文化要素

在访谈中，管理者表示，作为文化遗产地空间，游客的体验非常重要，尽管视觉凝视占据了旅游体验的重要部分，但是如何活化"主题"，尽可能多地让游客参与进来则是帮助游客深入理解文化遗产地内涵的重要问题。因此，主题确认后，就会有对应的文化要素的表征以及活动设计。这些文化要素具体为三个层次：①西安城墙全段可见的文化要素；②特定地方可见的文化要素；③只在夜间以及重大节日举行的体现文化内涵的舞台事件、节事活动和庆典活动中可见的要素。而事件活动的策划及运作是西安城墙旅游服务公司下属的演艺部和市场部的重要职能，它们分别通过策划仿古事件、传统文化事件、现代大型事件及标志性事件来提升游客体验。

如管理者所言："西安城墙是一座军事堡垒，蕴含着千年历史，并且是呈现多元义化的一个角色，因此我们主要的工作是要'活化'历史，不仅仅是让游客到此一游，最主要的是让他们对历史、对文化能有深入的了解，所以我们设计了相应的舞台演出、大型节事活动让游客更深入地参与进来。"（MP04）

5.1.3　支撑系统

配套设施及服务作为支撑游客体验的基础条件必不可少，对此，管理者对它

---

① MP01：MP 为管理者简称，01 为编号。

们开发的原则：一是提供最基本的景区设施及辅助服务，如表5.1所示。二是提供和游客体验相关的服务及设施以及与西安城墙文化内涵相关的产品及服务，而后者主要与西安城墙旅游发展公司有关，如表5.2所示。古城墙无论是有关军事文化、历史文化的表征还是现代文化的展示，都需要配套服务的支撑保障。目前，古城墙的配套设施及服务主要有四个层次：一是提供非主题化服务如停车场、洗手间、座椅、租单车服务、南门吊桥游船服务等；二是提供非主题化商品，如便利店、咖啡店；三是融入了文化的主题商品，如"城墙故事"主题旅游纪念品店；四是金钥匙作为统领监控服务质量的保障。

表5.1　西安城墙景区后勤服务部门及职责

部门	职能
物业办	负责景区物业保洁、护城河保洁、城墙防汛、护城河防汛等工作
设施办	负责景区亮化工程、夜景照明系统的建设和维修维护，旅游服务设施等工作
安全办	负责景区文物技术监测和日常巡查，文物执法、城管执法，统筹消防安全，负责重大活动、重要接待的安全监督管理
绿化办	负责景区园林绿化的规划设计、景观策划、栽植培育、修剪养护等工作

表5.2　西安城墙旅游服务公司部门工作人员访谈摘选

管理者	访谈资料	相关服务
MP06	我们设立有"空中送祝福"生日播报、留言册、纪念章、纪念品展示、二维码导览、免费书籍、"吃住行游购娱"服务卡、影片介绍、触摸屏介绍等	游客服务中心
MP10	我们的职责主要是负责城墙自行车租赁服务，提供自行车车模展，让游客了解自行车由来，也包括为游客做一些简单的周边介绍，让游客骑自行车或乘电瓶车游城墙时尽可能不留遗憾	自行车、电瓶车
MP11	音乐是专业导演给予的策划，服装是日本的服装设计师和田惠美给我们做的，《满城尽带黄金甲》的服装就是她设计的，我们和游客互动，游客会问你这个盔甲是古代的还是现在仿制的，我们会告诉他，这是唐朝的衣服，游客会要求和我们拍照	演艺部

管理者	访谈资料	相关服务
MP01	主要能满足游客的基本需求就好，不能破坏城墙主体建筑，咖啡店主要针对外国人，以前没有这个	咖啡吧、便利店
MP09	主要满足游客的购物需求，推广传播城墙文化，增加游客的趣味性，也会回复游客咨询	"城墙故事"主题纪念品商店
MP05	未来发展会更加智能化，类似于智慧城市	在线讲解及智慧景区建设
MP07	把游客当成自己的朋友或者家人，守护历史责任，践行历史使命，游客需要什么，我们可以放到全国金钥匙群里去寻求帮助	金钥匙服务

2011 年，西安城墙专门成立了旅游服务发展公司，在服务管理上，从宏观层面到微观层面都确立了明确的发展思路。

据访谈："我们现在的服务标准和服务细节与以前相比有了日新月异的变化，一边摸索创新，一边接受新兴事物，很多服务环节是为游客做的，比如游客生日，我们会通过广播发出祝福，高跟鞋磨破脚，服务人员有百宝箱，有创可贴、针线包，等等。瓮城还招聘了一些外国志愿者，经过培训可以给外国人提供旅游信息，还可以和中国人拍照。城墙搭建电梯这个项目我们不做了，确实不应该有电梯，破坏文物，现在我们是用身体，去抬去背。未来我们的发展将更加智能化，类似于智慧城市。"（MP01）

同时，管理者也认为，配套设施及服务非常重要，但他们也表示作为文物古迹不能修建太多像其他景区那样的配套设施。

据访谈："我们曾经有在瓮城里建电梯的想法，马道陡直，主要方便残疾人和老人，后来经过多方考虑，还是放弃了，一是考虑古迹的保护，二是顾及公众的反应。"（MP01）

2012 年 9 月，西安城墙景区正式加入了有 80 多年历史的国际知名服务组织——国际金钥匙服务联盟，成为国内首家加入该联盟的旅游景区。截至目前，西安城墙共有金钥匙专员 17 位，成为保障提升古城墙游客体验质量的中坚力量。表 5.1 和表 5.2 为西安城墙服务保障部门职责以及旅游服务发展公司相关人员访谈摘选。

据访谈可知："我们金钥匙专员数量由 2016 年的 4 位发展到 2018 年的 17 位，最早由城堡酒店引进了第一把钥匙，这些年，金钥匙专员队伍不断扩大，也算是见证了城墙景区的发展壮大。我们属于游客服务部,既是一线服务人员,也是监督、培训其他部门及员工的相对独立的部属,我们的理念就是满意加惊喜,先利人后利己,把游客需求放在第一位,争取做中国景区的标杆。"(MP05)

5.2 旅游吸引物表征

结合符号学分析,西安城墙意图展示多维度的符号形象:军事文化、历史文化、现代文化,这三个层次的符号共同构成了西安城墙旅游吸引物的符号体系。其中,历史文化的表征又由唐文化、宗教文化、古城文化三个子文化符号构成。根据符号学形态分类,军事文化、历史文化构成了符号形态中的文化符号,而以大型事件为依托的现代文化则在更大程度上作为标识符号,体现着管理者的营销战略意图。每个主题形象均有对应的文化要素表征以及活动展示(见表5.3)。

表5.3 西安城墙景区表征的主题、属性与活动

符号形态	主题	相关要素	表征活动	配套设施及辅助服务
军事文化	军事建筑 军事思想	永宁门、安定门、安远门、长乐门、瓮城、月城、箭楼、敌楼、马面、垛口、护城河等	武士换岗 士兵巡游	基本设施: 停车场等 娱乐设施: 自行车、游船 零售服务: 咖啡店 "城墙故事"商店 辅助服务: "金钥匙"服务 游客服务中心 在线预订 导游服务 二维码讲解 环境维护 安全维护
历史文化	唐文化	有形建筑形制	含光门遗址博物馆 西南城角	
		无形名建筑	标识牌	
		大唐礼仪	《梦长安》主题演出	
		大唐盛世	唐都上元不夜城灯会	
	宗教科举文化	神魁星	魁星楼及其标识牌	
	古城历史文化	凝聚城市记忆的遗址 历史事件	中山门、建国门 等城门及标识牌	
现代文化	标志节事 大型节事		入城仪式、风筝节、跑男录制、城墙国际马拉松比赛、春晚分会场等	

5.2.1 军事文化表征

军事文化是西安城墙的核心形象所在，也是城墙管理方着力展示的文化符号。作为明代军事堡垒的古城墙，护城河、吊桥、城门、瓮城、月城、箭楼、垛口、敌台等军事设施遍布于13.7公里的城墙，使得古城墙全段成为一个展示军事文化的活的博物馆。为了帮助游客深入理解这些军事设施在历史上的功用，城墙管理方采用动静结合的方式加强与游客互动，提升游客体验。

静态方面：①散客服务中心及景区入口处提供导览图并在相应军事设施附近设置讲解标识牌；②设计与"古代军事文化"主题相符的标识设施，包括冷兵器"矛"的道路指引牌、"军令牌"式的交通导览牌以及铠甲样式的垃圾桶；③垛口上设置"黄龙旗""大红灯笼"等古代战场元素营造浓郁的古代军事战场氛围。

据访谈："我们有散客服务中心，中国游客普遍不爱请导游，针对这一情况，我们的工作人员都是经过专业培训的，即使售票员也要对古城墙的历史文化有所了解，我们要求他们甚至可以充当导游，同时，在入口处放置免费的景区导览图，有路线推荐及景点介绍。"（MP02）

动态层面：旅游服务发展公司下属演艺部，主要职责是"还原古代军事防御城池的使命"，为了贯彻这一理念，演艺部策划"士兵巡游"和"武士换岗"两台仿古舞台化演出，每日在固定时间、固定地点上演，为了保证"真实性"，从演员甄选到服装设计再到音乐道具配置都力争与"古代军事文化"接轨，以此来活化历史，"推动"游客更深入地参与到军事文化氛围中来。

据演艺部经理："我们演艺部的使命就是要还原古代防御城池的形象，我们的口号是守护城墙历史，践行文化使命，所以我们有武士换岗和士兵巡游演出，一年365天不间断，武士换岗和士兵巡游有固定时间和固定路线，节假日还会增加场次，也会到南门吊桥外进行免费表演，我们的武士铠甲'黄金甲'是请国际知名设计师设计的，全国独一无二，也会提供给游客与城门卫士互动拍照的体验活动。"（MP04）

此等理念及实践也在参与巡演的"城墙卫兵"洽谈中得到了证实。

据访谈："我们共有30个士兵，一天进行五场常规演出，上午10点、11点，下午3点、4点在南门月城、瓮城及城楼附近进行'士兵巡游'表演，下午5点在南门月城进行'士兵换岗'表演，我们的作用主要是给城墙增添古代的气氛，一个城池有士兵才算是城墙，那样才像古代的军事防御堡垒。我是体院毕业的，这里招聘士兵优先考虑退伍军人，身高、体魄都要到位，会有专门的老师培训，我们的盔甲（黄金甲）是日本设计师和田惠美老师设计的，游客非常喜欢，会问我们是不是古代保留下来的，也会和我们拍照留念。"（MP06）

5.2.2 历史文化表征

从文化遗产地的符号属性来看，历史文化是遗产遗迹的内涵体现。西安城墙在历史发展的长河中，其内涵丰富多元。相较之体现古城墙军事文化的物质形态随处可见，古城墙多个层次的历史文化符号形象则只有在少数特定地方才能有所体现，且由于有时空差异，游客对于历史文化的体验本质上以想象完成。为了弥补文化遗产这一客观存在的缺失，古城墙管理方对于文化历史的表征，尤其是对于"唐文化"的表征是以舞台化演出以及主题化节事活动推动的。

5.2.2.1 唐文化表征

在西安城墙官方网站的宣传页面上，对城墙景区的介绍是"西安城墙，始建于公元 582 年（即隋开皇二年）……"从一般意义上来说，西安城墙被称为明城墙，但明城墙实质是在隋唐皇城基础上修建的。从宏观的建筑布局来说，西安城墙形制格局规整，东西绵延，南北纵横，与城市中轴线上的钟鼓楼连作一线，两者共同体现了作为隋唐中央集权象征以及大唐盛世时国家权力中枢的空间布局文本。

在表征"唐文化"这一符号形象时，可见有形要素包括城墙全段唯一保留的具有隋唐时期城墙建筑特质的"圆形形制"的西南城角，以及以唐朝含光门遗址为核心的"含光门遗址博物馆"。

相较之军事文化展示，尽管唐文化符号形象强大，但直观可见的要素太少，这样的要素包括两类：一是如唐左教坊、唐保寿寺等历史遗迹以及著名历史事件发生地如玄武门在历史动乱当中早已无迹可寻；二是泱泱大唐国风的气魄与气势的不可再现。对于前者，管理者通过在原址区域内城墙段树立标识牌，以文字解说的方式重现历史，如表 5.4 所示。针对后者，管理者打造了以大唐迎宾礼仪为主题的《梦长安》品牌舞台事件以及"唐都上元不夜城"城墙新春主题灯会。

（1）《梦长安》。《梦长安》是西安城墙演艺部策划的大型唐文化主题演出，是对"千里而来，唯国礼相待"大唐迎宾礼仪符号化、有形化的舞台展示。它融

表5.4　城墙全段设立和唐文化符号有关的标识牌

类属	名称	位置	标识牌讲解示例
隋唐遗址	唐太常寺	南门西段	唐皇城：俗称子城，为唐长安城大城中的小城，隋唐中央衙署与东宫属的分布区，是今西安城的前身，皇城营建于隋开皇二年（582年）六月至开皇三年，东西2820.2米，南北1843.6米，面积为5.2平方公里，约占全城面积84平方公里的1/16。皇城位于全城北部中心，背靠宫城，南开三门，中为朱雀门，东为安上门，西为含光门；东开两门，中为景风门，北为延喜门；西开两门，中为顺义门，北为安福门
	唐皇城	朱雀门	
	唐天街		
	唐鸿胪客馆		
	唐鸿胪寺		
	隋唐社稷坛	含光门	
	唐阎立本宅		
	大唐西市		
	唐实际寺		
	唐袄祠	安定门南	
	唐掖庭宫	玉祥门	
	唐宏福寺	尚武门	
	太极殿		
	唐太极宫		
	唐东宫	安远门	
	唐凌烟阁		
	唐百官待漏院	尚德门	
	唐右教坊		
	含元殿	解放门	
	唐丹凤门		
	唐大明宫		
	唐保寿寺	尚勤门	
	唐罔极寺		
	唐左教坊		
	阿倍仲麻吕纪念碑	东南城角	
	唐兴庆宫		
	唐东市		
	唐崇仁坊	和平门	

合了十三朝古都的历史与丝绸之路沿线的人文风情，旨在展示长安礼仪之邦的广阔胸怀，自1996年首次亮相之后，接待过无数海内外贵宾，现已成为西安城墙

的一个重要的标识符号。

据访谈："唐文化是西安城墙非常重要的一个文化代表，古长安有大唐盛世，明城墙是在唐城墙的基础上修建的，但因为年代久远，唐代留下的痕迹很少了，现在我们主要通过舞台化演出以及一些和唐文化相关的活动来还原历史。今天我们的入城仪式就是在唐代的礼仪上发展起来的。在唐朝，永宁门一直有以大唐国礼迎接各国贵宾的传统，大唐古长安城南门入城仪式被称为'天下第一礼'，因此，我们据此策划了大型文化主题舞台剧《梦长安》，吸引了国内外大批游客观看，非常成功。《梦长安》还曾接待了包括美国总统克林顿、印度总理莫迪在内的各国政要。"（MP04）

同时，随着市场化运作的深入和管理模式的革新，《梦长安》也在不断地提升品质，并且加强与游客的互动。

据访谈："'守护城墙历史，践行文化使命'是我们的口号，随着投资力度加大，我们的服装、道具、灯光、音响质量都有所提升，影响力也越来越大，除了在瓮城演出，也会在外承演，这些反过来又提升了《梦长安》及古城墙的知名度，有很多游客慕名而来，除了观看表演，我们也给游客设置了体验环节，比如在开演前为了缓解游客等待的烦躁，也会安排和武士合影的互动活动，下一步希望有更多的互动体验，如游客可以穿上武士衣服，等等。"（MP04）

值得注意的是，因为《梦长安》的发展壮大，本来在南门瓮城演出的"士兵"演出地点换到南门月城，某种程度上，这对"军事文化"的表征产生了一定程度的影响，对此，"士兵"也表达了自己的看法："没有换地方之前，高峰期一天演出20多场，形式也多，2015年皇城羽林卫最好，游客看得多，场地利用得好，就在瓮城，月城受众窄，瓮城主推《梦长安》，只能给让路了，《梦长安》是我们的表演主力。"

Pearce（1991）和Lawton（2005）指出，旅游吸引物除了传统意义的"吸引物"外，也有"吸引管理者和旅游者注意的，有特殊的人类或自然界特征的知名事件、遗址、区域或相关现象"。《梦长安》作为国内首个以大唐礼仪为主题的文艺演出成为古城墙一个非常重要的旅游吸引物，它以舞台化的、虚拟化的方式活化历史，将无形的唐文化符号有形化，使它成为西安城墙新的标识符号。

（2）"唐都上元夜"主题灯会。"唐都上元不夜城"城墙新春主题灯会是管理者打造的另一个用以传播无形唐文化的节事活动。历史上，唐代元宵节灯会盛极一时，古长安沿街搭起彩绘戏棚，挂上精制花灯，宫廷市井、大街小巷、酒肆茶坊均张灯结彩，火树银花。目前，西安城墙新春主题灯会的文化品牌已传承了30年，每年在新春时节展示"泱泱大唐"这一历史风貌，同时，西安城墙管理方也试图以科技化手段加强与游客互动，提升游客体验。

据访谈："我们会做一些节事活动，比如上元灯展，一路布展囊括含光门、小南门、朱雀门、南门、文昌门以及建国门等核心路线，大概有500米长。西安城墙景区上元灯会分设与唐文化等相关的主题，主要还是想依托传统文化、结合现代手段，以恢宏的气势彰显大唐盛世。同时，为了增加游客的参与度，也会增加智慧旅游如 AR 的成分，让游客借助手机有更多的参与机会。这样游客看到的是 3D 花灯，还可以线上猜灯谜。这样的新春灯会既有传统的味道，又体现出现代科技的魅力。"（MP01）

5.2.2.2 宗教、科举文化

作为城墙上唯一一座没有军事防御功能设施的魁星楼，无论是其地理位置还是依托的文化典故都使它成为古城墙上一个重要的文化符号。魁星楼位于古城墙永宁门城楼东段矮墙处 600 米处，脚下毗邻碑林孔庙。魁星楼是为儒士学子心中主宰文章兴衰的神魁星，又叫"文曲星"而建的。古代孔庙、学府里都建有供奉香火的魁星楼，明清时的西安府学和孔庙建在城墙脚下，魁星楼因此建在西安城墙之上，魁星楼与脚下的碑林孔庙是我国封建社会科举制度的重要见证。

在近几年的城墙营销战略及发展策略中，因其地理位置优势以及文化关联性，古城墙和碑林孔庙景区实现了优势互补，深度合作，两个景区联合申请了国家 5A 级景区，并实现联票发售，极力拓展了宗教科举表征这一符号形象的影响力。

据访谈可知："之前，我们一直争取和碑林景区合作，因为魁星楼和孔庙密不可分，本就是封建社会科举制度的一个体现，目前已经实现了金牌讲解员互享、联票发售，都是为了拓展这一文化形象的影响力，传播古代宗教科举文化。"（MP02）

5.2.2.3 古城历史文化

在西安城墙的符号形象中，"古城历史文化"是最为复杂的一个。古城西安历经周秦汉唐，留下了大量的遗址遗迹。初建于隋唐时期的皇城墙，经历了盛唐时期的鼎盛局面、唐朝末年的动乱，再经历宋元明清朝代更迭，已经成为长安城兴衰历史的重要见证。在漫长的历史长河中，古城墙也发生了许多著名的历史事件，西安城墙已经成了一个城市、一个民族、一个国家历史兴衰的重要载体及见证。古城墙管理方根据当时事件发生地、遗址所在区域位置都设置标识牌进行解说（见表5.5）。

表5.5　和古城历史文化相关的标识牌

类属	标识牌名称	标识牌位置
周遗址	周都丰镐	含光门
秦遗址	阿房宫	安定门
	章台宫	玉祥门
汉遗址	汉石渠阁	尚武门
	汉天禄阁	
	汉长安城	
明清遗址	广仁寺	西北城角
	明秦王府城	安远门
	清满城	
	下马陵	和平门
历史事件	张骞通西域	玉祥门
	文成公主和亲入藏	
	朱雀街盛迎玄奘取经回京	朱雀门
	玄武门之变	尚武门
	勿幕门与井勿幕	勿幕门
	含光门历史变迁	含光门
	八路军西安办事处纪念馆	安远门
	解放门	解放门
	"辛亥反正"东城门争夺战	长乐门
	冯玉祥与中山门	中山门

5.2.3　现代文化表征

事件（Event）作为国内外旅游目的地的重要推广方式之一，是旅游目的地品牌个性塑造的有效手段。事件本质上是媒介事件，通过媒体宣传，有助于宣传地方文化、带动人们对旅游目的地的关注度。具有全球影响力的事件活动，可提升地区及其价值的国际认知。

近几年，西安城墙非常重要的一个举措就是大力开发"现代事件"，意在"重构"地方文化。西安城墙旅游服务公司下属的市场部，其主要职责是策划一系列大型事件和标志性事件来展示古城墙风貌，发扬现代文化，与"演艺部"的"仿古舞台事件"形成互补。策划的标志性事件包括一年一度的城墙国际马拉松比赛、2015年浙江卫视跑男录制、2016年春晚分会场等。而系列化事件如风筝文化节、消暑啤酒节、丝绸之路国际电影节、音乐节等，如表5.6所示。这些节事活动，使"事件举办地"成为继军事文化、历史文化之后西安城墙的第三张名片。孙九霞（2010）指出，事件以崭新的方式再现传统文化符号，在各种力量的作用下，文化符号的内涵和外延都有别于"自然状态"的表征。研究显示，这些节事活动属于商业运作范畴，实现盈利的同时，还作为非现场标识实现其符号营销意图。

据访谈："目前，我们的注意力更多放在如何将她与历史文化名城、与现代文化相融合打造城墙的影响力，包括国家元首的造访、春晚的演出、秋晚的镜头，以及马友友音乐会、丝绸之路音乐会等都是我们为提升城墙影响力的活动，虽然很多游客确实不能参与，可这些活动的确会增加城墙的曝光度，本质上它们是媒介事件，这些一连串的事件会让游客对城墙充满好奇和向往，他们可能会想来这里看一看。"（MP03）

表 5.6 西安城墙节事活动一览表

时间	节事名称	举办地点
2017年1月21日至3月5日	"唐都上元不夜城"新春灯会	城墙南门及东、西辐射带
2017年3月30日	"春满古城·全民筝游"古城墙风筝节	城墙全段
2017年4月29日至5月1日	"穿越城垣·魅力古城"文化体验之旅	南门瓮城
2017年6月1日	"百童书家训·魔宝传家风""六一"主题活动	南门
2017年5月17日至7月15日	"月光跑、不晚安"城墙夜跑活动	城墙全段
2017年9月10日	城墙国际马拉松比赛	城墙全段

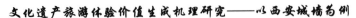
时间	节事名称	举办地点
2017 年 12 月 20 日至 2 月 11 日	"盛世最中国、炫彩最西安"西安城墙戊戌新春全球征春联	南门瓮城
2018 年 1 月 1 日至 3 月 31 日	城墙迎新年健康祈福跑	城墙全段
2018 年 1 月 26 日至 3 月 10 日	"万家灯火"全民制灯活动	南门瓮城
2018 年 3 月 12 日	"西安春意浓、绿衣靓古城"全民植树节活动	城墙根
2018 年 3 月 26 日至 4 月 30 日	"金甲闪耀、舞韵古城"城墙武士主题文化节	南门瓮城
2018 年 4 月 21 日	第 9 届城墙国际自行车赛	城墙全段
2018 年 5 月 1 日	"春舞大西安"西安城墙千架无人机光影盛典	南门
2018 年 4 月 28 日至 8 月 31 日	"大汉天成、盛世国彰"中华汉文化系列主题传承季	南门
2018 年 7 月 7~8 日	城墙国际音乐节	南门

5.3 旅游吸引物符号学分析

通过以上分析，结合西安城墙空间生产的符号学分析，可以发现，进入现代社会的西安城墙旅游吸引物符号表征主要由军事文化符号、历史文化符号以及现代文化符号构成。按照符号学的形态，军事文化和历史文化元素是文化符号，而依托大型媒介事件的现代文化展示则更多地体现为标识符号，以"金钥匙"服务为核心的古城墙的服务管理则构成了群体符号，这是一个融合传统与现代，具有体验性和互动性的空间。

采用 M. Gottdiener 对于空间文本的符号学分析方法，我们对西安城墙空间文化符号的表征做一个梳理，如图 5.1 所示。西安城墙以空间中自身物质实体作为唐皇城及明清军事堡垒的外在表现形式，借助这个物质实体通过"原真性"保护，历史文化有形、无形再现和现代节事生产等使得这一物质空间成为遗产地保护与传承、复兴与发展的重要载体。

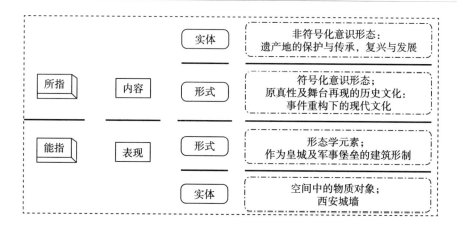

图5.1 西安城墙空间形态符号学分析

本章小结

　　本章主要分析本书的第一个研究问题：管理者对于西安城墙文化遗产空间的旅游吸引物的建构与表征。研究表明，管理者对西安城墙空间建构是通过主题、要素、事件活动、服务支撑系统构建的，管理者借助西安城墙作为皇城及古代军事堡垒历史遗迹这一空间物质形态的能指，定位其主题为军事文化、历史文化、现代文化的所指，并通过相关文化体验要素、主题事件活动及辅助支撑对这三个所指实施主题形象传播。军事文化、历史文化和现代文化是西安城墙的文化符号，而管理方试图通过标志性事件和系列化事件的策划对其历史文化进行重构，意指现代文化，这一符号形象的确立是基于市场营销思路，更有非现场标识的意味，体现管理者的战略意图，意在提升西安城墙的知名度以及影响力。这三个文化符号形象的游客感知及解读将是怎样的，将在第6章的研究中呈现。

6 符号阅读
——西安城墙旅游吸引物游客感知解构

在第5章中，我们从空间生产的角度分析了西安城墙旅游吸引物的构建过程，并分析了具体的符号形态及对应主题表征。在本章中，我们将聚焦于旅游者对于古城墙的空间感知及符号解读。从消费视角来看，生产的空间、表征的符号只有经过旅游者的体验和感知才能实现其意义。Herbert（2001）建构了遗产景观的"表征"和旅游者"阅读"的循环模型。在他的启发之下，本书构建了新的符号文本的表征和阅读模式，如图6.1所示：空间再生产的权利主体因为自身所处立场、情境及阶级，加上外力的资本和技术干涉，最终空间文本将携带着发送者的意图，而这个空间文本只有经过接受者的解读，其文本意义才能实现，在解读的过程中，解读者自身的局限及立场情境会影响解读效果，这个效果最终又会影响到空间生产。

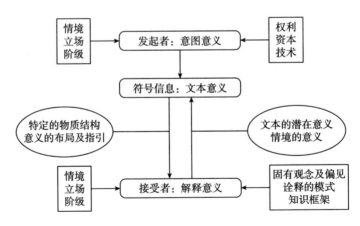

图6.1 空间表征与空间阅读的符号互动

因此，本章将分两个部分：第一部分主要基于访谈资料分析游客对于西安城墙旅游吸引物的感知与解读，以此呼应第5章管理者之于旅游吸引物的设计表征，与其形成对照。第二部分则以内容分析法通过对网络二手数据进行分析，验证一手数据的饱和度。

6.1 数据分析过程

——初始范畴与主范畴提炼

我们围绕研究主题设计了半结构化的访谈提纲，旨在探究游客对于西安城墙管理方表征的旅游吸引物是如何感知及解读的，因此，要对采集到的数据进行相

图6.2 西安城墙游客体验感知初始范畴及主范畴提炼过程

关分析。文本资料分析过程采用扎根理论三级编码方法,把 45 位游客的访谈录音转文本后,先利用 NVivo11 质性研究软件分析文本资料,不断优化文本资料概念化梳理过程并创建父节点、子节点。在对创建的节点进行开放性编码的过程中,剔除与研究主题不太相关的文字资料,对有意义的语句进行反复对比、整合、叠加,最终提炼出 71 个初始范畴(见图 6.2)。围绕研究主题与基调,对初步范畴出现的频率进行细化凝练,提炼出研究所需的核心样本后发现,这 71 个初步范畴分别指向 5 大核心范畴,主题、氛围、节事、真实性以及服务。这 5 大核心范畴分别对应 3 个、36 个、6 个、25 个以及 7 个初步范畴。同时,5 个核心范畴中,氛围感知、互动感知又分别对应 4 个及 3 个主范畴,分别是氛围感知中的"空间布局及职能""符号象征及人造物""环境背景特征"以及"气氛气息"和真实性感知中的"活动""内省真实"和"人际真实"。

6.2 数据呈现与研究分析

根据三级编码构建出了初始范畴与主范畴,研究表明:西安城墙旅游吸引物游客感知主要是主题感知、氛围感知、节事感知、真实性感知以及服务感知。结合软件 NVivo11 的词频统计功能,我们也标识了每个初始范畴作为参考点出现的频次,这可帮助我们判断游客感知相关属性的强烈程度。树状结构图与框架矩阵图将在这一部分呈现,结果如表 6.1 所示。下面,我们将具体分析这五个属性组及相互间的关联。

表 6.1　西安城墙游客体验感知主范畴及初始范畴

序号	属性组	属性		频次
1	主题感知			
2		标志性历史古迹		143
3		市井文化		110
4		军事堡垒		29
5	氛围感知			
6		空间布局及职能		
7			原真性	168

序号	属性组	属性		频次
8			大青砖	58
9			城门（楼）	32
10			永宁门	21
11			瓮城	19
12			垛口	18
13			护城河	17
14			敌台	16
15			箭楼	9
16			坑坑洼洼	7
17			含光门博物馆	5
18			玄武门之变	4
19		符号象征及人造物		
20			红灯笼	34
21			古筝	18
22			秦腔	16
23			黄龙旗	15
24		环境背景特征		
25			古都长安	59
26			天气	39
27			大唐	24
28			绿化	24
29			城墙根儿	16
30			夜景	14
31			碑林孔庙	13
32			环城公园	13
33			钟楼	11
34			西安火车站	8
35			广仁寺	6
36		气氛气息		
37			古朴	123
38			穿越	46
39			空旷	44

续表

序号	属性组	属性		频次
40			厚重	37
41			安静	31
42			单调	18
43			怀旧	16
44			氛围	15
45			现代	11
46	节事感知			
47		入城仪式		16
48		春晚		9
49		城墙马拉松比赛		7
50		元宵节灯会		7
51		跑男		5
52		风筝文化节		4
53	真实性感知			
54		活动		
55			骑自行车	72
56			散步	37
57			拍照	33
58			武士表演	18
59		内省真实		
60			保护文物	55
61			传承文化	46
62			赞叹古人	42
63			缅怀历史	39
64			历史见证	38
65			舒服	37
66			遐想	26
67			增长见识	23
68			感叹太平	20
69			慢慢感受	20
70			震撼	19
71			内省	15

序号	属性组	属性		频次
72			身份认同	12
73			统治者意志	9
74			自豪	9
75			激动	7
76			美好回忆	7
77			遗憾	4
78		人际真实		
79			其他旅游者	67
80			朋友	37
81			家人	18
82	服务感知			
83			租自行（电瓶）车	47
84			服务	44
85			环境卫生	36
86			讲解	28
87			标识牌	24
88			厕所	21
89			特色纪念品	3

6.2.1　主题感知

如本章前一部分分析，军事文化、历史文化（唐文化、宗教科举文化、古城历史文化）以及现代文化是管理者重点表征的主题文化符号，也是城墙遗产地空间旅游吸引力的重要依据。根据游客访谈资料分析，游客感知到的古城墙文化遗产地空间主题有三个，依次为标志性历史古迹、真实的市井文化、军事堡垒。

6.2.1.1　标志性历史古迹

"标志性历史古迹"是游客对于西安城墙最重要的主题定位，提起频次达到143次。游客讲述自己来西安城墙的旅游动机时，45名游客当中，有32位（71.1%）明确表示是因为西安以及古城墙作为历史遗产地的名气而来，他们不光游览了古城墙，兵马俑、大明宫、华清池等历史遗迹也是他们到访的重点，4

位（13.3%）游客表示为见识中国保存最完整的城墙而来，而4位（8.9%）游客表示因为城墙的夜景或是在火车站第一眼看到了古城墙被吸引而决定游览，3位（6.7%）游客则表示因朋友推荐可以在城墙骑自行车游览西安城一圈而慕名前来。2位（4.4%）因为时间有限，交通方便，临时起意而至。也就是说，绝大多数游客认为城墙是西安的标志性古迹，必须到访。通过对访谈资料进一步分析发现，这样的认知既是长期以来受"传媒影响"和亲友间"口碑相传"的结果，又与两个关联的标识符号——古长安与大唐紧密相关。在回答为什么要来古城墙时，游客提到是奔着六朝（十三朝）古都长安来的，为感受大唐盛世而来。建于隋唐时期的西安城墙无疑承载了游客的期望。可见，游客对于古城墙形象的前置印象，是与古长安、大唐的整体形象联系在一起的，游览对象虽指向古城墙，但实际与古都长安以及大唐盛世密不可分。

据游客访谈："来这里主要是因为古城墙的知名度，西安本来就是历史古都，历史文化底蕴很足，到处都是历史遗留下来的痕迹，古城墙又是古长安留下的一个古遗迹，我很想走进古都、融入这个地方，去想一想历史、怀旧的东西、传统文化的。"（TP13）①

"西安毕竟是古城，除了北京，来之前听说是六朝古都，来了之后才知道是十三朝古都，有历史底蕴。"（TP09）

"站在城墙上，或者说当你看到城墙的时候，很自然就会想起历史书上的盛唐景象。"（TP01）

6.2.1.2 真实的市井文化

"真实的市井文化"是游客感知到的西安城墙的另一个主题形象。西安城墙自隋唐时期便屹立在大唐长安的中轴线上，虽历经风霜，其建筑规制和格局均未有改变，即使到今天，它依旧是中国保存最完整的古代城垣建筑，游客无论步行还是骑车均可沿城墙环游西安城一周，因此，瞻仰古城风貌不仅成为一些游客来到古城墙的动机，也成为他们实实在在的"眼中所见"。而这样的市井风貌既有古城墙内外的高楼大厦、车流川息、老旧居屋等物质形态，也有内城墙根儿下的市井百态以及外墙根儿百姓休闲生活的精神表征。游客认为古城墙承载了一种"真实"的市井文化。段义孚曾在《空间与地方》中指出："真实是什么？不太好说，但我们感到真实是重要的。真实是我们的日常事物，如呼吸一般不足以引

---

① TP01：被访者简称，TP 代表旅游者，后面的数字为序号。

人注目。真实涉及我们的整个存在，我们所有的感觉。"

据游客访谈："登上古城墙最大的感受就是，真是古代与现代完美交融、结合的地方，城墙上古风古韵，历史气息浓厚，但城墙外别有洞天，车水马龙、人流川息、高楼林立。"（TP27）

"我们坐了电瓶车，过每个城门的时候会停一会儿，让我们看看内外风光，感觉城墙里面的建筑好像低矮老旧一些，城墙外楼挺高的、挺现代的。"（TP02）

"还有城墙根儿下，看到了西安市民生活的情景，不少老年人，拉二胡、吼秦腔，旅游时能亲身感受到当地人真实的生活，我觉得很不错。"（TP27）

"夕阳落下，晚风拂面的时候，坐在这里看看城内城外的人流，想着他们下班赶着回家的，约朋友享受美食的，去酒吧寻欢作乐的，看着这车水马龙、华灯初上、灿烂霓虹的城市夜景。"（TP15）

6.2.1.3 军事堡垒

相较"标志性历史古迹"和"真实的市井文化"这两个主题，游客对于古城墙作为古代伟大的军事堡垒形象的感知则更直观、更强烈。"标志性古迹"在更大程度上促成了游客的旅游动机，"真实的市井文化"则是游客"置身城墙，风景在墙外"的意外收获，而让游客描述城墙上有什么引起他们的关注时，绝大多数游客会说他们看到了如大青砖、城门（楼）、敌楼、瓮城、垛口、护城河、箭楼等在内的军事建筑。

据访谈："还有就是这城墙上的一系列的军事设施，刚才也看了这些防御设施的介绍，像箭楼、角楼、敌楼等，感觉古人很伟大、很聪明。"（TP14）

"感觉护城河远得很，古代射箭都能射到河外面去，厉害得很，还有这些砖，特别大，古代人很强悍、很厉害。"（TP23）

"对瓮城印象有一种穿越感，感觉到古代战场的厮杀。对这个敌楼也印象深刻，不是孤孤单单一座，整体的连续性非常好，特别注意到这个砖，我捉摸了好久，人家的工艺是怎么做的。"（TP43）

"你看城墙的布局、结构，比如瓮城最能体现军事堡垒的严谨。"（TP01）

访谈发现，游客之所以会对西安城墙"军事堡垒"这一主题形象感知强烈，一是与存在于游客脑海中的先入为主的知识与信息有关，自古以来，"长城守关""城墙守城"的观念深入人心，基于此便使得他们对于古城墙的期望与古城墙自身主题形象相契合；二是当游客置身于此，遍布古城墙全段的垛口、敌台、城门、瓮城、箭楼等军事建筑可以在任何地方、任何时间段看到，既是一个提醒，也是一个见证。

6.2.2 氛围感知

Bitner（1992）将氛围要素划分为三类：①周围环境所描述的背景特征；②空间布局和职能；③符号象征和人造物。作为贯通一座城市东西南北的古代军事堡垒，西安城墙自身的空间布局、管理方设计表征符号化元素以及包括天气、夜景在内的城墙周边环境要素所构建的气氛气息一并凝结成"声""景""情"，成为游客眼中的"凝视之物"，影响游客感知。图 6.3 展示了 Nvivo11 根据子节点和父节点的关系生成的从属关系图。该从属关系图显示出西安城墙氛围要素非常多且密集，它们涵盖了管理者设计表征的氛围要素以及非管理者设计表征的氛围要素。

6.2.2.1 空间布局及职能

游客对于西安城墙氛围要素当中"空间布局及职能"的感知体现为对于军事设施物质形态、历史功用以及对应历史典故的感知，据频次分析：大青砖（34 人提到 58 次）、城门楼（20 人提到 32 次）、永宁门（19 人提到 21 次）、垛口（16 人提到 18 次）、护城河（15 人提到 17 次）、敌台（14 人提到 16 次）等被游客反复提到，而相应的历史典故如瓮城捉鳖（16 人提到 19 次）、玄武门之变（4 人提到 4 次）也被游客提及。

"城墙打过仗没？有没有弹孔？在砖上找了半天，砖这么厚，打不穿吧？"（TP23）

"有些人杀进皇宫，真到了这里，哦，原来这就是城墙，看到这些垛口、敌楼，感受到浓浓的军事遗迹，这就是历史古迹。"（TP25）

"这些城门楼也雄伟啊，高高大大，城门也四四方方，真有气魄。"（TP39）

"这让我想起一部电影，就是刘德华主演的《墨攻》，尤其是刘德华主演的墨家巨子利用瓮城的防御体系击退敌人。"（TP14）

"不知道是不是一些特别重要的战争在城墙上发生过，有个玄武门之变吧？玄武门在哪里？"（TP02）

同时，"原真性"是游客对于西安城墙空间布局及职能方面另外一个非常重要的感知。根据对访谈资料的编码分析，游客对"原真性"的感知体现在客观性真实，即从西安城墙客体本身出发，认为西安城墙是一座"保存完整"的古代历史古迹，而自己则登临了真正的城墙，这座城墙是历史遗留下来的，并不

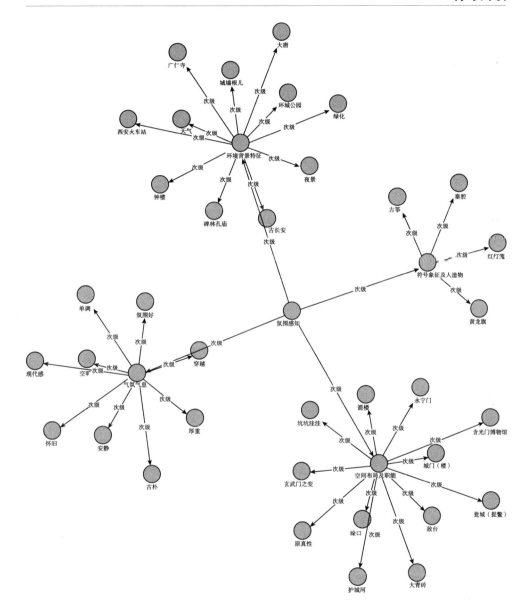

图6.3　西安城墙游客氛围感知属性从属图

是后人仿造的。

　　"我们之前去了大唐芙蓉园，那是人造景观，城墙是历史留下的，很厚重、很沧桑，在这里，真的会有一种气场把你拉回古代。"（TP05）

"这是货真价实的城墙，要是现代人做的城墙，五块钱我都不上，你就想你现在走着和踩的每一块砖都是古代人建造的，都是历史。"（TP22）

6.2.2.2　符号象征和人造物

按照 Baker（1986）的研究，他将氛围影响因素划分为环境因素（包括温度、照明、音乐、气味等）、设计因素（布局、保密性、舒适度，建筑风格、颜色、装饰材料等）以及人的因素（顾客和服务人员的数量、仪表和行为）。

很明显，管理者为了营造浓郁的古代军事氛围而在垛口上装饰的"红灯笼"及"黄龙旗"这些要素是以符号象征意义出现的"人造物"。

访谈显示，游客对这些符号元素感知强烈，比如红灯笼（26人提到34次）以及黄龙旗（14人提到15次）被反复提到，认为它们营造了历史文化气息。

据访谈："真的到了城墙上，有一种文化氛围特别厚重的感觉。旌旗飘飘，红灯笼高挂，感觉一砖一瓦都能够表现出这座城市的历史厚重感。"（TP34）

"这些建筑都是古色古香的，这些红灯笼、旌旗也很契合，古人过节也会挂红灯笼。"（TP25）

同时，古城墙上有两种声音引起了游客的关注：一是作为背景音的古城墙全段播放的"古筝名曲"；二是墙根下环城公园内的老西安自乐班休闲活动中的"吹啦弹唱"中的"秦腔"。古筝古乐作为营造古时氛围的重要媒介，如管理者的预期的确影响了游客感知。

在访谈中，游客表示："走在城墙上，耳边还有各种古筝弹奏的古乐，很舒缓，非常有感觉，好像一下回到了古代。"（TP03）

"有一段城墙外的景观也很古朴，那里是碑林，周围好像还有不少古树，墙根下有拍婚纱照的，耳边还有古筝的声音，真的觉得这个地方让人不由得沉浸其中……"（TP14）

而城墙根下的秦腔，被不少游客提到：

"……公园里有锻炼、休闲的人，耳边有秦腔声，地地道道老陕啊，接地气，还有古筝的声音，还有城墙上的其他游客，都很开心……"

"我听到唱戏的声音，是从城墙下面传来的，我趴在城墙上向下看，一群老年人围在一起唱戏，很热闹，我虽然听不懂，感觉是秦腔吧，吼着呢，挺粗犷的，原生态，再听着耳边的古筝，有一种穿越的感觉。"

其中，"古筝名曲"虽属于环境因素中的音乐要素，但明显属于 Baker（1986）所强调的"设计因素"，而城墙根的秦腔虽然也是周围环境因素中的音乐要素，但却不是管理者人为设计的，但两者都作为符号形象以其本身作为能指，象征了古时文化和地方文化。特别是，作为依托于方言的地方戏曲秦腔，游客未必听得懂，可依旧觉得有趣，被吸引，因为它是地方文化"真实性"的体现。在文本意义的解读中，赵毅衡（2016）指出：所谓不理解也是一种理解，即使接受者明白已经超出他理解的范围，他放弃做进一步的解释努力，但这种"神秘感"恰恰说明这些文本符号本身是携带意义的。

6.2.2.3 环境背景特征

（1）外部环境。据 Turley 和 Milliman（2000）对于氛围影响因子的归类，外部环境（外部标识、入口、外部展览窗口、建筑高度、建筑大小、建筑颜色、周围商店、草坪花园、地理位置、建筑风格、周边区域、停车处、交通状况、外墙）是影响氛围感知的重要变量。

访谈发现，游客对于古城墙的感知和体验遵循由远及近、由外而内、自下而上，再由内而外、由近及远的规律，有游客因为远观城墙的夜景灯带、红灯笼以及出西安火车站猝不及防映入眼中的"古城墙"而对其心生念想。待浸染其中感受古城墙的气势规模及古人的军事思想时，注意力会触及城墙内外景观，其中轴线上的钟楼以及城墙根儿下的碑林孔庙、广仁寺等人文景观引起了游客的关注。

据访谈可知："我觉得城墙很干净，今天天气很好，景色很美，古色古香的砖配上红灯笼，还有绿色的树，整体氛围很好，尤其在人少的地方，感觉特别舒服，我觉得城墙很适合骑车，路很平，也很宽阔，长度也够，维护得很好，城墙内的建筑比较老，没什么新的建筑，南门顺城巷酒吧一条街，看到很多特色的客栈，还有那边的皇城坊，这边还有广仁寺，就感觉很惊喜，城墙四边都有不同的建筑，那边还有碑林孔庙，外城感觉不大，都是新的高楼大厦，城墙内的建筑和城墙感觉很搭，古朴的感觉。"（TP20）

"我早晨从南门上来，最先看到这个城楼后面好多人拍照，原来这里可以看到西安钟楼，在一个中轴线上，道路笔直，街道两旁树木林立，再看城墙外高楼大厦不少，往内城看的时候，看到碑林孔庙这里，青砖黛瓦，和古城墙整体色调很契合，非常舒服。"（TP01）

"喜欢顺城巷那一带，碑林孔庙书院门在城墙脚下，文化气息浓厚。"（TP15）

若论西安城墙的景观层次，城墙主体本身是核心区，而视野所及是辐射区。

那氛围属性组中的外部环境同样古色古香，拥有丰富文化内涵的顺城巷、钟楼、碑林孔庙、广仁寺等则属辐射区景观。这些历史古迹景观和城墙在地理位置上相互依存，而在文化内涵上又相辅相成，正是由于二者在物质空间和精神空间密切关联，增加了西安城墙的可感性和体验性，这无形中扩大了西安城墙文化遗产空间的范围，极大地提升了城墙的影响力。

同时，游客除了对于西安城墙有形的外部环境有感知外，对古都长安以及大唐感知强烈，词频统计分别为59次和24次，也就是说，游客对于西安城墙这个景观的感知是依托于大唐、古长安这两个抽象的宏观大背景的，可以说，这两个属性构成了西安城墙游客感知的"关联符号"。

"西安城是唐长安城遗址啊，登上古城墙会遥想大唐盛世。"（TP01）

"箭楼西侧有一个现代西安和唐代长安城的对比图，不由地让人想象到古代长安作为世界中心的繁华。北望钟楼，高大雄伟，和城墙遥相呼应，站在这个地方才能真正体会到十三朝古都的文化内涵。"（TP33）

（2）夜景与天气。夜景和天气是作为西安城墙氛围的大背景存在的，西安城墙有贯穿整个城墙城门楼、垛口的橙黄色灯带以及华灯初上的红色灯笼，它们的存在无论是照明还是装饰，都体现了氛围中的"设计要素"。访谈发现，夜景对游客的影响之一是在促使其旅游动机的形成，有游客因为目睹了古城墙美丽的夜景而生出了前往古城墙实地游览的想法；二是身处其中，游客会被美丽的夜景所感染。

"第一次到西安开会的时候是在晚上，城墙上亮着灯，把城门照的跟琉璃一样。那时就想着要趁着白天的时候来看看。"（TP12）

"租车的时候有些晚，骑到北门那里天色已经暗了，北城门的箭楼的灯带突然亮了起来，红灯笼也亮了，太漂亮了，有些感动。"（TP30）

在对古城墙的氛围感知中，天气几乎作为意想不到的属性被多数游客反复提到（22人提到39次），天气成为周围环境要素中的重要背景。未必只有晴空万里才惹人注目，阴雨蒙蒙甚至雾霾天都给游览西安城墙的游客带来了不一样的感受，而太阳直射下的"晒"也是游客会提到的一个感受。

"西安城墙让我觉得有些压抑，今天雾霾，城墙本身的色彩配上西安的雾霾，阴沉沉的。"（TP17）

"今天空气好，刚下过雨，蓝天白云，微风习习，朋友推荐我们骑自行车，我们也想在城墙上走一圈。"（TP20）

"今天人特别少，下雨了，秋雨绵绵，一个人走走很有感觉，雨下得不小，但鞋并没有湿，地面是个斜坡，这设计有排水功能吧，渗透力强，不积水。感叹古代人的智慧和创造力。"（TP08）

可以发现，同样是氛围中的背景要素，夜景是人为的设计要素，而天气却是不可抗力，是管理者不能干预的表征要素，置身在西安城墙旷达的空间，游客居高临下，视域宽广，也因此对天气感知强烈。

（3）气息气氛。在有关氛围与心理情绪感知价值的研究中，Baker 和 Cameron（1996）发现可通过调节颜色干预人的心理感知，如红色、橙色等暖色调容易让人感到压抑。而诸如蓝色、绿色等冷色调则让人放松。而 Batcson 和 Hui（1987）的研究发现，在公共场合，拥挤会让人产生不适的感觉；Bruner（1990）的研究发现，音乐的节奏、音调、音量与积极心理、消极心理都有显著关系。这些研究成果在西安城墙游客感知这里得到了验证。

一是空间中的气场。西安城墙全段 13.7 公里，宽 12 ~ 14 米，其主体颜色主要是以灰青色砖石和红灯笼为代表的"青"与"红"两色，背景音乐则为古筝名曲。从空间布局及建造特点来看，西安城墙空间旷达、气质浑厚、配色幽深，富有韵味，而辐射景观（碑林孔庙、钟楼、顺城巷、广仁寺）则古色古香。游客置身于这样的空间中，能感受到古朴（123 次）、穿越感（46 次）、空旷（44 次）、厚重（37 次）、安静（31 次）、单调（18 次）、怀旧（16 次）、有氛围（15 次）以及现代感（11 次）等。

据访谈："登上古城墙，最大的感受就是，城墙上古风古韵，历史气息浓厚，但城墙外别有洞天，车水马龙，人流川息，高楼林地，不由得会让你遥想当年大唐盛世熙熙攘攘的盛况，这是西安独一无二的美。好想在古朴厚重的古城墙下有一间小小的房子或者书屋。"（TP29）

"感觉这里有特别浓厚的历史气息，对瓮城印象有一种穿越感，感觉到古代战场的厮杀。对这个敌楼也印象深刻，不是孤孤单单一座，整体的连续性非常好。"（TP43）

游客对于"单调"的评述如下：

"其实我觉得城墙上的风景是很单调的，刚上来的时候很兴奋，慢慢地走着就发现景色都一样。"（TP09）

"就是整体感觉光秃秃的，少点儿什么东西。"（TP38）

二是空间中的人流。根据 Baker（1986）的研究，人的数量对氛围有着重要的影响。环绕一座城池的西安城墙空间旷达，东西南北四大城门均可登临，因此，特定的空间布局无形中分散了人流压力，较之于其他景点，游客觉得城墙上的游客并不多，并由此产生了愉快安宁的情绪，觉得这样的氛围很好。

"我们先逛了回民街、钟鼓楼，人太多了，烦躁得很，上了城墙，顿时觉得神清气爽，真觉得它有一种'大隐隐于市'的安静。"（TP43）

"骑车感觉很爽，风吹着，不少人都在骑车，氛围很好，不像有些景区人太多，大家都急躁得很，这个地方好像能让人安静下来。"（TP14）

游客对于空间中人流的期望与感知验证了 Urry（1996）有关旅游凝视的理论。根据 Urry 对"旅游凝视"的分类，"浪漫的凝视"和"集体的凝视"都指向了旅游者与他人的关系，"浪漫的凝视"强调旅游者只愿意与"物"发生联系，"物"是指他所面对的旅游景物，他沉浸在对旅游景物的观赏当中，对他而言，他人在场是对自己纯粹的、宁静的审美体验的破坏。

6.2.3 节事感知

6.2.3.1 标志性节事

根据之前对管理者的访谈，大型事件及标志性事件的策划开发既是管理者的商业化运作，也是打造西安城墙知名度及影响力的营销方式。但在问到游客为什么会来古城墙时，没有游客明确提出是因为西安城墙曾经举办过的大型事件或重大节庆活动而对其心生向往（访谈发现：造访标志性古迹、亲友口碑推荐、骑车一圈看古城西安、临时起意、交通便利就近选择、夜景等第一印象吸引是访谈到的游客提到的旅游动机），因此管理者对大型事件的系列化运作影响游客旅游动机未在游客访谈中得到验证。

但游客对标志性事件是有感知的。尽管未能参与绝大多数大型节事活动，但部分游客对入城仪式（14 人提到 16 次）、春晚（9 人提到 9 次）、西安城墙国际马拉松赛（7 人提到 9 次）、元宵节灯会（5 人提到 7 次）及跑男（5 人提到 5 次）有感知。尤其是，访谈到的中年人对克林顿 1997 年访华时西安城墙以入城仪式为欢迎礼印象深刻，而提到跑男的多为年轻人。值得注意的是，西安城墙的品牌舞台剧《梦长安》正是在入城仪式的基础上开发的，但游客并未提到《梦长安》，只提入城仪式，而根据访谈分析也是因为城墙通过入城仪式接待了不少外国元首，这让游客印象深刻。

"春晚，还有习近平主席接见外国领导人莫迪，也知道有一年克林顿来过这

里，有个入城仪式，那时候可是大事，全国人民都知道，很为西安感到骄傲，身为中国人也感到骄傲。"（TP29）

"入城仪式非常有名，现在接见重要宾客都会用入城仪式，元宵节灯会电视上好像也看过，觉得城墙做这些活动挺适合的，发扬传统文化，又能宣传自身，只要不会对城墙有所破坏就好。"（TP08）

6.2.3.2　其他节事

因为大型事件和标志性事件都是在特定的节假日及特殊时日举办，而访谈并未在此时段进行，所以接受访谈的绝大部分游客均是未参与城墙举办的节事活动的。在访谈进行时，城墙举办的唯一节事活动是4月中旬的"风筝节"，但根据词频显示，提到此节事活动的游客不足5人，而也有游客对这个节事活动表达了自己的困惑：

"好像正在举办风筝文化节，但是不知道咋参加，是不是结束了？就看到有几个老人在那里放风筝，有什么其他活动吗？……今天看到的风筝节，跟想象中的不一样，没啥活动。具体形式可以做得丰富些，比如能不能提供观摩风筝制作的过程，再让游客参与制作风筝，孩子也喜欢，可以叫"纸鸢"，和城墙的形象更契合，要是有一个风筝博物馆就更有趣了，把一些历史的、古代的元素结合起来，会更好。我们带孩子来就是为了让孩子学习历史文化知识，可以多做一些这样的活动，吸引孩子注意力。"（TP09）

值得注意的是，也有游客需要被提醒才会确认春晚、跑男等活动是在城墙举办的，甚至有游客明确提出"大型事件的话，其实我们只关注事件本身，对事件举办地可能无感。"（TP24）

综上所述，虽然旅游动机方面未有直接显示，但在影响力方面，确如管理者预期，这些标志性节事活动部分地完成了使命，成为提升西安城墙知名度与影响力的标识符号。

6.2.4　真实性感知

在 MacCannell 有关旅游吸引物的理论中，旅游吸引物符号系统三要素是游客（Tourist）、景物（Sight）和标识物（Marker）。在以上分析中，游客对于主题、事件、氛围的感知更大程度是对景物、对标识物的感知。然而，对于旅游体验的研究实际上存在另一种研究视角和问题域，这个视角就是旅游体验中"人"与"人"之间社会关系的研究，而"互动感知"则更多关注的是人。这里的"人"

既指游客自身，也指他者，包括工作人员以及同游伴侣和其他游客。王宁是很早便关注旅游者间人际关系的社会学家，他指出，从符号互动论角度来看，旅游被赋予强烈的情感意义（王宁，1997）。因此，他关注主体感知真实，即存在性真实，并把它分为"内省真实"和"人际真实"，这两种主体体验真实在访谈中得到了验证。

6.2.4.1　人际真实

（1）与服务人员的互动。相较于可望而不可即的大型事件，西安城墙演艺部策划的每日常规性舞台事件"士兵换岗"及"武士巡游"分别在上午 10 点、11 点，下午 3 点、4 点以及下午 5 点在南门瓮城及月城演出，时间段合适的游客可以观赏到。访谈发现，游客非常喜欢这类仿古表演，会对演出的音乐、服装、武器及盔甲充满趣味，也想和"士兵"近距离接触。

"听到广播说有武士表演，在南门吊桥那里，武士清一色高高大大，我看都快 2 米了，确实威武，配乐也很古风，像打仗前助长士兵气势的，这下感慨了一下古今，想着古代打仗的士兵是不是就是这个样子啊，就是天这么热，他们穿着那么重的盔甲，热死了，敬业啊，演出结束的时候，与他们合了影，摸了摸他们的盔甲，真挺重的。"（TP11）

"刚在入口那里看到了古时的士兵队列训练表演，演员都是个子高高、体格壮壮的，训练完后士兵会站到南门小广场的各个角落，游人可以与他们免费合影，效果很不错，很威武，让人遥想当年士兵操练的样子，感觉回到了古代。"（TP06）

（2）与其他旅游者的互动。根据访谈，游客的出行既有独自一人的，也有和家人或朋友一起的，他们或者通过骑车、散步、聊天等互动的方式收获积极美好的体验，或者被古城墙上其他游客的状态所感染，如 MacCannell 所言，"人"也成了重要的旅游吸引物。

当让游客描述古城墙上有什么引起他们关注的地方时，除了物质形态的景观，"骑车的人""拍婚纱照的人""放风筝的人""开心的人"也成了游客眼中凝视的对象，他们会强调因为融入了这样的环境中，被感染、被影响，从而收获了"共睦态"。

"在城墙上看到了老年人在放风筝，我以为他们是带着小孩子放，但几乎都是老人自己在放，非常自在，又非常孤独，会想到电影《追风筝的人》。"（TP30）

"会特别留意到景区骑自行车的外国人，大太阳暴晒也不怕，而且各个眉开眼笑，乐呵得不行。还有几对新人在拍婚纱照，中式的红色礼服，和城墙很搭。"（TP15）

"那边城墙根儿下的环境也建设得非常好，护城河很干净，不少人在那里散步、打拳、唱戏，感觉也只有在西安城墙才会有站在一个景点，反而风景更多在墙外的感受。"（TP35）

在氛围感知中，"空间中的人流"是影响游客"浪漫的凝视"实现的重要因素，但在互动感知中，"集体的凝视"也是游客需求所在，借助于此，游客收获了"存在性真实"的体验。

6.2.4.2　内省真实

相较于一般的旅游活动，遗产旅游是基于知识性理解的一种高雅的观赏和体验行为，它提供给人们欣赏遗产魅力的机会，并借此机会传递人类文化、普世价值，从而激发人类潜能，最终改善人类的精神状态。如果说在氛围感知中分析的"厚重""历史沧桑感""空旷"等感受是针对西安城墙客体本身而言的话，那游客在这样的氛围激发出了主体（自身）内心的诸多感受，如震撼、遐想、舒服、激动等。

"城墙很大，一想是古代人建造的城墙，就觉得挺震撼，没有钢筋水泥、大吊车，不容易，所以就想带孩子来看一看。"（TP22）

"和朋友边走边聊天，感觉很舒服。慢慢走在大青砖上，两边看看，发现到处都是高楼，城墙的视野不如我想象得那么开阔，却像隐居的老人一样站在这里，让人觉得舒心和平静。"（TP32）

"感觉西安的城墙会让人产生遐想，非常有文化，也非常温暖。"（TP30）

同时，也因为这样一座军事城堡激发了不少游客为古人的智慧、为祖国的和平强大而感到骄傲赞叹，从而增强了他们的环境保护意识及历史文化传承意识。

"想到这些，再看看城墙外的现代建筑和街上悠闲的行人，会觉得和平年代多么珍贵，古城墙像是一位饱经沧桑、岿然不动，提醒我们勿忘战争年代、珍惜和平年代的老者。"（TP31）

"城墙在历史上是一个军事堡垒，起保护作用，但现在主体形象变了，现在国家富强了，人民站起来了，过去劳动人民用他们的心血建成了一个古建筑，是国家财富，就像国内的长城。在这里看到国家的伟大、劳动人民创造的奇迹，这

是多大的工程，凝聚了多大的力量，有自豪感、幸福感。"（TP26）

"西安是十三朝古都，在我们外地人心目中地位很高，感觉走到哪儿踏的都是历史，我本人又对历史很感兴趣，就是奔着西安、奔着古城墙来的，希望古城墙能被继续好好保护，让我们的子孙后代都能看到。"（TP06）

6.2.5 服务感知

根据对管理者的访谈可知，因为军事堡垒本身特质以及保护文物的思路，西安城墙在服务设施建设中秉持：城墙外，建停车场；城墙下，设游客服务中心；城墙上，设厕所、座椅、城门楼附近数量有限的自行车租赁点、咖啡吧、便利店以及"城墙故事"主题旅游纪念品商店。整体而言，古城墙旅游服务设施建设原则是能够满足游客基本需求，但不以破坏城墙墙体本身及整体氛围为代价。因此，在众多来访游客中，被问到古城墙的硬件和软件设施怎样时，大多数游客是根据自己的体验及期望来描述感受的。

6.2.5.1 对基础设施及服务的感知

访谈时期，适逢西安全城开展"烟头不落地，古城更美丽"的活动，西安城墙上也设置了醒目的标识牌，提醒大家爱护环境，而后勤保障部的勤恳工作也为西安城墙干净整洁保驾护航，因此，被访游客会感叹西安城墙整体环境干净整洁，厕所干净卫生以及绿化好。

"环境非常干净整洁，其实没有想到城墙绿化这么好，我们从南门往东走，碑林那一段有不少大树，翠绿翠绿的，还有护城河这里开发得很好，像一个公园，就在城墙脚下，看着真舒心。"（TP02）

"整体感觉不错，古迹嘛，也没必要有很多设施，基本功能具备就行，不要过多破坏城墙整体的氛围，我主要感觉它很干净，西安不是在做'烟头不落地'的活动嘛，我看旗杆下面有小的烟灰缸，不错。"（TP01）

"城墙上太干净了，没有看到打扫卫生的，没有看到烟头，在这样的环境下，也不好意思抽烟，外国人也多，不能丢人啊。"（TP23）

提到有关"城墙故事"主题旅游纪念品商店的游客很少，访谈中仅有两名游客表示在那里购买了旅游纪念品，其余游客以纪念品无特色、定价高、没有购买习惯、没看到纪念品店为由表示更愿意到回民街及书院门买纪念品。

"买了城墙武士的冰箱贴，我出门都有买冰箱贴的习惯，武士也是城墙一个特色嘛，这样的纪念品我愿意买，价位也合适。"（TP07）

"没有计划，感觉全国各地纪念品都差不多，如果买的话打算去书院门和回民街看看。"（TP33）

在游客接触最多的租自行车服务这项，也有游客抱怨"如果收费更有弹性就好了""希望能有提供给老人和孩子的代步工具"以及"押金收现金，很不方便，希望能改进"。

6.2.5.2 对解说系统的感知

（1）导游感知。导游与访谈到的游客几乎很少互动，45 名游客中仅有 3 名游客表示请了导游，而其余 42 名游客均表示没有请导游。就连续两年的西安城墙田野调研发现，除了团队，散客请导游的概率非常小。根据 45 名游客的访谈，不请导游原因包括古城墙氛围好，适合自己感受（提到 14 次）；提前做了功课，也有搜索引擎和标识牌可以替代（13 次）；自由自在，不受约束（提到 10 次）；收费贵（6 次）；骑车，导游没法陪伴走完全程（5 次）；没看到导游（4 次）。

访谈发现，多数游客认为文化遗产旅游掌握相关知识是很有必要的，但他们更愿意通过提前做功课、利用搜索引擎以及城墙上的标识牌来替代导游，获得不受约束以及自由自在的感受。同时，古城墙空旷、安静的历史文化氛围，反而激起了游客更愿意独自体会的意愿。再者，全段 13.7 公里的路程，无论步行还是骑车，都会让游客怀疑导游并不会陪伴走完全程而心生放弃，也有因为导游收费贵、未看到导游而放弃的。

也就是说，因为西安城墙物质性和精神性的特质，加上现代性的便利、自在性的需求以及经济性的考虑，大部分游客放弃了请导游。

（2）标识牌感知。标识牌是西安城墙解说体系中最常见到的一个表征，这些标识牌设于相应建筑物前或历史上的事件发生地，尽管游客表示因为标识牌的存在，可以不用导游，但访谈发现，游客表示并未通过标识牌了解更多的历史文化知识，仅提供了简单了解的功能，也有游客对简单晦涩的标识牌多有不满。

"本来希望有更多文化内涵的解释，比如碑林孔庙，除了简单的标识牌外，是不是能有更多深入的讲解，但是走了一段，感觉没看到什么介绍。路很宽，如果能有语音介绍，一边走，一边思考，可能会更好，应该有很多故事。虽然是历史文化名城，就只有很简单的名城介绍，希望能看到城墙的历史、变动、危机等。"（TP38）

"看到标识牌，会了解一些历史，也会下载 APP 自己了解，但是这些标识牌

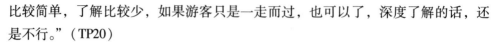

比较简单，了解比较少，如果游客只是一走而过，也可以了，深度了解的话，还是不行。"（TP20）

（3）智能解说体系感知。游客对于语音导览及以科技手段为主的智慧讲解有进一步诉求：

"就是那些标识牌简单了些，没法吸引孩子注意力，大人也看不太懂，最好能结合孩子身心发展，用一些什么科技手段提升一下孩子的兴趣。"（TP40）

"希望城墙能建设智慧旅游系统吧，游客一般自由行很少请导游，但现在博物馆一般都有自助讲解器或者二维码服务，城墙最好也开发一下，我在垛口上看到了二维码，是乱码。游客服务中心没留意，上来后也没见到其他服务中心，想租讲解什么的，也不知道在哪里能租到。"（TP17）

6.2.6 五大属性组间的互动

在访谈中发现，当游客谈及一个属性时，也会提到另外一个属性，暗示出属性之间是有联系的。在本书中，利用 Nvivo11 做框架矩阵编码运算生成矩阵表，如表6.2所示。矩阵表首先用于分析感知属性之间的关联，根据框架矩阵运算结果显示（横轴主题属性与纵轴属性组交叉位置显示为框架矩阵共现词频，词频越高表示关联度越高），氛围感知属性组、节事感知属性组、互动感知属性组以及服务属性组和主题属性组之间密切相关。也就是说，游客对于西安城墙文化遗产空间主题感知是由其他几个属性组的属性诱导或刺激而生成的，氛围属性组、节事属性组、互动感知属性组以及服务属性组必须和主题属性组契合统一，这样才能影响游客对于西安城墙特定主题的感知。具体四大属性组与主题属性组关联以及影响过程分析如下：

我们先来分析三大主题与其他属性组关联的共同点，从表6.2可以看出：在标志性历史古迹、军事堡垒以及真实的市井文化这三个主题中，氛围属性组与它们都密切相关。其中，氛围属性组中"空间布局以及职能"这一子类属中几个"属性"都与标志性历史古迹以及军事堡垒这两个主题相关，如"大青砖""城门楼""垛口"等。同时，在氛围属性组中"符号象征和人造物"这一类属中，"黄龙旗"既和"标志性历史古迹"相关，也和"军事堡垒"相关。而在服务感知属性组中的"标识牌""讲解"也同样与这两大主题相关。这些相似性表明，游客感知到的一些体验属性与不同的感知主题相关联。

表6.2　主题属性组与其他属性组的关联

属性组		标志性古迹		军事堡垒	市井文化
氛围感知	空间布局及职能	原真性	168	168	0
		大青砖	58	58	2
		城门（楼）	32	32	3
		永宁门	21	21	0
		瓮城（捉鳖）	19	19	0
		垛口	18	18	0
		护城河	17	17	0
		敌台	16	16	0
		箭楼	9	9	0
		含光门博物馆	5	0	0
		玄武门之变	4	4	0
	符号象征及人造物	红灯笼	4	34	1
		古筝	0	18	0
		秦腔	1	0	16
		黄龙旗	15	15	0
		古都长安	59	4	0
	环境背景特征	天气	2	1	0
		大唐	24	3	0
		绿化	1	1	24
		城墙根儿	2	1	16
		夜景	4	4	14
		碑林孔庙	1	0	13
		环城公园	3	0	13
		钟楼	1	0	11
		西安火车站	0	0	8
		广仁寺	0	0	6
	气氛气息	古朴	123	4	1
		穿越	46	1	3
		空旷	1	1	1
		厚重	37	2	0
		安静	2	1	0
		单调	1	0	0

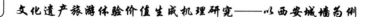

属性组		标志性古迹		军事堡垒	市井文化
氛围感知	气氛气息	怀旧	16	1	0
		氛围好	2	0	0
		现代感	1	0	11
节事感知		城墙国际马拉松比赛	22	0	0
		入城仪式	16	0	0
		春晚	12	0	0
		元宵节灯会	9	0	0
		跑男	7	0	0
		风筝文化节	0	0	4
互动感知	活动	骑自行车	10	2	0
		散步	4	1	1
		拍照	8	1	0
		武士表演	0	18	0
	人际真实	家人	3	0	0
		朋友	7	0	0
		其他旅游者	67	0	1
服务感知		租自行（电瓶）车	4	2	0
		设施服务	9	7	0
		环境卫生	2	2	1
		讲解	28	28	0
		标识牌	24	24	0
		厕所	2	0	0
		特色纪念品	0	3	0

注：横轴主题属性与纵轴属性组交叉位置显示为框架矩阵共现词频，词频越高表示关联度越大。

当然，根据框架矩阵，我们也发现了主题属性组与其他四个属性组关联的差异：①"标志性历史古迹"这一主题与氛围属性组中的"环境背景特征"以及"气氛气息"关联甚密，"市井文化"与"环境背景特征"有关联。因为"大唐""古都长安""古朴""穿越""厚重""怀旧"未必是"军事堡垒"及"市井文化"的特性，但一定是标志性历史古迹的特征。"市井文化"更多的是源于城墙周边的环城公园、碑林孔庙等大环境烘托。而节事感知中的属性也只与"标志性古迹"有关联，因为只有标志性古迹才有历史渊源以及有资格举办相关大型事件。此外，互动感知中的"其他旅游者"与"标志性古迹"共现词频最高，以麦克奈尔的旅游吸引物系统理论分析，景观、标识、人是旅游吸引物的三大要素，缺一不可。其中，一个目的地有"众人"的追逐，才可以成为"标志性"历史古迹。②"军事堡垒"这一主题，它在互动属性组只与"武士表演"实现了交叉共现。③虽然氛围属性组都与这三个主题密切相关，但"真实的市井文化"这一主题并非如其他两大主题那样与"空间布局及职能"相关，而是与氛围属性组中的"环境背景特征"相关，因为如"城墙""环城公园"这样的属性是承载百姓生活的物质空间，只有它们与"真实的市井生活"直接相关。同时，也只有市井文化与氛围属性组的"现代感"这一属性发生关联，因为城墙内外景观差异，这个现代感主要凸显于城墙外的高楼林立以及车水马龙，它们也是市井文化的重要表现。

以上，我们分析了主题属性组与其他四个属性组之间的关联和区别，确认了尽管由管理者设计表征的主题游客未必感知到，但感知到的主题一定与其他属性组产生关联，尤其是氛围属性组。而游客亦根据自己感知到的属性确认了西安城墙的其他两个主题。而这两个主题也与其余属性组相关联，其中，氛围属性组所起的作用依旧非常明显。

6.3　内容分析法

6.3.1　样本选取

为了验证一手数据的饱和度，本书采用内容分析法对游客网络点评数据进行分析。在选取网络文本资料时，要考虑本书的研究目的：文化遗产旅游体验价值研究。我们主要以游客点评为网络内容截取对象，利用八爪鱼数据采集软件，分别收集了 2018 年 1～10 月有关西安城墙游客体验感知评价的网站包括马蜂窝 76 条、大众点评 283 条以及猫途鹰 680 条共计 107000 字符的有关西安城墙的点评数据。

6.3.2 样本处理

内容分析法涉及具体技术工具繁多,如字频分析、词频分析、语义网络分析、情感分析等,本书选取 Rost Content Mining 软件作为分析工具,该软件具有中文分词、词频统计等功能,可以对(*. txt)文件进行内容分析。

首先,对中文样本进行预处理,运用软件分析出各文档词频的初步结果,剔除与研究无关的介词、连词、助词如"的""是""在"以及与研究主题无关的无意义的词汇,把它们汇入过滤词表。其次,把意思一致但表达方式不同的词语进行统一替换,如"南门""永宁门"统一称为"永宁门",然后汇入合并词表。最后,将处理过的文档保存为 txt 文件。

根据以上样本处理步骤,先提取前 160 个关键词,针对这 160 个关键词继续做处理,词频低于 10 的不在树状层级表中出现,结合研究内容返回原文,反复比对,继续合并内涵一致但表述不一的词汇,继续剔除与研究内容无关的词汇,最终进行分类编码并与扎根理论三级编码进行比对。因为是针对词频的编码,所以针对隐性文本未能有分析,因此,未能直观呈现如一手访谈资料游客感知"主题属性组"的结果对照,但高词频中一些关键词的存在是与"军事堡垒""标志性历史古迹"及"市井文化"直接相关的。树状结构图显示如表 6.3 所示。

表 6.3　网络文本三级编码结果

序号	属性组	属性	子属性	频次
1	氛围感知	空间布局及职能		
2			城墙	1718
3			城门	282
4			完整	279
5			永宁门	267
6			古代	99
7			建筑	98
8			地标	67
9			城楼	51
10			遗迹	40
11			护城河	39
12			青砖	28

序号	属性组	属性	子属性	频次
13			宽阔	28
14			全长	27
15			北京	27
16			修复	26
17			瓮城	25
18			明代	18
19			含光门博物馆	16
20			箭楼	15
21			防御	13
22			吊桥	13
23			南京	13
24			垛口	11
25			角楼	10
26		符号象征及人造物		
27			红灯笼	40
28			秦腔	11
29		环境背景特征		
30			古城西安	1249
31			天气	343
32			夜景	254
33			景色	128
34			火车站	57
35			环城公园	55
36			钟鼓楼	50
37			唐朝	48
38			城墙根儿	48
39			城墙周边	47
40			碑林	26
41		气氛气息		
42			历史	295
43			雄伟	197
44			现代感	147

续表

序号	属性组	属性	子属性	频次
45			古朴	125
46			好看	88
47			舒服	68
48			文化	58
49			好玩	54
50			厚重	43
51			穿越	42
52			韵味	40
53			安静	28
54			特色	21
55			热闹	18
56			完美	17
57	节事感知			
58			元宵节灯会	32
59			入城仪式	25
60			春节	17
61	真实性感知			
62		活动		
63			骑自行车	668
64			漫步	198
65			拍照	56
66			表演	52
67		内省真实		
68			感受	202
69			见证	96
70			值得	92
71			赞叹	61
72			遐想	48
73			慢慢	43
74			遗憾	41
75			古人	40
76			智慧	32

序号	属性组	属性	子属性	频次
77			传承	32
78			故事	17
79			和平	16
80			骄傲	15
81			辉煌	14
82			美好	13
83			意义	12
84			回忆	10
85		人际真实		
86			其他旅游者	88
87			朋友	80
88			家人	33
89	服务感知			
90			租自行车	121
91			门票	95
92			讲解	17
93			现金	16

6.3.3　词频分析与扎根理论编码比对

针对表 6.3 的内容进行对比分析：

（1）主题：西安城墙作为中国保存最完整的古代城垣建筑，依旧以鲜明的军事主题深入人心，表现在游客对"护城河""角楼""箭楼""防御"等军事建筑的提及；而"历史""文化""地标"等词汇的出现频次高，和现场访谈游客的结果一样，都认为城墙是西安的标志性古迹。在市井文化这一主题上，环城公园的晨练、自乐班休闲娱乐以及城墙内外风光、墙根下的百姓风景及风情都意指"市井文化"。

"西安城墙包括护城河、吊桥、闸楼、箭楼、正楼、角楼、敌楼、女儿墙、垛口等一系列军事设施，构成了严密完整的军事防御体系。游览西安城墙，对形象、具体地了解古代战争、城市建设及建筑艺术都很有意义。"

"西安地标性建筑——城墙已经融入西安城的血液中，没有城墙，就没有千年古都西安。走在城中，举目城墙巍峨矗立，恍惚中梦回千年大秦帝国。"

"非常喜欢西安城墙古朴与现代融合的感觉，城墙根唱秦腔、跳迪斯科、打乒乓球、锻炼身体的每天早上都聚集在一块，旁边的车流不息，非常和谐的一幅画卷！"

（2）氛围感知属性组：对一手资料进行初始编码后形成"空间布局及职能""符号象征及人造物""周围环境"以及"气氛气息"四个初始范畴。依照此初始范畴，对网络数据进行编码对照，发现可以复现其编码结果，但会有部分差异，分析如下：首先，在"空间布局及职能"中，网络点评中有关军事建筑的子类属及频次明显多于现场游客访谈资料，如"永宁门""城楼""角楼""箭楼"等。"北京"和"南京"出现在了这一属性组中，返回原文，发现游客通过对比南京、北京城墙，尤其感慨北京的城墙不复存在而感叹西安城墙保存完整，气势宏大，这在一手资料现场访谈中也有所体现，因为半结构化访谈第一个问题便是"您去过其他城墙吗？感觉怎么样"，有近乎一半受访者表示去过其他城墙（南京、平遥等），也会对比北京城墙的往昔和今日，得出的结论也是游客有感于西安城墙的完整雄伟。而"明代"也是第一次出现在这一属性组中，游客会指出西安城墙是明城墙。在"符号象征及人造物"这一自类属中，未发现"古筝"的相关词频；返回原文搜索"黄龙旗"，仅有7人提到，未录入表格；"秦腔"及"红灯笼"均被游客提及。在"周围环境"这一类属中，大部分实现了覆盖，其中，"古城西安"和"天气"分别位于高频词的第2位和第4位。在"气氛气息"中，子类属也实现绝大部分的覆盖，如"古朴""厚重""单调""安静""穿越"等。游客点评如下：

"西安的城墙很壮观，与长城相比毫不逊色。城墙仿古旗杆全部挂有大红灯笼，与青砖城墙相映成趣。晚上城墙垛口的装饰霓虹灯闪亮，甚为壮美。建议一定要租自行车骑上一圈，你一定会兴致盎然，在城墙上与其他建筑配合着选景照相也是很美的。我想，每个去西安旅游的人一定不会忘记西安的城墙。"

"骑着双人自行车，慢慢地在古老的城墙上行进，欣赏着薄雾下的西安，那份古老和神秘带给人震撼。那一刻，仿佛能领略到古代的气息，牵引着你梦回唐朝。四周的花红柳绿也让人心情舒畅。如果你到西安，一定不要错过登上城墙的机会。"

"一座明城墙，围住的是西安这座城市几千年的历史，秦唐汉武、李白、白居易、王维，西安这座城市的厚重，沉淀在古城墙上的一块块方砖、一抔抔黄土中，在城墙上远看大小雁塔，内眺钟鼓楼、碑林、书院门孔庙。三个字，聊咋了！"

"在固若金汤的城墙上得以一觑当年王朝的恢宏气势，飞龙飞檐、红灯红旗，暗灰的砖瓦见证了古都千百年的兴衰荣辱、风云变幻。从南门走到西门大概3公里多。"

（3）节事属性组：与一手访谈数据有较为明显的差异，"城墙马拉松比赛""春晚"以及"跑男"因为频次太低，而未能出现在表中。"元宵节灯会""入城仪式""春节"依次出现在这一属性组中，分析来看，"元宵节灯会"之所以在节事属性组表现"优异"，是因为根据网络数据采集时间来看，刚好赶上了西安城墙新年策划的"上元不夜城主题灯会"，不少市民及游客参与了灯会，而能够远眺到流光溢彩的灯会，也使其曝光率较高。"入城仪式"依扎的大唐礼仪以及接待古今中外重要贵宾而使其备受关注，而"春节"这一高词频的出现，是因为不少游客强调自己春节前后来到了西安城墙。游客点评如下：

"西安的城墙是明代修建保存至今的，应该是国内目前保存最好、最大的城墙……另外，如果赶上有特殊的'入城仪式'（很多名人、国内外政要来西安有时候就有这个仪式），那会更有趣，还有在正月十五期间，有灯会，西安的灯会是在城墙上举办的，很有感觉。"

"灯展很漂亮，最重要的是青石古韵，十三朝古都沧桑萧然很有感觉，还可以看到古人的智慧，排水设施、防御设施、城脚楼，晚上的灯光特漂亮。"

"春节期间去的，正赶上灯会，100分钟租辆自行车骑了一圈，呵呵，颠得屁股疼，最好是4点左右去吧，大多数人都推荐黄昏看，据说有历史的厚重和穿越感，呵呵！"

（4）真实性属性组：网络数据中，人际互动以及内省互动的对象和活动与一手访谈资料完全耦合。自己、朋友、家人以及其他旅游者是游客互动的主要对象，参与的活动为骑自行车、散步、拍照以及观看表演。与现场访谈不同的是，网络点评中"表演"的词频达到了52次，返回原文比对，这52个表演中，有16个指武士表演，其余分别指《梦长安》以及其他游客"撞上"的非常规表演。在与自身与他人的互动过程中，游客收获了赞叹古人智慧、骄傲的情绪以及其他各种各样的心情，包括美好回忆。虽然类属比一手资料丰富，但分类下来，依旧体现于：①实地探访文化遗产地的象征意义的自我意识；②被古人的智慧激起的民族认同感和自豪感；③一种在历史中领会和寻找自我的内省的情感以及归属感、乡愁；④愉快、欢乐、悠闲等心理情绪。游客点评如下：

"在某一个大的城门下边，还有扮装成古代士兵的换岗表演，也挺有趣的。"

"现代文化与古代文明的碰撞。走入南门，不仅可以拿到传说中的通关文牒，更可以欣赏到隆重的迎接仪式和盛唐歌舞，还可以一边和威猛的城墙武士合影留念，一边在瓮城听导游为你讲解'请君入瓮'的故事。"

"西安城墙非常雄伟壮观，很佩服古代劳动人民的智慧。有一个西方的节目称赞长安的雄伟：如果当年罗马军队敢靠近长安城一步，必会被彻底地消灭殆尽 (They will be absolutely annihilated)。"

"有年轻人骑着自行车笑着驰过，笑声惊醒了千年城楼曾经的迷梦。这片西安最古老、最喧闹的城墙，历经世纪长河，依然幽深，阅尽事态。"

"在城墙上，租一辆自行车，在夕阳之下，不断地往前骑，那种愉悦的心情到现在还无法忘怀。虽然是一个人的旅行，但看着古老的城墙，城上的楼宇、城内的老城、城外的新城，这座城市，在环行一周之后，夕阳余晖之下，偶尔的孤独感也就飘然而逝。"

"环城墙骑行，仿佛天地间都在这一刻变得宁静，生活中的所有紧张与不安都荡然无存，迎着五月和煦的阳光，感受清凉的微风吹拂在脸上，心情是如此的舒爽，这是回忆中最美好的一刻。"

（5）服务属性组：这组属性中"门票"作为高频词归类在这一类属中，几乎所有景点网络点评的非常重要的一个点评内容就是对门票的描述。返回原文，发现因为门票与租自行车分开缴费，多数游客认为门票过高，同时，"租自行车"这一词频也非常高，但导游和讲解出现的频次很低。这与现场访谈获得的信息一致：一是游客直接接触到的现场服务不多，这与供给和需求都有关；二是西安城墙文化遗产地空间的讲解系统并没有让游客印象深刻。游客和城墙服务打交道最多的依旧是最基本的"门票"服务，以及与自行车有关的租借服务。

综上所述，对照一手访谈资料扎根理论三级编码，通过对网络文本资料进行三级编码，发现初始范畴与主范畴的提炼是高度一致的，尽管初始范畴及频次稍有差异，但并未脱离主范畴及生成新的主范畴，因此，访谈数据的可信赖性得到了进一步的验证。

本章小结

本章关注第二问题：游客对于西安城墙旅游吸引物的感知和解构。根据扎根理论三级编码显示，游客对于西安城墙的感知体现在：主题、氛围、节事、真实性及服务五大属性组。游客对于西安城墙的主题感知有三个：军事堡垒、标志性历史古迹及真实的"市井文化"，与西安城墙管理者表征的"军事文化""历史文化""现代文化"主题形成对比，主客间关于主题表征与认知的互动出现了偏差。氛围属性组由"空间布局及职能""符号象征及人造物""环境背景特征"以及"气氛气息"构成，节事属性组由标志性事件以及传统事件构成。真实性感知主要体现为基于游客与自身及他人互动收获的存在性真实，而服务感知集中于西安城墙的设施及服务，尤其是讲解系统。框架矩阵显示，游客对于西安城墙三个主题的感知都和其余四个属性组密切相关，尤其是氛围属性组。氛围属性组中的"空间布局及职能""符号象征及人造物""环境背景特征"以及"气氛气息"是影响游客有关主题感知的重要属性。因此，氛围是影响游客主题感知的重要因素，无所不在的氛围要素可帮助游客确立鲜明的主题形象，与管理者有关主题的表征形成良性互动。

7 符号互动下西安城墙主客双方与旅游体验价值生成

本章内容分为以下三个部分：第一部分从游客主体层面分析了西安城墙旅游体验价值的维度以及利用框架矩阵运算得出的共现表来分析游客感知中主题属性组、氛围属性组、节事属性组以及服务属性组各要素对旅游体验中认知价值、情感价值、娱乐体验价值以及功能价值的生成影响。第二部分从客体层面，研究管理者表征的旅游吸引物的技术属性、功能属性以及体验属性与游客感知五大属性组的关联，从而以游客感知属性组为媒介构建了管理者表征旅游吸引物对旅游体验价值的影响。第三部分则基于以上研究最终构建出主客符号互动下旅游体验价值模型生成。

7.1 游客体验感知属性与旅游体验价值

7.1.1 数据分析过程与呈现

根据本书研究的核心问题"遗产地游客体验价值"，笔者对游客访谈资料进行反复阅读，利用 NVivo11 软件对访谈资料进行编码，采用逐行编码的形式，定义现象如第 6 章表 6.1 所示，不断归纳和总结进行概念化，初期形成了 68 个概念范畴，再根据范畴的属性，按照不同范畴之间的相互关系和逻辑次序，中期形成 22 个初始范畴，再对这 22 个初始范畴加以综合分析归类，最终发现西安城墙遗产地游客体验价值感知集中在：认知价值、情感价值、休闲娱乐价值以及功能价值四个维度。主范畴提炼过程如图 7.1 所示。

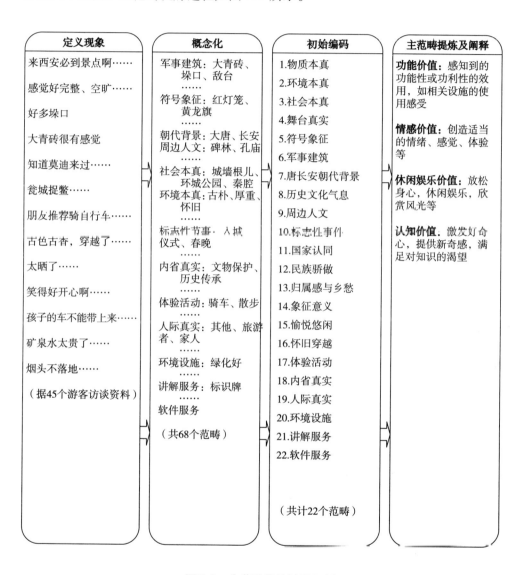

定义现象	概念化	初始编码	主范畴提炼及阐释
来西安必到景点啊……	军事建筑：大青砖、垛口、敌台	1.物质本真	功能价值：感知到的功能性或功利性的效用，如相关设施的使用感受
感觉好完整、空旷……	符号象征：红灯笼、黄龙旗……	2.环境本真	
好多垛口		3.社会本真	
大青砖很有感觉	朝代背景：大唐、长安 周边人文：碑林、孔庙	4.舞台真实	情感价值：创造适当的情绪、感觉、体验等
知道莫迪来过……	社会本真：城墙根儿、环城公园、秦腔	5.符号象征	
瓮城捉鳖……	环境本真：古朴、厚重、怀旧	6.军事建筑	
朋友推荐骑自行车……	标志性节事：入城仪式、春晚	7.唐长安朝代背景	休闲娱乐价值：放松身心，休闲娱乐，欣赏风光等
古色古香，穿越了……	内省真实：文物保护、历史传承……	8.历史文化气息	
太晒了……	体验活动：骑车、散步	9.周边人文	
笑得好开心啊……	人际真实：其他、旅游者、家人	10.标志性事件	认知价值：激发好奇心，提供新奇感，满足对知识的渴望
孩子的车不能带上来……		11.国家认同	
矿泉水太贵了……	环境设施：绿化好……	12.民族骄傲	
烟头不落地……	讲解服务：标识牌	13.归属感与乡愁	
（据45个游客访谈资料）	软件服务	14.象征意义	
	（共68个范畴）	15.愉悦悠闲	
		16.怀旧穿越	
		17.体验活动	
		18.内省真实	
		19.人际真实	
		20.环境设施	
		21.讲解服务	
		22.软件服务	
		（共计22个范畴）	

图 7.1　主范畴提炼过程示例

访谈发现，当游客提到一个心理收益或效用感知时，会描述到相关属性，因此，属性与游客认知价值的实现是直接相关的，根据对显性文本和隐性文本同时编码，利用 NVivo11 软件做框架矩阵运算，表 7.1 显示了功能价值、认知价值、情感价值、休闲娱乐价值与五个属性组的关联，同时，频次的高低也显示出了属性组与四个价值关联的紧密程度差异（横轴五大主题属性组与纵轴旅游体验价值属性组交叉位置显示为框架矩阵共现词频，词频越高表示关联度越高）。下面我们将分析这些旅游体验价值与五个属性组的关联，也就是旅游体验价值实现的过程和结果。

表7.1　旅游体验价值与属性组间的关联

			功能价值	情感价值	认知价值	休闲娱乐价值
主题感知	标志性历史古迹		10	143	17	12
	市井文化		15	110	22	110
	军事堡垒		29	29	29	1
氛围感知	空间布局及职能	原真性	10	168	14	6
		大青砖	1	58	58	3
		城门（楼）	1	32	32	5
		永宁门	0	21	21	0
		瓮城（捉鳖）	19	19	19	0
		垛口	18	18	18	0
		护城河	17	17	17	3
		敌台	16	16	16	0
		箭楼	0	9	9	0
		坑坑洼洼	2	0	0	1
		含光门博物馆	5	5	5	0
		玄武门之变	0	4	4	0
	符号象征及人造物	红灯笼	1	34	1	1
		古筝	4	18	1	4
		秦腔	2	14	16	16
		黄龙旗	0	15	0	0
	环境背景特征	古都长安	1	59	59	1
		天气	7	39	2	0
		大唐	2	24	24	0
		绿化	4	5	2	24
		城墙根儿	2	14	7	16
		夜景	1	14	4	14

			功能价值	情感价值	认知价值	休闲娱乐价值
氛围感知	环境背景特征	碑林孔庙	1	13	13	5
		环城公园	0	8	2	13
		钟楼	0	11	11	1
		西安火车站	0	8	0	8
		广仁寺	0	6	6	1
	气氛气息	古朴	3	123	5	1
		穿越	4	46	6	46
		空旷	14	44	1	44
		厚重	0	37	1	0
		安静	3	1	1	31
		单调	5	1	0	18
		怀旧	1	16	1	0
		氛围好	2	1	0	15
		现代感	0	5	0	11
节事感知		城墙国际马拉松比赛	2	0	22	1
		入城仪式	1	16	16	0
		春晚	1	12	12	0
		元宵节灯会	0	9	0	0
		跑男	1	1	0	0
		风筝文化节	1	0	0	4
真实性感知	活动	骑自行车	21	7	1	72
		散步	2	2	2	37
		拍照	12	3	1	33
		武士表演	18	18	18	1
	人际真实	其他旅游者	67	10	1	67
		朋友	7	6	1	37
		家人	5	2	0	18
服务感知		租自行（电瓶）车	47	6	2	47
		设施服务	44	8	7	15
		环境卫生	36	2	2	2
		讲解	28	28	28	0

续表

			功能价值	情感价值	认知价值	休闲娱乐价值
服务感知		标识牌	24	24	24	0
		厕所	21	2	2	0
		特色纪念品	3	3	3	0

注：横轴体验价值与纵轴属性组交叉位置显示为框架矩阵共现词频，词频越高表示关联度越高。

7.1.2 认知价值

文化遗产旅游是旅游者来到遗产地后因时间和空间上的交错而产生历史文化体验，是对遗产特殊的文化内涵进行欣赏、学习、体验、感悟。游客通过实地感受遗产及其文化内容，并不断地在认识、实践、体验中形成、调整、鉴别、修正体验，最终得到一种触动内心深处的体验。从主客双方互动的角度来说，遗产地管理方的主体有义务、有责任帮助游客更好地实现认知价值。彭兆荣（2004）指出，各种信息渠道营造的舆论（传说性叙事），对潜在游客成为实际旅游者之前有着重要影响，在此作用下，他们在出发前形成了对目的地的"期待性幻想"的预体验，而"事实性旅游"的现场体验将会成为"期待性幻想"的参照。因此，主题、节事以"传说性叙事"的方式构建游客预体验，形成基本认识，而"氛围""真实性"则帮助游客现场验证及构建认知。具体关联分析如下：

7.1.2.1 主题属性组——期待性想象

Holbrook（1982）提出，主题通常是一组线索，意在唤起一种想象——一种跨越不同时间和地点的想象，所以主题既可是游客脑海中对于旅游目的地形象想象，也可以是游客身临其境后被唤起的情感想象。若把认知价值的三个属性"知识、好奇心及幻想"视为认知价值实现的三个层次的话，那根据访谈，游客心中"西安城墙是中国保存最完整的军事堡垒"以及西安城墙是"标志性古迹"的主题定位先于游客体验之前的形象想象和认知，是遗产地的建构主体运用多种媒介对外传播后的结果，其主要作用是促成游客形成有关旅游目的地本底印象，因此，这些传播及叙事奠定了游客有关古城墙认知的基础。

"主要是爬华山，吃羊肉泡馍、肉夹馍，从鼓楼就顺道来城墙了。我看过西安的宣传片和图册，城墙是一个重点推荐的景点。"（TP43）

"现在西安不是网上挺红火的嘛，西安本身就是文化历史悠久的地方，我特

意来带孩子来的。"（TP20）

7.1.2.2　氛围属性组——本真性体验

主题激发了游客关于旅游目的地的"好奇心"与"幻想"，最终促成旅游动机及需求。一旦深入旅游现场，游客开始基于本底印象，经由实地游览文化遗产地空间满足其"求知""求真"的需求，这一阶段游客进入到感知、判断、验证及确认阶段。研究表明，游客之于氛围的体验感知，主要是"本真性"体验。

朴松爱、樊友猛（2012）指出，物质本真性关乎遗产的形式、材料、位置、作用等，而环境本真性则与自然环境和历史文化氛围相关，原住民的日常生活、风俗习惯等构成社会本真性。依据此理论，分析西安城墙氛围属性组的子类属，发现"空间布局及职能"涉及具象层面，属于物质本真，"符号象征及人造物""环境背景特征"以及"气氛气息"则与环境本真性和社会本真性相关。物质本真满足了游客对于古代军事文化的好奇心和求知欲，而环境本真则营造了历史文化气息，使游客浸染。社会本真聚焦于城墙根儿下老百姓的"市井百态"，反映的是原住民的真实性文化。

物质本真性：在游客感知到的空间布局及职能中，西安城墙上一系列军事设施如大青砖、永宁门、护城河、吊桥、瓮城、箭楼、垛口、敌台等的客观存在使得游客可直观强烈地感受到古代军事堡垒防御功用及建筑思想，游客不仅对于这些军事设施在战争中所起的作用有了切身体会，脑海中留存的抽象名词如"玄武门之变""瓮城捉鳖"也在实地游览中得到了验证。游客的好奇心和求知欲得到了满足。

"城墙内外高楼林立，车水马龙，但城墙又是一座古代的建筑，会感受到历史变迁的沧海桑田，看到'瓮城''敌台''垛口'这些军事设施，好像耳边响起了轰隆的战鼓声，想象到攻城的战火纷飞。"（TP31）

"'瓮城'在好多古代小说里都能看到，今天见识了真正的'瓮中捉鳖'里的'瓮城'，仔细想想城墙在古代城防中确实有着无可替代的作用。"（TP33）

环境本真性：文化遗产环境本真性主要指历史文化氛围。陈伟凤（2008）认为，遗产旅游体验者体验的是表面上的真实的"感觉价值"，即使人们对遗产属性知之甚少，但遗产地传达出的历史感、氛围感已经营造了历史真实性的氛围。分析共现词频发现，在氛围组中，认知价值与"大唐""古代长安"的共现词频最高，游客认知价值的实现是与"大唐"和"古长安"这两个符号紧密联系的，如前文分析，此为关联符号。因为城墙坐落于十三朝古都的西安，始建于隋唐时期，这是本体真实中重要的环境本真。

"以前我们学历史、看小说，知道隋朝的时候，这个建筑就开始有了，然后鼎盛的时期是唐朝。西安也是过去的长安，最鼎盛的时期是唐朝，谁都知道武则天嘛。"（TP25）

而位于城市中轴线上的钟楼、魁星楼脚下的以碑林孔庙为代表的人文古迹类景观，虽并不隶属于古城墙，但得益于地理优势及大遗址群落优势，作为西安城墙周围背景，它们和古色古香的城墙相得益彰，营造了真实的历史文化氛围。

"碑林孔庙就在城墙根下，与城墙相得益彰，不错。顺城巷开发得也不错，我看客栈、书店、餐饮店的整体装饰风格没有破坏城墙整体的历史氛围，可以把好的经验扩展下去，城墙脚下的公园很好，绿化很好。"（TP04）

"有一段城墙外的景观也很古朴，那里是碑林，周围好像还有不少古树，墙根下有拍婚纱照的，耳边还有古筝的声音，这个地方让人不由得沉浸其中。"（TP14）

"走走停停，看看细雨中的城墙，城外高楼耸立，人流川息，城内的钟楼若隐若现，遥想一下当年的盛世，会有穿越的感觉。"（TP08）

社会本真性：主要指原住民的日常生活、风俗习惯等。西安城墙自隋唐长安以来一直屹立于城市中轴线上，直到今天，依旧如此。这样一座古代军事堡垒现如今已成为连接贯通古城西安东西南北、内外城风光的重要媒介。徒步一圈相当于绕着西安城行走一圈，游客虽身处城墙之上，但视线所及，完全可欣赏城墙内外风光。城墙根一边是大量老西安人晨练吊嗓、自乐班吹拉弹唱的环城公园，另一边则是与城墙相依相伴的老旧居民区、市集、学校。这些城市风光风情大大增进了游客对于古城西安的感知和了解，给他们带来了"真实性"体验，游客得以在这方天地窥见西安人真实的生活百态。

"走在城墙上也可以感受西安最真实的样子，有点破旧，有点儿懒散。"（TP45）

"能绕西安城一圈，风景尽收眼底，去感受西安的风情，墙根下的树、屋顶上晾晒的床单被罩、飞过的鸽子，还有摊贩的叫卖声。"（TP15）

"因为在外地人眼中，本地人的精神面貌也是一种可见的旅游资源吧，在环城公园能看到西安人在这里跑步，遛弯遛孩子，说着陕西话，城墙上还有老人家唱秦腔，绝对满满的市井百态。"（TP25）

视觉凝视虽然在旅游体验中占据统治地位，但"听觉"也是环境氛围中影响游客体验的另一重要因素，据共现词频分析，未经管理者设计的环城公园内自乐班吹拉弹唱的秦腔，无意间成为游客体验地方文化的鲜活载体。

"墙根下看到不少人在晒太阳、下棋、唱秦腔，这里的居民享受慢节奏生活，我也跟着感受了一下。"（TP07）

"还看到不少唱戏的，你们这叫秦腔吧，有个晚会，听过好像是谭维维唱的那个华阴老腔，在城墙上能感受到西安人的生活状态，挺不错的。"（TP04）

综上所述，本真性认知价值中的"物质本真"源于西安城墙自在禀赋，而"环境本真性"则得益于大遗址群落优势，而对"社会本真性"基于城墙根下原住民的日常生活、风俗习惯，它们共同满足了游客"求知""求真"的认知需求。

7.1.2.3　节事属性组——建构认知

认知价值与节事属性组中的"城墙国际马拉松比赛""大唐迎宾礼入城仪式""春晚"的共现词频最高，这三大活动与游客认知价值的实现相关，因为本质上这些事件作为媒介事件，起到的是曝光的作用，它们作为关联符号先是构建了游客对于西安城墙的想象。然后通过这些大型事件的举办，西安城墙再一次确认、强化、延续了它作为标志性古迹的历史地位。

"好像有一年春晚是在这里办的，城墙真挺厉害的，不光是西安的一个代表，能办春晚也说明城墙在国人心目中的位置和价值。"（TP02）

"知道克林顿来过西安，有入城仪式，我觉得西安在世界上也是名城，涉及的国际活动其实挺好的，很自豪，如果交通方便，也希望可以参与这些活动，宣传西安，一个G20改变了杭州，也希望西安能树立形象，让更多的外国人过来，让西安走向世界。"（TP42）

7.1.2.4　真实性属性组——舞台真实体验

真实性感知属性组中的"武士换岗"和"士兵巡游"作为古代军事文化舞台再现，其音乐、服装、造型、兵器、仪式都是一种"舞台真实"符号式的呈现，它们依托相应主题，主要服务于军事文化和唐代文化的传播，不少游客表示通过观看武士表演，进一步融入了古代军事堡垒氛围，对古代军事文化，甚至是唐服饰有了基本认知，满足了他们的好奇心和求知欲。

"看他们的表演感觉像穿越回了古代，士兵威武霸气，手拿长矛佩剑，配乐也霸气，盔甲看着很真实，不知道在古代士兵换岗是不是真的就是这样，太有组织纪律了，神情也不容侵犯，演出结束，既可以和士兵合影，还可以摸他们的盔

甲，想象了一下自己穿上的感觉，估计形神焕散。"（TP33）

7.1.2.5 服务属性组——讲解系统

在有关顾客价值的研究中，游客购买的不仅是商品和服务，还有商品及服务带给他们的好处和体验（E.G.，Abbott，1955；Carbone and Haeckel，1994；Grönroos，1984）。在评估服务和商品的体验质量时，学者提出了评估标准的两个维度：一是技术或结果维度，二是功能或过程维度（Grönroos，2000；Parasuraman，Zeithaml and Berry，1985；Zeithaml，1988）。前者着重于"将什么传递给顾客"，后者则关注"如何传递"。

框架矩阵显示：在服务属性组中，"标识牌""讲解"的共现词频最高，说明文化遗产地的解说系统在"认知价值"中是非常重要的体验属性。但研究表明，只有个别游客表达提到标识牌只用作简单了解古城墙的历史文化，多数游客则表示标识牌内容过于简单或者晦涩，而大部分游客更多地表达了对古城墙标识牌以及讲解系统的不满及建议。

"坐电瓶车的时候，有播音讲解历史一些点也有标识牌，可以看看。"（TP02）

"看到标识牌，会了解一些历史，也会下载 APP 自己了解，但是这些标识牌比较简单，了解比较少，如果游客只是一走而过，也可以了；如果深度了解的话，还是不行，现在很多景点都做智慧旅游了，不知道城墙在这方面有没有打算。"（TP20）

"还有就是觉得城墙上少了点儿什么东西，光秃秃的，我希望有很多标识文化内涵的指示牌，看到那个解释文庙碑林的牌子，就那么一点儿，西安有那么多历史、故事，其实都可以在城墙上展示出来，游客可以一边走，一边看。"（TP38）

"关于申请世界文化遗产和我有什么关系呢？我都不了解啊，你也没有给我更好、更多的渠道让我了解，我感兴趣才来，城墙应给每一个景点讲故事，这个很重要，游客需要有收获，游客说不出一二三，会很空虚，这边垛口的牌子就两个，没有任何更多、更详细的讲解。"（TP26）

7.1.3 情感价值

在市场营销领域，情感价值是指顾客因为购买商品或服务所获得的情感方面的收益。费尔登曾将历史建筑的价值主要划分为三种类型：情感价值、文化价值、使用价值。菲尔登（2003）认为，情感价值内涵包括：惊奇、认同感、延续性、精神和象征价值，这样的分类在本书中得到了验证。当游客置身于西安古城墙文化遗产地空间，通过静态的"凝视"、动态的"活动"，收获了相应的情绪、感觉、体验，主要体现在：①实地探访文化遗产地的象征意义的自我意识；②被古人的智慧激起的民族认同感和自豪感；③一种在历史中领会和寻找自我的内省的情感以及归属感、乡愁。

情感价值与主题属性组、氛围属性组、节事属性组关联最为密切，具体分析如下：

7.1.3.1 主题属性组——象征意义与乡愁

情感价值与主题属性组的共现关联明显高于认知价值，市井文化的词频共现甚至达到了110频次。

首先，由主题引发了基于符号价值的象征意义和自我满足感。游客终于造访了标志性文化遗产古迹，他们的选择以及头脑中期待的实现，显示了他们自身的品位和价值观，这使得游客自我感觉良好。

"西安曾经是十三朝古都，是有深厚文化底蕴的一座城市，西安城墙是保留比较完整的古城墙，因此来西安之前就已经将西安城墙列于行程之上了。"（TP04）

其次，真实的市井文化引发了归属感。作为社会生活空间的无意识介入，城墙根儿是活色生香的市井百态和烟火气息，使得游客可以反观生活本身，引发了他们的归属感和乡愁。

"作为一个老百姓，到这里看看，看看西安的火车站，看到来来往往的人群，人们平平安安走在路上，你看报纸上报道中东地区，被战火蹂躏，叙利亚、伊拉克人民生命朝不保夕，所以说，生活在我们国家多幸福。"（TP21）

7.1.3.2 氛围属性组——国家认同与内省真实

西安城墙作为古代军事堡垒的"空间布局及职能"是西安城墙景区的核心旅游吸引物，置身于此，成功地激发了游客对于大唐、对古代军事战场的遐想，对于古人智慧的赞叹，以及感叹太平盛世的国家民族认同感，游客通过与古代、自身的对话激发了内心的思考和思索，对于文物的保护、历史文化的传承有了自己的领悟。

"首先第一眼，它就震撼到了我，它经历了那么多年的风风雨雨，依然没有倒下，走到它的身边，你用手触碰着一块块青砖，那种敬畏之心油然而生。"

（TP15）

"想到解放前，在那个年代，中国人民过的是啥日子，现在吃穿不愁，国家政策那么好，老人可以免费来城墙，你看城墙的环城公园修得多漂亮，这时候体会到国家和党的温暖，作为中国人感到很骄傲。"（TP28）

"希望城墙能被保护得更好，不要遭到破坏，兵马俑一天天变旧了，空气、温度、湿度对它都有腐蚀，就想早点儿带孩子来。希望这些文化遗产被保护好，不然将来孩子看啥？"（TP22）

同时，安静古朴的气氛气息中，游客借由独自散步、行走，凭由"浪漫的凝视"收获了"悠闲""舒服"等情感。

"在城墙这样的地方适合慢慢走，慢慢体会，人不多，也不吵，看看两边的风光，有拍婚照的情侣、有放风筝的老人，坐在地下自拍一张也很不错。"（TP13）

"内心很平静。我觉得城墙很神奇，能够让人安静下来，不知道和颜色有没有关系，青砖青瓦，鲜亮的只有红灯笼和旗子。"（TP38）

此外，天气这一属性在氛围属性组中明显与情感价值关联密切，共现词频为39次，天气作为不可抗力的非干预因子反而影响了游客的诸多情绪，作为环境大背景的要素，天气起到了不可或缺的作用。

"虽然下雨了，但还是骑了自行车，太多人推荐，城墙的氛围又这么好，这么多人在骑，兴致一下就来了，迎着风，迎着雨，骑着走完了一圈。"（TP28）

7.1.3.3 节事属性组——民族自豪感

节事活动对提升举办地的知名度和影响力的作用已经得到了实践领域和研究领域的众多关注。但与奥运会、世博会这类重大事件不同的是，在西安城墙举办的众多节事中，引起游客情感波动的知名事件以"入城仪式"为代表，游客虽并未亲身参与，但它们与游客情感价值的联结主要体现在像接待国家元首的入城仪式这样民族性和世界性的仪式活动，游客认为这类活动与自己是有关联的，并产生民族认同感和自豪感，从而实现了情感价值。

"好像有一年春晚是在这里办的，城墙真的挺厉害的，不光是西安的一个代表，能举办春晚也说明城墙在国人心目中的位置和价值，感觉西安城墙承载着过去的历史脉络。"（TP02）

7.1.4 休闲娱乐价值

Thrift（1989）和 Prentice（1993）最初的研究发现，遗产旅游的受众是城市中的白领阶层，他们普遍是受过良好教育的专业人士和商务人士，但随着遗产地逐渐呈现娱乐化趋势，越来越多的普通大众也成为遗产旅游的消费者。英国在其1997年的遗产讨论文件中提出，遗产具有"文化、教育、经济、资源、休闲娱乐价值"。因此，学习与娱乐一般被认为是遗产旅游的两大动机。在有关游览西安城墙旅游动机的调研中，有游客明确指出是为上城墙骑自行车而来的，也有临时起意打发时间而来的，他们并不是为学习而来的。休闲和娱乐是他们造访古城墙非常重要的动机。根据框架矩阵显示，游客的休闲娱乐价值虽与氛围属性组密切相关，但脱离了与遗产属性直接相关的"空间布局及职能"等众多军事文化元素，转而关注与遗产属性无关的"符号象征与人造物""环境背景特征"等因子，而真实性属性组的众多活动以及与空间中人的互动，则满足了游客的娱乐需求。具体分析如下：

7.1.4.1 主题属性组——社会生活空间体验

主题属性组里的市井文化与娱乐体验价值关联密切，共现词频为110频次，在旅游动机中，游客表明因为可骑自行车环绕西安古城一周而登临城墙，他们并非为文化遗产而来，而是好奇文化空间之外的社会生活空间，因此，旅游动机决定了他们的体验焦点——市井文化，而城墙根儿内外的百姓生活完全满足了游客的需求。

"城墙的风景也在墙外，那些树木、那些小巷，城墙根儿下的烟火气。"（TP31）

"感觉西安城墙信息量挺大的，城墙根儿环城公园也不错，环境优美，能听到吹拉弹唱的，这就是老百姓的生活，真实。"（TP41）

7.1.4.2 氛围属性组——休闲体验

在氛围属性组中，有些属性是与遗产属性无关的，而这些属性恰恰满足了游客的休闲体验需求。"城墙根儿""环城公园""西安火车站""夜景""秦腔"作为代表地方文化的一个个鲜活的都市符号，无意间引发了游客的兴趣，增添了他们游玩的乐趣。游客通过符号式的表面消费获得了休闲价值。

"作为一个老百姓，能到这里看看，看看西安的火车站，来来往往的人群，平平安安走在路上，也是一种幸福。"（TP21）

而城墙的空旷（44频次）、安静（31频次）、单调（18频次）、氛围好（15频次）、现代感（11频次）让游客或者以闲适的心情欣赏周遭这一切，这验证了宗晓莲（2005）指出的，从宽泛的符号角度来看，无形的象征、氛围甚至愉悦感，都是有符号价值的。有不少游客甚至觉得城墙过于"单调"缺乏趣味而未能有更深刻的休闲娱乐体验：

"城墙上好像也没其他活动了，场地这么好。"（TP17）

"就是整体感觉光秃秃的，好像是少了点儿什么。"（TP44）

7.1.4.3 节事属性组——参与式体验

与之前分析的节事属性组与认知价值和情感价值的关联不同——所有被访谈游客都没有参与过唐人城仪式、春晚以及城墙马拉松比赛，而在休闲娱乐价值中，第一次实现了与节事活动（风筝文化节）的关联，这主要是因为几次访谈恰逢西安城墙风筝文化节举办期间，有游客亲身经历了这样的节事活动。但根据访谈显示，游客并未从此项节事中实现娱乐体验价值。

"这次来，说是还有风筝节，但是没看到有放风筝的或者什么活动，可能结束了吧，刚好错过有些遗憾。"（TP45）

同时，据访谈显示，有关城墙举办的大型事件活动，游客认为：①没能参加但希望有机会可以参与；②这些事件活动是西安城墙的宣传手段，西安城墙有资格做这些大型活动；③大型活动可能给城墙带来负面影响；④可以多开发一些和历史文化结合密切的活动。

"知道城墙那些大型活动，但没看到，觉得在城墙举办，挺震撼，场景应该很好，就是没看到，城墙是西安有代表性的重要景点，所以大型活动肯定要在城墙上举办，希望相关的历史文化活动能越来越多越来越好，希望城墙能被保护得更好，不要遭到破坏。兵马俑一天天变旧了，空气、温度、湿度都有腐蚀，就想早点儿带孩子来。希望这些文化遗产被保护好，不然将来孩子看啥？"（TP22）

"大型节事活动可以拓展遗迹功能，延续生活和文化，挺好的，能让更多人了解它，也可以宣传西安、宣传城墙。"（TP01）

"如果城墙能举办一些和历史文化相结合的大型活动当然更好，但是不要排斥这些高科技手段，这毕竟是发展的大方向，会吸引很多人关注，就是不要掩盖城墙本来的特质就好。"（TP20）

7.1.4.4 真实性属性组——娱乐体验

休闲娱乐价值与真实性属性组关联最为密切，尤其是游客情感价值中的"欢乐""愉悦"等积极情绪体验，主要是通过游客与他人互动实现的。游客间的互动不仅和人的数量有关，也与他人的状态有关。西安城墙空旷，环境古朴清幽，那些骑自行车的、拍照的以及他们欢乐的情绪，都成了游客眼中亮丽的旅游吸引物，因为游客间的相互影响和感染，彼此都收获了开心。Urry（1996）"集体凝视"在此均有所体现，这也验证了麦克奈尔所说的，旅游吸引物中除了景观、标识物外，人也是重要的旅游吸引物。

"西安有棵网红银杏树，在哪个寺庙，刚才我们看到的那棵也很漂亮，也很大，可是没有拥挤的人群，我们趴在垛口看了好久，也拍了照，安安静静的，路上遇到骑车的人，也会偶尔眼神交汇，会微笑，被他们的状态感染，还有一些集体出游的，摆各种造型拍照，特别热闹，自拍的也有，很入戏。"（TP27）

"在城墙上骑车，一路颠簸，但心情舒畅，骑车的人不少，有时候嗖嗖地从你身边飞过，留下一串笑声。"（TP37）

"我们骑车的时候，身边有不同年龄、不同地方的游客，大家都充满着活力，朝气蓬勃，脸蛋被太阳晒得红扑扑的，健康又热情。"（TP45）

同时，在休闲娱乐价值中，"活动"本身很重要，调研发现，游客可以选择三种形式游览城墙：一是徒步行走，二是骑自行车环游，三是乘坐电瓶车。前两种为多数人所选，最后一种多为老年人及行动不方便人士所选。若游客选择或与家人、朋友散步，或聊天或拍照，这些活动是和管理者的设计表征无关的；而若选择后面两种方式，骑自行车或者乘坐电瓶车游览西安城墙则是借助管理者提供的服务实现了娱乐体验价值。

"我们就租了一辆车，一路吹着微风，看看城墙内外的风光，车水马龙，高楼林立，再看看其他游客，有骑车的、拍照的，还碰到拍婚纱照的，红色的婚纱配着古色古香的城墙，很有感觉。"（TP03）

7.1.4.5 服务属性组——辅助性服务体验

之所以称服务属性组在娱乐体验价值实现中为辅助性体验而非支撑性体验是因为，根据框架矩阵显示，只有设施设备以及租自行车（电瓶车）与娱乐体验价值有微弱关联，可诠释为西安城墙管理方提供了租车这项服务，才间接帮助游客实现了休闲娱乐价值，但游客在西安城墙感知到的服务属性较少，归纳下来仅有 7 个，因此，整体看来，与娱乐体验价值关联不大。这也透露出西安城墙提供的服务当中可供游客参与体验的活动较少。

7.1.5 功能价值

如前所述，功能价值更多的是一种实用价值或者效用价值，即消费者购买产品或服务可以满足消费者对其功能或效用上的需求。当让游客描述他们在城墙的

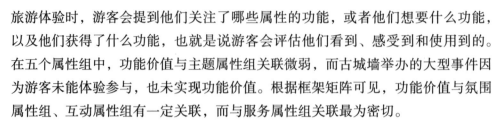

旅游体验时，游客会提到他们关注了哪些属性的功能，或者他们想要什么功能，以及他们获得了什么功能，也就是说游客会评估他们看到、感受到和使用到的。在五个属性组中，功能价值与主题属性组关联微弱，而古城墙举办的大型事件因为游客未能体验参与，也未实现功能价值。根据框架矩阵可见，功能价值与氛围属性组、互动属性组有一定关联，而与服务属性组关联最为密切。

7.1.5.1 氛围属性组——空间职能效用

相较于其他三种旅游体验价值，功能价值与主题属性组的关联最小，共现词频均低于其他三组，这是因为"标志性历史古迹"这一主题形象是早已印刻在游客脑海中的符号，它虽促成了旅游动机，但游客并不认为这些抽象的主题形象给他们带来了"功能化或效用化"的结果。

"空间布局及职能"这一类属中和军事建造有关的瓮城（捉鳖）、垛口、护城河、敌台等景观与功能价值有关联，因为通过它们，游客可直观地了解了古代军事建造的细节及思想，在某种程度上和"认知价值"相重叠，但区别在于：据访谈显示，有游客在描述这些景观时，会把它们从"遗迹"的标签中抽离出来，而把它们与西安城墙"设施设备"相关联，因为直到今天，这些设施依旧能够发挥功能性作用。它们未必只是供现代人学习观赏的，也是完全可以使用的，有效用价值。

"挺好的，这些建筑细节，斜坡排水、垛口防御，还有吊桥、瓮城，都是伟大的设施，这里就是军事博物馆。"（TP21）

"含光门博物馆"作为管理者设计表征的体验属性，在炎炎夏日，也拥有了"乘凉"的功效需求，这也是与认知价值的区别所在。

"那边有个博物馆，进去看看，刚好可以避暑，主要展览原城墙遗址，很壮观。"（TP10）

"还好有一个博物馆，里面有许多彩釉，看了看文物，顺便乘凉。"（TP11）

在诸多有关"气氛气息"的属性中，只有"空旷"与功能价值实现了较高的关联，共现词频为14，这是因为空旷指向景区的人"多"与"少"，这是影响游客体验质量非常重要的因素，此时"空旷"成了满足游客"浪漫凝视"的功能性需求。

7.1.5.2 真实性属性组——空间信息资源共享

"城墙空间空旷，比较舒服，它的建筑风格设计也很简洁、干净。"（TP20）

同时，作为中国知名的文化遗产地空间，许多游客都已经预料到会遇到其他旅游者，也因此，必定要和其他游客分享空间、资源以及设施，比如游船及电瓶车。同时，游客也可以通过观察其他游客的行为获得信息，再"互动感知"。其中，"骑自行车"被游客反复提及，自行车在这里充当了"工具"角色，实现其功能性特质。甚至因为大多数游客都在骑车，游客认为这是在西安古城墙必须要做的事情，"从众心理"在这里有所体现。因此，空间中的人具有功能性，可帮助游客实现其对某些效用如信息和资源的需求。

"这里的活动应该不多，我看大家骑车得多，也就租了一辆，骑吧。"（TP36）

"在这里骑自行车应该算是一个很受欢迎的活动吧，骑自行车的中国人真多，外国人也不少。"（TP41）

同时，互动属性组中的"武士表演"也实现了其功能性的特质，以"武士表演"来带动游客更深入地体会古代战场文化，是一种功能性（过程）输出，即如何把体验传递给公众，此时，着重强调"方式"和"手段"。公众借助于这样的活化历史的功能性输出方式满足了自己的求知欲和好奇心。

7.1.5.3 服务属性组——功能性（过程）输出

功能价值与服务属性组的关联度最高，因为服务属性本身是具有功能性的，满足顾客功能性或功利性的需求。研究显示，游客在对这些服务属性进行评估的时候，对城墙整体服务的感知可以分为三类：①环境；②设施设备（包括基本设施及讲解设备）；③服务。

首先，在对城墙的整体环境做出评价时，游客反复说到环境"干净整洁"，并留意到了城墙上清洁工的身影以及"烟头不落地，城墙更美丽"的标语，也就是说会把环境的整洁与"人为管理"与"标语治理"相结合：

"从我个人角度来说，西安城墙本身就是一项基础设施，不适合做较大改变，能做好的就是把卫生设施做好、维护好，城墙在这一块也确实做得很好，你看那标语'烟头不落地，城墙更美丽'。"（TP32）

但因为遗产地空间特质及服务供给的约束，游客使用到的设施设备并不多，使用率最高的集中在"租自行车（电瓶车）""厕所""标识牌"等，游客在谈到这些属性时，更多的则是表达了体验过程的失望或者不满，主要集中在：

（1）代步工具供给单一，未实施弹性收费，未能满足游客的多样化需求。

据访谈："不知道以后能不能给不方便的游客提供一些人性化的交通工具，比如老人、孩子的代步工具车。"（TP12）

"一开始找不到单车，后来找到了，又要额外收费，我去看了一下，比较贵，两个小时 45 元，我玩不了那么长时间，而且单车对较小的女孩子来说，不是特别方便，还不是我们喜欢的款式。另外，游客会带行李，单车没有篮子框放不了东西，后面没坐垫，我们背着包，拿着水，提着衣服，怎么骑啊，所以可以分段计时收费。"（TP26）

（2）以"标识牌"为主的景区讲解系统未能满足游客深度学习遗产地文化的需求。

现场调研显示，标识牌是西安城墙景区的主要讲解工具，但游客期望中的解说系统应该包括标识牌、导游、自助讲解器甚至二维码智慧系统等，如果说"认知价值"与讲解牌的关联在于"内容过于简单及晦涩"，那主要通过"讲解牌"来传递文化遗产空间价值及景观内涵则过于单一呆板。

游客反映："最好把这些敌楼做成博物馆，不要收费，文化遗产地有教育功用的，我对你并没有什么消耗，隔一段有个小房子，最好有图片、历史、文字、城墙故事，游客可以歇一歇，看一看，学一学，了解原来是这么回事。"（TP22）

"就是我自己一个人转的时候，想多了解城墙一点儿，只有靠这标识牌了，讲得太简单，有些语言也比较枯燥晦涩，垛口上有二维码，扫描不出来，城墙是一个历史古迹，现在宣传得这么好，我们都奔着古都西安，奔着城墙来的，能不能多利用一些手段给我们自由行的游客多一些了解城墙的途径，比如语音讲解、扫描讲解，现在这些应该都可以实现。"（TP08）

通过以上两点分析，可以发现，与认知价值组与服务属性组的关联不同，功能价值中的服务属性更多地强调功能性输出，也就是"如何传递"体验属性的问题，本质上是关注体验属性的传递过程，但研究发现，无论是单一的代步工具还是单一的景区讲解体系，都显示出西安城墙在体验属性输出时存在功能单一、体系薄弱的问题。

（3）需要帮助时，未能找到游客服务中心或相关服务人员。

西安城墙的游客服务中心建于四大城门内，城墙上全段是没有服务中心的，这也引起了游客的困惑与不满。甚至有游客表示未请导游和"没看到导游""导游在哪里"相关。

"另外，在城墙上面，除了一些打扫卫生的工作人员外，也没看到其他城墙的服务人员，也不知道有没有像博物馆那样的自助讲解器，也不知道到哪里租，这也是个问题。"（TP08）

"城墙上的服务人员少了些，想问个啥，也不知道问谁，不知道晚上几点关

门，说是好像哪个门开着，其他关了，有个问讯处会更好。"（TP11）

7.2 管理者表征的旅游吸引物属性与旅游体验价值

这一部分的研究结果以两个部分呈现：一是确认从所有设计的属性当中找到体验的属性；二是体现体验的属性对于游客体验价值感知的影响作用。

7.2.1 技术属性、功能属性与体验属性

之前我们阐述了古城墙管理方以军事文化、历史文化、现代文化为主要文化符号形象，辅以对应文化属性并通过策划实施相应的文化设计表征活动以及提供配套服务来保障文化遗产地空间符号形象的有效传播。研究发现：所有这些表征的属性是以三种形式来设计的：①纯粹的文化属性；②把文化蕴含在商品、服务中的属性；③纯粹的服务。而纯粹的服务，可以分为主题化服务以及非主题化服务，主题化服务是指包括文化属性在里面的服务，而非主题化服务是指它们和文化的属性没有关系，但是它们构成游客旅游体验不可或缺的部分。根据以上分析，结合评估服务和商品的体验质量时，学者提出两个维度：一是技术或结果维度，二是功能或过程维度（Grönroos，2000；Parasuraman，Zeithaml，Berry，1985；Zeithaml，1988）。前者着重于"将什么传递给顾客"，关注商品；后者则关注"如何传递"，关注服务。我们把体验属性的层次列出来，如图7.2所示。

在图7.2中我们看到三个正方形，分别指代融入了文化的一切体验属性、服务以及商品。区域"2"表示合成的非文化主题化的商品和服务；区域"3"指代混合了当地文化的主题化的服务和商品；区域"4"指代混合了文化属性的主题化服务。

因此，我们可以把西安城墙设计的体验属性分为五种类型：

类型1：非主题化服务，主要指基础设施服务，如停车场、座椅、厕所等；

类型2：非主题化商品，比如便利店、咖啡店；

类型3：融入文化主题的商品，比如"城墙故事"纪念品店；

类型4：融入了文化主题的服务，比如"含光门唐城墙遗址博物馆""自行

车展及骑车游览古城墙""士兵巡游""武士换岗""梦长安"舞台剧,"标识牌""二维码";

类型 5:弥散在古城墙的一切能够被游客感知的文化属性,如"军事建筑细节""红灯笼黄龙旗""古筝秦腔""钟楼""碑林"等城墙周边环境以及"城墙根百姓生活"等。

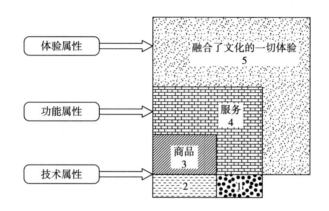

图 7.2　体验属性的层级与类型

资料来源:lihua Gao,2012。

实际上,即使在文化遗产旅游空间,管理方对旅游吸引物的设计与表征依旧是市场营销领域关注的"售卖"什么样的"商品"和"服务",以及最重要的——如何"售卖"。一个完整的旅游体验虽然并不等同于商品及服务,但绝对不能脱离它们。针对旅游者设计的旅游体验中,传递什么以及如何传递本质上是一个技术性输出(结果)和功能性输出(过程)相结合的结果。当文化融入了过程及结果,新的组合将裹挟游客程度更深,使他们有更进一步的体验。在古城墙旅游体验中,类型 1、类型 2、类型 3 以及类型 4 都具有功能属性,因为它们都与提供给游客的商品和服务有关,但它们中间,类型 3 和类型 4 融入了可以体验的文化的属性,因此,设计的功能属性和体验属性是有重叠的。它们的叠加则更关注以什么样的方式把文化镶嵌于服务与产品中,为游客营造有价值的体验氛围。

但研究表明,类型 3 和类型 4 的某些属性并未发挥作用,如"城墙故事主题纪念品店"在访谈中以及网络数据中只是被少数人提及,而《梦长安》主题舞台剧演出也由于时间及门槛原因,访谈到的游客都未能体验到,而与之相对应的每日常规主题演出"士兵巡游"及"武士换岗"却被不少游客感知,进而影响其旅游体验。同时，以讲解文化为己任的标识牌及二维码等讲解系统也因为讲解系统形式单薄以及内容不完备而并未发挥作用，未能帮助游客更好更深入地理解遗产地文化，满足他们对于增长知识的需求，因此，主题化旅游纪念品的策划、包装、宣传、选址甚至渠道营销、主题舞台事件的普及化、常规化，使得更多游客参与进来以及解说系统的丰富、有趣以及更多与智慧旅游相结合，这才能够使得嵌入了文化主题的商品和服务更好、更有效地影响游客体验。

再来看类型5，虽然不包含任何针对旅游者的商品和直接服务，但它们能鼓励游客深入旅游体验过程，像"垛口""敌台""瓮城""城墙周边环境"以及"城墙根下烟火气"等以军事堡垒为基础的历史人文气息使得游客沉浸其中，为游客营造了物质本真、环境本真以及社会本真性感知，这一切都与文化相关。

7.2.2 技术属性、功能属性、体验属性与旅游体验价值

针对这一子问题，两组关系将被校验：一是设计的不同类型的体验属性和游客感知属性（主题、氛围、事件、真实性、服务）的关联；二是游客感知的属性与感知价值之间的关系。

在古城墙旅游吸引物的表征中，依据主题化、非主题化以及体验属性的设计，可把五个类型合并为三种类型：类型A，由类型1和类型2构成，表示非主题化商品、服务；类型3和类型4合并为类型B，表示融入了文化的商品及服务；而类型5作为体验属性定位为新的类型C，表示和商品服务无关但与文化相关的弥漫在西安城墙的一切体验属性。与文化无关的商品和服务（厕所、座椅、停车场等）影响游客的服务感知。和文化相关的商品和服务则影响了游客的主题感知、氛围感知、节事感知、真实性感知。而脱离了商品和服务属性但与文化相关的类型C（城墙根儿、环城公园、孔庙碑林及天气等）则影响了游客的主题感知、氛围感知、真实性感知，如表7.2所示。

表7.2　体验属性与游客感知属性间的关联

	主题感知	氛围感知	真实性感知	节事感知	服务感知	
					与文化相关	与文化无关
类型A						√
类型B	√	√	√	√	√	
类型C	√	√	√			

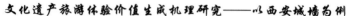

游客感知属性与旅游体验价值的关联在表7.1中已经体现，依据分析结果做成表7.3。

表7.3　旅游体验价值与游客感知属性间的关联

	主题 感知	氛围 感知	真实性 感知	节事 感知	服务感知	
					与文化相关	与文化无关
功能价值		√		√	√	√
认知价值	√	√	√	√	√	
情感价值	√	√		√		
休闲娱乐价值	√	√	√	√		√

依据表7.2和表7.3，西安城墙三个类型的体验属性的设计对于游客体验价值的影响，将分别用以下三个图表诠释，类型A的影响呈现于图7.3，类型B的影响呈现于图7.4，类型C的影响呈现于图7.5。

类型A代表的是非主题文化服务属性，包括基础硬件设施以及服务设施，如停车场、卫生间以及环境维护，在西安城墙，游客能感知到这些属性，但是它们的存在仅作为支撑游客体验的必要属性，因此，它们仅仅和功能价值有关，这些属性虽然不是体验属性，但这些服务的效率会影响游客在西安城墙的体验感知，因此，类型A与功能价值直接相关，但会间接影响游客的认知价值、情感价值，娱乐体验价值，如图7.3所示。

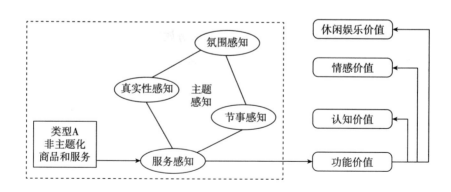

图7.3　类型A与旅游体验价值的关联

类型B是功能属性和体验属性的重叠部分，这一类型有文化的属性在里面，在西安城墙，这一类型提供的服务可分为两类：一是基于文化的服务（"梦长安"主题演出、"武士换岗""武士巡游"，标识牌讲解系统）；二是与文化相关的商品（"城墙故事"纪念品店）。研究表明：类型 B 和西安城墙管理方提供的有文化属性的服务和商品的关联是最密切的，它们直接影响了游客体验价值的实现，但因为只有部分属性和游客实现了积极互动，所以它们之间并未形成深入互动（见图 7.4）。

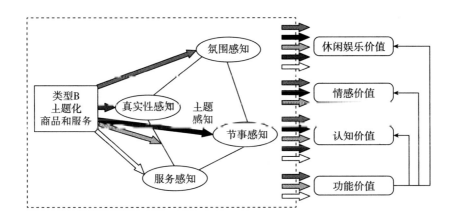

图 7.4　类型 B 与旅游体验价值的关联

类型 C 包括一系列有关文化主题，以及相关文化属性、对应表征。这一类型与主题属性组和氛围属性组密切相关，因此，类型 C 与认知价值、情感价值、休闲娱乐价值密切相关，当然也与部分功能价值相关（见图 7.5）。

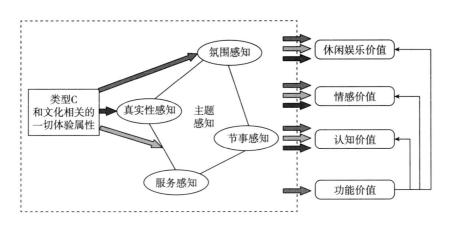

图 7.5　类型 C 与旅游体验价值的关联

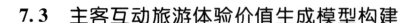

7.3 主客互动旅游体验价值生成模型构建

　　根据以上研究结论，我们最终构建出了西安城墙文化遗产旅游体验价值生成模型（见图 7.6），依据本书研究思路，基于主客两个层面的旅游体验价值生成是依据三个逐步递进的研究问题展开的：首先，客体层面，主要关注西安城墙管理方如何依托历史文化符号进行对应旅游吸引物表征及游客旅游体验塑造，同时，从主体层面，探究游客对于管理者旅游吸引物表征的感知与解读结果，这在本书第 5、第 6 章做了分析。这一层次的分析意在挖掘旅游吸引物表征与游客体验解构的符号互动过程。其次，在主体层面，以上述研究为基础，利用 NVivo11 的框架矩阵编码功能，探析游客体验感知与旅游体验价值的关联，找到影响旅游体验价值生成的重要感知要素。同时，客体层面把管理者表征的旅游吸引物要素分为技术属性、功能属性以及体验属性，分别指代商品要素、服务要素与体验要素，借助游客感知到的商品、服务、体验要素关联起它们与游客旅游体验价值的互动关系，这一分析过程体现于 7.1 小节与 7.2 小节的研究中。对这一层次研究问题的分析，意在挖掘旅游感知要素与旅游体验价值，管理者设计表征的旅游吸引物与旅游体验价值的互动关系。最后，以上述两个研究结果构建出管理者是如何通过设计相关旅游吸引物影响游客旅游体验感知继而影响游客旅游体验价值生成的。具体模型阐释如下：

　　该模型反映出：从客体层面来说，①文化遗产旅游空间建构权利话语基础之上的空间开发，其开发主体为政府、旅游开发商、规划师、学者以及旅游经营者。他们分别代表着空间生产的权利、资本、技术以及市场，在他们的共同作用下，西安城墙的非现场标识以"大众传媒""节事活动"以及"媒介事件"的形式出现，其中，"节事活动""媒介事件"是西安城墙有别于其他文化遗产地空间表征非常重要的符号标识，它们作为非现场符号生产过程联合促成了西安城墙的"意象"，主要作用在于影响游客对于西安城墙形象感知的早期印象，"事件"在此发挥了重要的符号影响作用。②进入到现场的符号生产本质是旅游吸引物的现场表征阶段。主题文化、对应要素、活动以及配套设施是这个系统的核心，这一个系统以静态物质景观、精神要素以及动态舞台景观影响游客体验感知，与

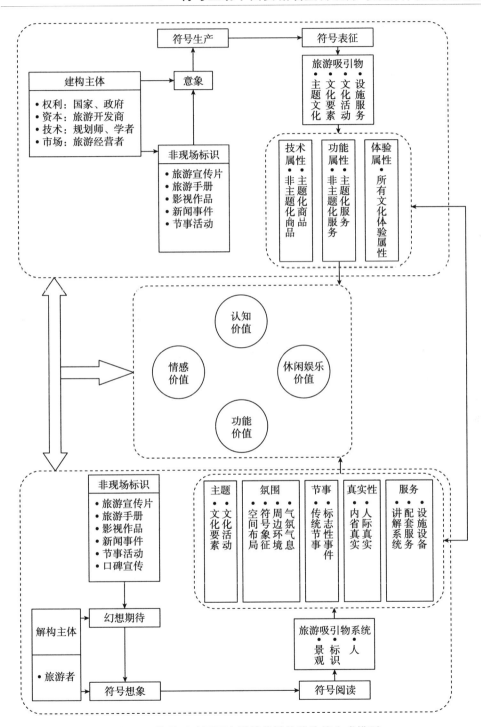

图7.6　符号互动下西安城墙旅游体验价值生成模型

主题相统一的"无所不在"的体验要素、舞台活动直接影响了游客对于西安城墙的主题感知。以是否与文化主题以及体验要素相关，以上系统要素可以分为技术属性、功能属性以及体验属性，它们代表着与文化主题无关的商品、服务，与文化主题相关的商品、服务以及与文化相关的一切体验属性。商品、服务以及体验要素这三个属性，或单独或相互叠加影响游客旅游体验的认知价值、情感价值、休闲娱乐价值以及功能价值生成。从主体层面来说，①文化遗产旅游体验的解构主体是旅游者，他们通过由客体构建的一切有关西安城墙的非现场标识信息加上口碑传播构建了对于西安城墙"意象"的幻想和期待，这一阶段是符号想象的预体验阶段，催生了旅游需求及旅游动机，经由实地探访，旅游者开始对文化遗产空间中麦克奈尔（1999）旅游吸引物理论中的"景观""标识"和"人"进行符号阅读，旅游吸引物的体验感知依据扎根理论三级编码结果最终落实为主题感知、氛围感知、节事感知、真实性感知以及服务感知，而这些感知都是基于对西安城墙商品、服务以及体验要素的感知。这五大感知属性组影响了游客旅游体验中的认知价值、情感价值、休闲娱乐价值以及功能价值的生成。主客互动层面：①基于历史文化主题、对应要素、主题活动以及服务设施的旅游吸引物表征生成的技术属性、功能属性以及体验属性直接影响着游客的主题感知、氛围感知、节事感知、真实性感知以及服务感知，这表示，管理者可通过旅游吸引物表征与旅游体验塑造来影响游客体验感知从而间接影响游客的认知价值、情感价值、娱乐价值与功能价值。②只有主客双方实现了良好的互动才能实现游客旅游体验价值。主客互动体现在三个层面：一是旅游吸引物要素中的技术要素、功能要素、体验要素与游客主题感知、氛围感知、节事感知、真实性感知与服务感知的互动。氛围感知、节事感知、真实性感知与服务感知必须与主题休戚相关才能在主题认知层面实现主客间的良性互动，研究表明，有管理者表征的主题游客未有感知，也有管理者未表征但游客感知到的主题，其差异在于氛围、节事、真实性以及服务是否围绕主题展开。二是管理者设计表征的主题、对应要素、主题活动及服务支撑系统对于旅游体验价值的影响。研究表明，主题要素及主题活动的规模、频次以及与文化相关的服务质量，尤其讲解系统会影响游客体验价值。三是游客针对旅游吸引物的感知要素与旅游体验价值生成及影响的互动，即主题感知、氛围感知、节事感知、真实性感知与服务感知与游客体验价值直接相关，它们单独或者叠加影响了游客的认知价值、情感价值、娱乐价值以及功能价值的生成。

综上所述，旅游体验能够通过旅游吸引物表征中的"景观""标识"和"人"的设计来塑造并影响游客体验感知，从而间接生成旅游体验价值，在这一主客互动过程中，游客并不是被动接受者，他们置身于管理者塑造的旅游体验情境中，在对旅游吸引物的解读及解构中建构了自己的体验感知并最终生成了旅游体验价值，旅游体验价值生成的关键在于非现场标识的提前干预，现场无所不在主题景观的静态、动态展示以及与文化相关的服务，尤其是文化遗产的讲解系统的强有力支撑，从而塑造游客体验感知继而影响旅游体验价值生成。综上所述，三个层面的良性互动是游客实现旅游体验价值的重要前提。

本章小结

本章首先从主体视角出发，通过扎根理论三级编码发现，西安城墙旅游体验价值体现在功能价值、认知价值、情感价值以及休闲娱乐价值四个方面。继而通过框架矩阵构建了游客感知属性与旅游体验价值的关联，可以发现：主题、氛围、节事、真实性与服务等相关属性与旅游体验价值密切相关，它们影响了旅游体验价值的生成。其次，基于西安城墙客体视角，以是否与文化相关为分类标准，把西安城墙旅游吸引物分成技术属性、功能属性以及体验属性，它们分别指代商品、服务以及一切与体验相关的属性，研究发现，服务属性组决定了游客功能价值的实现，而认知价值、情感价值、休闲娱乐价值与主题组、氛围组、节事组关联密切，同时，功能价值作为基础支撑，帮助游客更好地实现认知价值、情感价值以及休闲娱乐价值。最后，本章结合主客体视角，构建了西安城墙旅游体验价值生成模型。

8　结论与展望

8.1　研究结论

8.1.1　主客双方文化符号互动的关联及差异

8.1.1.1　主客双方文化符号互动的关联

（1）军事主题形成良性互动。研究发现，游客对于"军事文化"这一主题的认知与管理者的主题定位实现了良性互动。其原因包括以下几点：首先，西安城墙作为中国现今保存最完整的古代城垣建筑，这一历史形象在游客实地游览旅游目的地之前已经留存于脑海中，这在调查游客旅游动机时（为见识中国保存最完整的古城墙而来）已有验证。游客先前受各种林林总总的广告宣传以及亲朋好友的口碑推荐影响，对西安城墙产生了明确的主题认知。因此，市场营销机制下有关文化遗产地的一切信息（非现标识符号）以及游客的先验知识的共同作用，决定了游客从宏观认知层面对这一主题的把握。其次，从微观角度来看，在氛围属性组中，"空间布局及职能"这一子类属中的众多和军事文化有关的属性（设施），如敌台、垛口、城门等遍布西安城墙全段，无论在何时、无论以何种方式游览城墙，它们都是游客无法忽视的实体存在，与"军事文化"这一主题完全对接。而在"符号象征及人造物"这一子类属中，红灯笼、黄龙旗、兵器式样的导览牌依旧遍布西安城墙，这些属性与军事文化主题紧密相连。所以，可随时看到、感受到与主题对应的相关体验属性强化了游客认知。最后，在真实性属性组中,"武士换岗"及"士兵巡游"等和军事文化相关的舞台真实演出,以动态形式强化了主题,更是加深了游客对于这一主题的参与和感知。

总结来看,有关军事文化主题主客双方的良性互动既和游客在 off – site(非现场)时所获取的先验知识和累积口碑有关,又和身临其境 on – site(在现场)时,因视觉凝视满眼所见的各种军事建筑设施有关。同时,与古代军事文化有关的"舞台化演出"也强化了这一符号形象。这样的研究发现印证了"主题无所不在"及"主题凝聚力"的重要性(Kozinets et al.,2002)。诚如 Pine 和 Gilmore(1998)的观点:一个主题必须驱动所有的设计元素和体验的阶段性事件,形成一个统一的故事线,完全吸引顾客。

(2)历史文化主题形成部分互动。在有关历史文化的表征与解读中,游客与管理者实现了主题认知的部分重叠。研究发现,游客在宏观层面上对西安城墙的主题认知是"标志性历史遗迹",这表明绝大多数游客对于古城墙的认知和它作为知名历史遗迹的形象是吻合的。原因包括以下几点:首先,依旧与媒介宣传及游客经由各种途径获得的先验知识相关。这些宣传和介绍,都是媒体叙事的暗示作用,这种叙事方式最终会影响游客感知和决策。其次,"关联符号"的影响力。研究表明,游客对于古城墙遗产地空间的感知是依照"陕西—西安—古城墙""大唐—长安—古城墙"的层次来进行的,游客谈到古城墙时不会把它与古都西安、与大唐割裂开来,他们认为,城墙是十三朝古都西安的代表。也就是说,当那些特殊性的标志符号对游客形成了一种无法抗拒的吸引力时,这些景点所在的城市也就成为实现这些标识符号的"关联符号"。这样的感知层次和结果,验证了"格式塔"心理理论。"格式塔"是德文"Gestalt"的中文音译,意为形、形状或形态。该理论阐述了整体和部分的辩证关系,认为现象场中部分之和并未构成整体。整体先于部分而存在,独立的元素或分子根本不存在。整体决定着各部分的性质,所有的元素或分子都依附于整体,拥有与整体相匹配的个体属性。参照此理论,"古都长安""大唐盛世"已经成为和西安城墙主题相关的两大关联符号,并作为强有力的"标识"帮助游客确认了对西安城墙的主题认知。

(3)主题属性组与其他属性组间的互动。在之前的研究中,众多学者(Carbone,1998;Oswald et al.,2006;Pine and Gilmore,1999)认为,体验是许多因素合力的结果,让消费者在情感上、身体上、智力上和精神上都参与进来。已有研究指出:顾客体验来自顾客与供给间一系列复杂的互动(Addiis and Holbrook,

2001；Carù and Covva，2003），各种体验因子（属性）可以影响顾客体验（Pull-man and Gross，2004），但在实证领域，学者们仅仅研究了这些属性组中的某些类属，针对如何互动并未有深入探讨。Gao lihua（2013）对于周庄旅游体验价值的研究中，她把游客感知属性分为主题、氛围、互动、纪念品以及服务，首次实现了把游客体验感知属性组在一个旅游目的地进行关联分析。但目前，还没有人研究有关文化遗产地空间的具体旅游体验属性的分类及关联，尤其是否有新的类属发现，以及是否区别于以往研究结果，在本书中，"节事"以及"存在性真实"是两个新发现的重要的类属。

在本书中，首先，在西安城墙文化遗产空间中，游客感知到的所有属性都被分了组，分别涉及主题、氛围、节事、真实性以及服务。主题和氛围、节事、真实属性组关系密切，尤其是，主题属性组与氛围属性组的众多属性有关联，如在氛围属性组的子类属中的"空间布局及职能""符号象征及人造物""环境背景特征"以及"气氛气息"共同指向了"军事文化""标志性历史古迹"以及"真实的市井文化"。可以发现，氛围属性组的体验因子对主题感知影响更大，这样的结论验证了 Echtner 和 Ritchie（1993）指出的"游客访问一个旅游目的地首先消费的是'氛围'"。由此可以看出，在开发旅游目的地主题时，氛围属性显得非常重要，而一个成功的目的地主题应该专注于重要的氛围属性。

其次，主题与节事的关联。事件作为媒介事件，旨在提升旅游目的地的知名度及影响力，西安城墙策划的一系列标示性事件以及重大节庆活动，虽然因为时间及门槛的限制被访游客均未参与，但这些事件的存在作为西安城墙的标识符号，已经成为有力的宣传手段，旗帜鲜明地指向了主题"标志性历史古迹"，因为只有标志性历史古迹才有资格举办这些大型事件，同时，这些事件活动又作为麦克奈尔所提出的旅游吸引物系统中的标识——有关景物的一切信息，再一次强化了景物的意象。

最后，主题与真实性的关联。"武士巡游"和"士兵换岗"等"舞台真实"加深了游客对于古城墙"军事文化"这一主题的体验感知，而触摸武士盔甲、与武士合影又进一步活化了体验感知。在 Goffman's（2002）的戏剧理论视角中，环境被构建成舞台和剧院，个人变成演员或表演者，他们的存在和表演定义了顾客体验并建立了他们的品牌，而消费者则变成了欣赏表演的观众，并成为创造自身世界及旅游体验的合作者（Badot and Filser，2007）。

8.1.1.2　主客双方文化符号互动的差异

（1）管理者表征但游客未感知的属性。历史文化感知差异：当游客置身具体的文化遗产地空间，旅游吸引物系统中"景观"的功用便开始凸显，因为它引导、验证、重构游客的体验预期。西安城墙的历史文化形象是分为三个层次的，包括唐文化、宗教科举文化以及古城历史文化。但研究表明，游客对这三个子文化感知微弱，甚至没有感知。

因此，即使有文化主题，但因为缺乏对应的文化属性、主题活动，并没有驱动所有的设计元素和体验的阶段性事件形成一个统一的故事线，使得这些发生在古城墙上的历史事件仅仅成为承载"象征性价值"的标志物，因此，如何"活化"这些逝去的事件，对文化遗产地来说尤为重要。诚如 Nelson（2009）指出的，主题及故事叙事也是影响旅游体验的重要因素，体验设计是一门艺术，如何改变环境以及主题化体验将决定体验设计成功与否。

现代文化感知差异：在麦克奈尔有关旅游吸引物的理论中，"标识"是有关景物的一切信息，依据符号论的思想，标识物的能指和所指在一段时间内是稳定的，但旅游标识物有一个特别重要的特征，就是标识物的"能指"功能随着时间的推移，未必有太大变化，但"所指"的变化却很大。段义孚（2017）也在《空间与地方》中曾指出，纪念物既具有一般意义，也具有特殊意义，一般意义不会变，但特殊意义会随时间而变。因此，没有一个文化符号能历久不变。因此，从本质上来看，对于文化符号的重构是一种历史必然。

西安城墙是一座古代军事堡垒遗迹，随着时代的发展，权力场、异文化场的介入，这一文化符号面临着内外部力量的裹挟，当军事堡垒成为一个旅游吸引物，所指开始有所改变。因此，古城墙管理方顺应历史潮流，试图通过举办标志性事件（春晚分会场、跑男、城墙国际马拉松）及一系列大型事件来表征古城墙新的时代形象。在众多有关事件的研究中，"事件"与"空间重构"经常是一组对应关系，因为绝大多数研究表明，事件可以重构空间结构，宏观如奥运会、博览会对于城市空间生产与重塑的重大影响，微观如孙九霞（2010）对"关西小姐"评选活动的研究发现事件可重新阐释空间文化符号，借此空间可重组及再生产。

但在本书中，虽然管理者对于现代事件的策划旨在通过新的空间生产重塑文化符号，但根据旅游动机调查，未有游客直接表明到访西安城墙与这些事件直接相关。而且，除了标志性事件，很多节事活动游客根本没有听说过。这也许与事件的规模、频次以及游客是否能参与直接相关。具体分析来看，论及事件的规模及影响力，只有像克林顿参与古城墙入城仪式才产生了一定的轰动效应，以习近平、克林顿、莫迪为代表的国家元首的到访成了西安城墙重要的"标识物",这验证了 Lawton(2005)指出的,吸引物是"吸引管理者和旅游者注意的,有特殊的人类或自然界特征的知名事件、遗址、区域或相关现象"。

因此,这一研究发现给我们的启示是:当管理者力图表征主题文化符号时,应多多策划与主题相符的活动,这能强化游客的体验感知和体验质量,同时,节事活动的规模、频次,以及游客是否能参与是影响游客体验感知的重要原因,也就是事件的标志性化运作以及系列化运作可以提升旅游目的地作为事件举办地的知名度和影响力(戴光全,1999)。

(2)管理者未表征但游客感知到的主题及属性。研究还发现,有一些是管理者没有表征设计但是游客感知到的体验属性,具体分析如下:

第一个明显差异在主题属性组中,"真实的市井文化"这一主题是管理者未表征设计但被旅游者感知的。访谈发现,这一主题感知有赖于城墙根儿下的百姓生活和人间烟火。与古城墙管理方着力强调的古城历史文化不同,游客眼中却感受到了当下百姓实实在在的生活场景。在戈夫曼(2002)的"拟剧"理论中,实现了"后台"到"前台"的转变,而这个"后台"是真正意义上的"后台",并成为游客凝视的非常重要的人文景观。这样"真实"的人文景观使主体产生了主观性真实体验。因此,产生差异的第一个原因在于管理者与游客看待"景观"的视角不同,因此,眼中的"景观"自是不同。

第二个差异在于氛围属性组的某些属性管理者并未表征。氛围的设计不仅能吸引旅游者,也会影响他们的实际体验。氛围要素是环境中的背景要素,如温度、气味、噪声、音乐、光线,从本质上来说,这些要素会影响游客的五官感觉(Lihua Gao,2013)。比如天气,雨天这样的不可抗力非管理者所能左右,但因为它们的存在作为气氛宏观大背景的确为古色古香的西安城墙烘托出了一种特别的风情。

第三个差异更多体现在真实性属性组。Urry(1996)的有关"浪漫的凝视"与"集体的凝视"的理论在这里得到了验证。同时,在麦克奈尔的旅游吸引物理论中,景观、标识还有人构成了一个统一的吸引物系统,在西安城墙,"人"已然成为重要的旅游吸引物。此时,游客借助于自身以及他者构建了自己的体验过程。因此,游客通过与自身以及群体的互动自行设计了自己的旅游体验,这与管理者的表征设计无关。

综上所述,主客双方旅游吸引物表征与解构的关联及差异总体结论为:

第一，文化遗产空间旅游体验的表征与阅读的良性互动存在于内因和外因的合力，即游客脑海中的有关文化遗产空间的先验知识以及与文化主题相对应的遍布文化遗产空间的一系列静态、动态体验属性的结合，致使游客感知与管理者想着力表现的主题产生了积极互动。

第二，西安城墙文化遗产空间中游客感知到的属性可以分为五个属性组：主题、氛围、事件、真实性和服务。最后四个组中的属性之间的连接指向主题，所有属性组中的所有属性都被组合到一个主题体验过程中，主题通过连接属性来创造意义和体验的完整形象（Mossberg，2008）；同时，也依旧存在差异。这些差异暗示出：在一个完整的旅游体验过程中，旅游体验既不是完全由管理者提供的，也并非依赖于旅游者自身创造，而是在具体的情境下，借由物质空间、精神要素、社会空间等一系列体验属性激发出来的，游客经由和管理者的互动来构建自身的旅游体验，因此，文化遗产地空间的体验像其他旅游目的地一样是由管理者和游客共同创造的。

8.1.2 游客主体符号阅读与旅游体验价值的互动

8.1.2.1 事件、景观、舞台真实与认知价值

（1）非现场标识——大众传媒及"事件"构建认知预期。文化遗产地的认知价值既是其自带属性，也是游客旅游体验价值最应该实现的价值。认知价值与知识、好奇心以及想象有关。好奇心的激发以及脑海中想象的催生源于有关文化遗产地的一切信息，以麦克奈尔旅游吸引物系统理论来说，它对应"景观、标识、人"三要素中的"标识"。在旅游吸引物的构建过程中，MacCannell（1979）指出，旅游吸引物的吸引力是游客、景物和景物标识共同作用的结果，并把故事、意义、价值的制造过程称为景物标志的制造。麦克奈尔进一步指出，标识具有能量，可分为现场（on‐site）标识和非现场标识。非现场标识可以构建旅游预期及影响现场体验，而现场标识则更多的是验证及重构预期。

研究表明：西安城墙文化遗产旅游体验的认知价值，绝大部分由传统意义上的大众传媒、公众口碑等营销手段构建。管理者试图通过非现场标识的"媒体事件"来干预游客对于西安城墙主题形象的认知，但长期效应有待进一步论证。

（2）景观——验证及重构认知。在文化遗产空间获取相应的历史文化知识对于游客来说是一种潜在需求，旅游吸引物系统三要素中的"景观"是帮助游客完成这一需求的，而这也是旅游体验序列中的现场（on‐site）阶段。

在西安城墙文化遗产地空间中，游客认知价值的实现主要依赖三个方面：物质本真性、环境本真性和社会本真性。而这样的"真实性"与五大属性组中的氛围属性组密切相关。首先，氛围属性组中的"空间布局及职能"以直观、连续化、意象鲜明的景观使得游客获取了有关古代军事文化建筑以及思想的重要知识，此谓"物质本真性"。其次，"环境背景特征"中抽象的宏观大背景以及西安城墙周边其他古建筑的存在，传达了一种历史感，遗址所依托的历史朝代背景以及大遗址群落的区域优势成就了"环境本真性"，这暗示出，文化遗产空间与周边环境的和谐、统一非常重要。最后，城墙根儿内外以西安老城居民以及百姓生活为主的"社会本真性"作为旅游情境中的"真实后台"成为满足游客"窥视"地方文化的重要载体。

（3）现场标识——舞台真实强化认知。如果说有关西安城墙的一切信息的非现场标识人为干预构建了游客认知的话，那现场标识更多的作用就体现在帮助游客经由实地探访获得了文化遗产地的认知价值。

研究发现，尽管城墙试图以标志性舞台演出以及节事的系列化运作来打造游客对于传统历史文化以及现代文化的符号形象，但因为时间以及门槛的限制，绝大多数节事活动和游客是无关的。而与之相对应的是西安城墙的常规武士表演，游客可以以"听觉""视觉""触觉"等五官感知深入其中。可见，主题类演出以高质量、高频次、"够得到"和"摸得着"的体验属性才能够影响游客感知。只有一定的形式出现了，它才能成为影响游客认知有效的手段。

8.1.2.2　符号象征、客观本真与情感价值

Feilden（2003）认为，历史建筑中的情感价值包括：①惊奇；②认同感；③延续性；④精神和象征价值。象征价值指游客把意义附加到某一个属性上，这催生了游客的自我意识价值。自我意识价值是指一个属性引发游客自我感觉良好时被感知到的价值。对于游客来说，西安城墙早已成为一个尚待解读的著名符号印刻在脑海中，游客经由实地游览收获了消费遗产地文化符号的优越之感，从西安城墙所承载的象征意义来看，游客消费文化遗产符号所产生的积极的自我意识是国家话语权利实施，资本、技术干预以及市场营销共同作用的结果。

8.1.2.3　遗产属性与休闲娱乐价值

（1）与遗产属性无关的休闲价值。研究发现：有游客因为夜景及第一印象吸引临时起意或者因古城墙地理位置优越，可打发为数不多的时间而登临古城墙，其动机并未指向遗产地属性。而在具体的游览过程中，游客对城墙的遗产属性往往视而不见，自然景观（环城公园）、城市现代化风光、百姓生活甚至多样化的气候、天空已经脱离了遗产属性而吸引了游客的关注，游客实现了休闲价值。因此，氛围（空间布局、周边环境、气氛气息乃至天气气候）成为影响游客休闲价值的重要属性。

（2）旅游世界中互动社会关系的构建。在对游客有关西安城墙的感知属性词频进行统计后发现，自行车出现的频次非常高，这在网络数据中表现得尤为明显，通过访谈对于游客的旅游动机进行调查时发现，游客表明为在城墙上骑自行车（观西安古城一周）而来，清楚地暗示出其休闲娱乐动机。同时，古城墙上众多游客的欢歌笑语则暗示出游客不再是孤独的客体，且游客非常享受这种积极情感的渲染而收获了悠闲、愉快、欢乐等情绪。从符号互动论角度来看，旅游被赋予强烈的情感意义（王宁，1997）。因此，文化遗产旅游空间的氛围、人流和容量以及"他者"的状态对于游客旅游体验情感价值"人—人互动"社会关系的构建起着决定性作用。

8.1.2.4　讲解系统与功能价值

功能价值可描述为感知到的功能性或功利性的效用，如游客对相关设施的使用感受。功能价值并不是遗产旅游体验的核心价值，但其作为游客实现其核心体验价值的前提基础，必不可少。作为文化遗产地的旅游景区其功能价值的实现应该体现在两个方面：一是要有满足游客基本需求的功能设置，如车辆交通、停车场、厕所等；二是要有帮助游客更好学习、理解遗产地文化的相关功能设置，如信息查询、景区宣传手册、导览牌设置、讲解服务等，我们可称之为遗产地解说系统，西安城墙景区在讲解系统的技术及结果维度上存在着明显缺陷。西安城墙的讲解系统并未实现其该有的功能价值。

（1）解说系统形式单薄落后。根据向旅游者提供信息服务的方式，旅游解说分为向导式解说和自导式解说两大类（杨文华，2016）。向导式解说主要运用电子科技技术的语音解说等信息进行解说；自导式解说主要运用文字图片、书面材料、标准图形符号、语音设施与设备等媒介，为旅游者提供信息。西安城墙的解说系统以讲解牌为主，矗立在各大主体建筑、标志性建筑以及历史上有重大事件且无迹可寻的遗迹处，旅游导览图也会置于各大城门入口处，导游在四大城门处的散客服务中心可请，同时，二维码讲解标识也在城墙相应景观处设置，但游客对于这一解说系统感知消极，与城墙遗产地文化形象差异太大，遗产地解说系统并未完全发挥其价值。

（2）解说系统信息不完备。文化遗产在历史的长河中是凝聚的符号，蕴含着深邃的文化性及历史性，如何把这一符号形象以通俗化、流行化的方式传递给大众是文化遗产地解说系统面临的一项艰巨而充满挑战的事业。因此，能否向游客传达充分有效的信息成为衡量旅游解说系统是否完善高效的重要标准。研究发现，游客认为西安城墙解说系统的信息类别少、信息质量低，具体而言，信息内容过于简单晦涩，解说词仅仅体现了有标识牌、清晰、准确等特征，但趣味性、科学性、参与性严重不足，且忽视了不同个体的多样化需求，尤其是在互动性及有效性方面表现较差，导致游客体验感知消极。

综上所述，针对第二个研究问题，文化遗产地的旅游体验价值和旅游者感知到的属性有何关联？我们得出以下结论：

第一，西安城墙文化遗产旅游体验价值体现为四个维度：功能价值、认知价值、情感价值和休闲娱乐价值。其中，功能价值是认知价值、情感价值和休闲娱乐价值的支撑和保证，而后面三个价值则构成了游客的核心体验价值。

第二，认知价值的实现与非现场标识的意象构建、现场景观解构以及舞台真实密切相关。大众传媒、口碑传播甚至事件营销作为西安城墙非现场标识引发了游客的幻想和好奇，这催生了旅游需求，也形成了游客有关西安城墙主题形象的基本认知，认知价值实现的第一步源于"建构"，而景观作为旅游吸引物系统的另一个重要元素则对接幻想的落地，氛围属性组中的"物质本真""环境本真"及"社会本真"等众多属性满足了游客有关军事文化、历史文化及本地原真性的认知，舞台真实则强化了这一认知。可见，与主题相关联的文化要素以及对应活动的存在对游客认知价值的实现起着至关重要的作用。

第三，游客情感价值的实现源于三个层面：一是话语权利、资本、技术干预下，西安城墙成为承载国家、民族城市形象的知名符号，对于这个符号的消费满足了游客对自己行为赋予象征意义的机会，因此成就了游客积极的自我意识情感；二是氛围属性组中的"空间布局及职能"体现的伟大军事防御体系的布局及功用催生了游客对于古人智慧的赞叹及骄傲之情，并由此衍生出游客对于文物文化保护传承意识及和平年代赞叹之情的内省情感；三是受益于与自身及他者积极互动收获的舒适、愉快开心等积极情感，空间的旷达、空间中较少的人流及空间中友好的气氛帮助游客借助"浪漫的凝视"及"他人在场的集体凝视"实现了积极正向情感。因此，文化空间中的物质要素、空间中的精神要素以及空间中的人都成为影响游客旅游体验情感价值的重要因素。

第四，休闲娱乐价值的实现与氛围属性组及互动属性组密切相关，氛围属性组中有关自然景观、城市风光、百姓生活以及天气等与遗产属性无关的景观都使得游客以欣赏的姿态收获了闲适的状态，而可以在西安城墙骑行，则完全脱离了遗产属性，成为游客重要的娱乐体验方式。可见，文化遗产空间周边环境和谐的自然风光、人文风光以及多样化的参与性体验活动等非遗产属性要素也对游客体验价值的实现至关重要。

8.1.3　文化遗产地客体符号表征与旅游体验价值的互动

西安城墙有关旅游吸引物的一系列表征可以归纳为主题、主题文化要素、主题文化活动以及设施服务系统的支撑，把这些属性按技术、功能及体验三个层面分类，实质是内容、手段和目的的结合，技术层面关注传递什么，功能层面关注如何传递，它们分别对应商品与服务。研究表明，和文化无关的技术属性（商品）及功能属性（服务）主要影响了旅游体验价值中的功能价值，而和文化相关的技术属性（商品）及功能属性（服务）则对于旅游体验价值中的认知价值、情感价值、休闲娱乐价值影响更大。但研究显示，这类功能属性和技术属性缺乏与游客体验价值的深入有效互动，究其原因有两方面：一是历史文化主题与现代文化主题与体验属性表征出现了分裂与断层，"主题无所不在"及"主题凝聚力"显然成了口号；二是相关服务产品的普及性及参与性较差，使得在实践领域缺乏丰富有效的互动。因此，文化遗产地客体表征属性要实现和旅游体验价值的良性互动应基于更多与之文化主题相对应的主题元素、主题活动以及一切与之相关的元素，要集合在一起调动起游客"视觉、听觉、嗅觉、触觉、感觉"的感知，要想清楚要向大众传递什么、如何传递，当一个文化遗产地把技术属性、功能属性以及体验属性完美融合在一起的话，才能够给予游客高质量的旅游体验价值。

8.1.4　主客双方旅游体验价值共创

以上内容分别从三个层面探讨了旅游体验价值的生成，首先，从旅游吸引物的表征和解读层面，分析了主客间有关旅游吸引物解读的关联与差异，暗示出，尽管管理者基于主题、文化要素、对应活动及配套设施服务等体系来表征文化遗产地的形象，但与游客的实际感知还是出现了差异。谢彦君（2010）在对有关符号解读的剖析中指出，旅游者在面临符号时可能出现四种结果：忽略、放弃、误读与正读。对比西安城墙案例地来看，只有军事文化实现了符号正读的解读结果，而历史文化中的宗教文化、古城文化则出现了忽略或者放弃的解读结果，原因既和旅游者的旅游动机、态度、鉴赏水平相关，也和管理者表征主题的对应要素、活动匮乏有关。而符号误读是指游客未能正确理解符号的形式与意义，在游览文化遗产地时既不能领略其形式上的美感，也无法了解其中的深意，除了上述同样的主观原因外，本书发现，还与文化遗产地解说系统形式单一落后，以及传递信息不完备直接相关。因此，要保证良性的符号互动，保证对符号正读的积极效果，需要从主客两个层面努力，对于旅游者主体，需以正确的旅游动机及态度提升自身修养及鉴赏水平，以获得更深刻的文化遗产旅游体验价值，而对管理者来说，则应依据"主题无所不在"的理念，串联起所有的线索、元素、辅助设施激发、保障游客对于主题符号的正读解读效果。

其次，管理者表征的技术属性、功能属性、体验属性与认知价值、情感价值、休闲娱乐价值及功能价值的互动是以游客感知的五大属性组作为中间媒介的，因此，商品、服务以及体验通过直接影响游客感知而间接影响旅游体验价值的生成，可见，管理者干预的重点依旧是主题、氛围、节事活动、真实性以及服务。

最后，在一个完整的旅游体验过程中，旅游体验既不是完全由管理者提供的，也并非依赖于旅游者自身创造，而是在具体的情境下，借由物质空间、精神要素、社会空间等一系列体验属性激发出来的。游客经由和管理者的互动来构建自身的旅游体验，因此，文化遗产地空间的体验像其他旅游目的地一样是由管理者和游客共同创造的。

8.2　研究不足

本书有以下三方面的不足之处。第一，在选择文化遗产地研究样本时，受制于客观条件限制（文化遗产地空间的行政边界是否统一；是否接纳本书；可进入性）及主观因素（时间、精力、可行性），本书仅以西安城墙作为案例地，这将对本书产生两个影响：一是地域历史文化对游客体验有着必然影响，这在研究中也已经有所发现；二是与西安城墙齐名的南京城墙以及平遥古城墙，也属于同类型文化遗产资源，且有极强的代表性，但本人未收集这两个样本的资料，没有进行相互校正，因此，样本选择使最终结论可能存在偏颇。第二，尽管本书确定访谈人数以"数据是否饱和"为基础，结合相关质性研究的博士论文访谈数量范围最终确定了 11 名管理者，以及 45 名游客，但就规模庞大的西安城墙旅游者（近年接待量在 350 万人左右）这个群体而言，本书所选取的样本在代表性方面还存在一定的缺陷。第三，本书借鉴了国内外相关文献资料及相关研究，结合本书目的，设计了半结构访谈提纲，但囿于本人理论水平和知识结构，存在访谈提纲设计考虑不周的地方，同时，也因为质性研究中数据庞杂烦琐而可能存在对研究资料的分析和处理不到位，以及对某些观点的阐释不够清晰和明确的问题。

8.3　未来展望

文化遗产地因为具有符号意义，成为近年来旅游消费的热点，又因为文化遗产地之于国家民族的象征意义，话语权利主体、资本、技术及专家学者涉入文化遗产地的表征与再建构，这使得旅游主体与遗产地关系在符号互动的背景下处于一个动态的博弈过程之中，因此，研究遗产地如何表征自己，而旅游者如何解读乃至于这样的解读对于旅游体验有着怎样的影响是非常有趣味的一个研究领域，但在本书中，这一领域依旧具有可探索的空间。

首先，从宏观层面，后续可从大区域范围内选取多个案例做文化遗产旅游体验价值研究，借此综合同类型样本做三角校正，以期实现研究结论的全面、客观及科学性。

其次，在本书中，把西安城墙旅游者视为整体无差异样本进行分析研究，并未细分游客群体，也未区分不同人口统计学样本分类下游客的旅游体验价值是否会产生差异，未来的研究可围绕这一点，继续深入研究不同的样本，以期对市场细分之下的市场营销带来更多的理论和实践支撑。

最后，有关以奥运会、世博会为代表的超大型事件以及以"巴西狂欢节""西班牙奔牛节"等为代表的标志性节事的研究已经硕果累累，但以小规模标志性事件及系列化主题事件再建构文化遗产地空间形象的策划尚属于一个有趣且新生的空间现象,在本书的研究中,对此现象及影响力只做了浅尝辄止的分析,未来可围绕这一主题进行深入研究,以期帮助管理者策划出能提升文化遗产旅游体验价值的事件。

参考文献

[1] Abbott L. Quality and Competition: An Essay in Economic Theory [M]. New York, NY: Columbia University Press, 1955.

[2] Addis M. , Holbrook M. B. On the Conceptual Link Between Mass Customisation and Experiential Consumption: An Explosion of Subjectivity [J] . Journal of Consumer Behaviour, 2001, 1 (1): 50 – 66.

[3] Aitchison C. Theorizing Other Discourses of Tourism, Gender and Culture: Can the Subaltern Speak (in tourism)?[J]. Tourist Studies, 2001, 1 (2): 133 – 147.

[4] Al – Sabbahy H. Z, Ekinci Y. , Riley M. An Investigation of Perceived Value Dimensions: Implications for Hospitality Research [J] . Journal of Travel Research, 2004, 42 (3): 226 – 234.

[5] Andereck K. , Bricker K. S. , Kerstetter D. , et al. Chapter 5 – Connecting Experiences to Quality: Understanding the Meanings Behind Visitors' Experiences [J]. Quality Tourism Experiences, 2006: 81 – 98.

[6] Andriotis K. , Mavrič M. Postcard Mobility: Going Beyond Image and Text. [J] . Annals of Tourism Research, 2013, 40 (1): 18 – 39.

[7] Anonymous. National Association for Interpretation, Definitions Project [EB/OL] . (2007 – 01 – 23) [2011 – 09 – 10] . http: / /www. Definition sproject. com/ definitions /def_ full_ term. cfm.

[8] Ashworth G. J. , Tunbridge J. E. Old Cities, New Pasts: Heritage Planning in Selected Cities of Central Europe [J] . Geojournal, 1999, 49 (1): 105 – 116.

[9] Ateljevic I. , Doorne S. Representing New Zealand: Tourism Imagery and Ideology [J] . Annals of Tourism Research, 2002, 29 (3): 648 – 667.

［10］Babin B. J. , Darden W. R. Consumer Self – regulation in a Retail Environment ［J］. Journal of Retailing, 1995, 71 (1): 47 – 70.

［11］Baker J. , Grewal D. , Parasuraman A. The Influence of Store Environment on Quality Inferences and Store Image ［J］. Journal of the Academy of Marketing Science, 1994, 22 (4): 328 – 339.

［12］Baker J. , Parasuraman A. , Grewal D. , et al. The Influence of Multiple Store Environment Cues on Perceived Merchandise Value and Patronage Intentions ［J］. Journal of Marketing, 2002, 66 (2): 120 – 141.

［13］Ballantyne R. , Packer J. Sutherland L. A. Visitors' Memories of Wildlife Tourism: Implications for the Design of Powerful Interpretive Experiences ［J］. Tourism Management, 2011, 32 (4): 770 – 779.

［14］Baudrillard J. Simulacra and Simulations ［M］. Stanford: Stanford University Press, 1988.

［15］Beeho A. J. , Prentice R. C. Conceptualizing the Experiences of Heritage Tourists: A Case Study of New Lanark World Heritage Village ［J］. Tourism Management, 1997, 18 (2): 75 – 87.

［16］Berger P. L. , Luckmann T. The Social Construction of Reality: A Treatise in the Sociology of Knowledge ［M］. Garden City, New York: Doubleday, 1966.

［17］Berry L. L. , Carbone L. P. , Haeckel S. H. Managing the Total Customer Experience ［J］. MIT Sloan Management Review, 2002, 43 (3): 85.

［18］Bitner M. J. , Booms B. H. , Tetreault M. S. The Service Encounter: Diagnosing Favorable and Unfavorable Incidents ［J］. Journal of Marketing, 1990, 54 (1): 71 – 84.

［19］Bitner M. J. Servicescapes: The Impact of Physical Surroundings on Customers and Employees ［J］. Journal of Marketing, 1992, 56 (2): 57 – 71.

［20］Bolton R. N. , Drew J. H. A Multistage Model of Customers' Assessments of Service Quality and Value ［J］. Journal of Consumer Research, 1991, 17 (4): 375.

［21］Boorstin D. The Image: A Guide to Pseudo – events in America ［M］. New York, NY: Harper & Row, 1964.

［22］Bosque I. R. D. , Martín H. S. Tourist Satisfaction a Cognitive – affective Model ［J］. Annals of Tourism Research, 2008, 35 (2): 551 – 573.

[23] Brown G. , Johnson P. , Thomas B. Tourism and Symbolic Consumption [J] . Choice & Demand in Tourism, 1992.

[24] Brown T. J. , Churchill G. A. , Peter J. P. Improving the Measurement of Service Quality [J] . Journal of Retailing, 1993, 69 (1): 127 – 139.

[25] Bruner E. M. Tourism, Creativity, and Authenticity [J] . Studies in Symbolic Interaction, 1989 (10): 109 – 114.

[26] Burke, K. Merchandising with Rich Media [J] . Target Marketing, 2005, 28 (2): 25 – 26.

[27] Butler R. W. The Destination Life Cycle: Implications for Heritage Site Management and Attractivity [A] //Nuryanti W. Tourism and Heritage Management [M] . Yogyakarta, Indonesia: Gadjah Mada University Press, 1997: 44 – 53.

[28] Cannon J. P. , Homburg C. Buyer – Supplier Relationships and Customer Firm Costs [J] . Journal of Marketing, 2001, 65 (1): 29 – 43.

[29] Carbone L. P. Total Customer Experience Drives Value [J] . Management Review, 1998, 87 (7): 62.

[30] Carbone L. P. , Haeckel S. H. Engineering Customer Experiences [J]. Marketing Management, 1994, 3 (3): 8 – 19.

[31] Caffyn A. , Lutz J. Developing the Heritage Tourism Product in Multi – ethnic Cties [J]. Tourism Management, 1999, 20 (2): 213 – 221.

[32] Carù A. , Cova B. Revisiting Consumption Experience: A More Humble but Complete View of the Concept [J] . Marketing Theory, 2003, 3 (2): 267 – 286.

[33] Carù A. The Cost of Customer Satisfaction: A Framework for Strategic Cost Management in Service Industries [J] . European Accounting Review, 2007, 16 (3): 499 – 530.

[34] Chang J. Segmenting Tourists to Aboriginal Cultural Festivals: An Example in the Rukai Tribal Area, Taiwan. [J] . Tourism Management, 2006, 27 (6): 1224 – 1234.

[35] Chhetria P. , Arrowsmitha C. , Jackson M. Determining Hiking Exnerierices in Nature – based Tourist Destinations [J] . Tourism Manageme, 2004 (25): 31 – 43.

[36] Ching – Fu Chen, Fu – Shian Chen. Experience Quality, Perceived Value,

—

Satisfaction and Behavioral Intentions for Heritage Tourists [J]. Tourism Management, 2010, 31 (1): 29 –35.

[37] Chiu H. C., Hsieh Y. C., Li Y. C., et al. Relationship Marketing and Consumer Switching Behavior [J]. Journal of Business Research, 2005, 58 (12): 0 – 1689.

[38] Choi S., Lehto X. Y., Morrison A. M. Destination Image Representation on the Web: Content Analysis of Macau Travel Related Websites [J]. Tourism Management, 2007, 28 (1): 118 –129.

[39] Chris Halewood, Kevin Hannam. Viking Heritage Tourism: Authenticity and Ccommodification [J]. Annals of Tourism Research, 2001, 28 (3): 565 –580.

[40] Chubb M., Chubb H. R. One Third of Our Time: An Introduction to Recreation Behavior and Resource [M]. New York: John Wiley and Sons, Inc., 1981: 128 –140.

[41] Clawson M., Clawson M., Knetsch J. L., et al. Land and Water for Recreation: Opportunities, Problems and Policies [J]. 1963.

[42] Clawson M., Knetcsh J. L. Alternative Method of Estimating Future Use [J]. Economics of Outdoor Recreation, 1969, 21 (7): 36.

[43] Cohen E. Authenticity and Commoditization in Tourism [J]. Annals of Tourism Research, 1988, 15 (3): 371 –386.

[44] Cohen E. A. Phenomenology of Tourist Experiences [J]. The Journal of the British Sociological Association, 1979 (13): 179 –201.

[45] Cooper C. P., Fletcher J. E., Gilbert D. C., et al. Tourism: Principles and Practice [M]. Tourism: Principles and Practices, 1993.

[46] Crawfprd W., Gorman M. Future Libraries: Dreams, Madness, & Reality [M]. Chicago: American Library Association, 1995.

[47] Csikszentimihalyi M. Play and Intrinsic Rewards [J]. Journal of Humanistic Psychology, 1975 (15): 23 –25.

[48] Culler J. Semiotics of Tourism [J]. American Journal of Semiotics, 1981 (1): 127 –140.

[49] Cunill O. M. Growth Strategies of Hotel Chains: Best Business Practices by Leading Companies [M]. New York, NY: The Haworth Hospitality Press, 2006.

［50］ Danaher P. J. , Mattsson J. Customer Satisfaction in the Service Delivery Process ［J］. European Journal of Marketing, 1994, 28 (5): 5 – 16.

［51］ Dann G. M. S. Anomie, Ego – enhancement and Tourism ［J］. Annals of Tourism Research, 1977, 4 (4): 184 – 194.

［52］ Dann G. M. S. Tourist Motivation: An Appraisal ［J］. Annals of Tourism Research, 1981 (8): 187 – 219.

［53］ Deepak Chhabra, Robert Healy, Erin Sills. Staged Authenticity and Heritage Tourism ［J］. Annals of Tourism Research, 2003, 30 (3): 702 – 719.

［54］ Desarbo W. S. , Jedidi K. , Sinha I. Customer Value Analysis in a Heterogeneous Market ［J］. Strategic Management Journal, 2001, 22 (9): 845 – 857.

［55］ Donovan R. J. , Rossiter J. R. , Marcoolyn G. , et al. Store Atmosphere and Purchasing Behavior ［J］. Journal of Retailing, 1994, 70 (3): 283 – 294.

［56］ Eberlein C. , Giovanazzi S. , O' Dell D. Exact Solution of the Thomas – Fermi Equation for a Trapped Bose – Einstein Condensate with Dipole – dipole Interactions ［J］. Physical Review A. , 2005, 71 (3): 033618.

［57］ Echtner C. M. , Ritchie J. R. B. The Measurement of Destination Image: An Empirical Assessment ［J］. Journal of Travel Research, 1993, 31 (4): 3 – 13.

［58］ Echtner C. M. The Semiotic Paradigm: Implications for Tourism Research ［J］. Tourism Management, 1999, 20 (1): 47 – 57.

［59］ Ek R. , Larsen J. , Hornskov S. B. , et al. A Dynamic Framework of Tourist Experiences: Space – time and Performances in the Experience Economy ［J］. Scandinavian Journal of Hospitality & Tourism, 2008, 8 (2): 122 – 140.

［60］ Ellis G. D. , Rossman J. R. Creating Value for Participants Through Experience Staging: Parks, Recreation, and Tourism in the Experience Industry ［J］. Journal of Park & Recreation Administration, 2008, 26 (4): 1 – 20.

［61］ Emma J. S. , et al. The "Place" of Interpretation: A New Approach to the Evaluation of Interpretation ［J］. Tourism Management, 1998, 19 (3): 257 – 266.

［62］ Faullant R. , Matzler K. , Mooradian T. A. Personality, Basic Emotions, and Satisfaction: Primary Emotions in the Mountaineering Experience ［J］. Tourism Management, 2011, 32 (6): 1423 – 1430.

［63］ Fog K. , Budtz C. , Yakaboylu, B. Storytelling: Branding in Practice

［M］. Frederiksberg, Danmark: Samfundslitteratur, 2003.

［64］Frochot I., Morrison A. M. Benefit Segmentation: A Review of Its Applications to Travel and Tourism Research ［J］. Journal of Travel & Tourism Marketing, 2000, 9 (4): 21 – 45.

［65］Furunes, Trude. Training Paradox in the Hotel Industry ［J］. Scandinavian Journal of Hospitality and Tourism, 2005, 5 (3): 231 – 248.

［66］Gale B. T. Managing Customer Value: Creating Quality and Service That Customers Can See ［M］. New York: Free Press, 1994.

［67］Gao Lihua. Customer Value of a Designed Experience: Attributes of Memorable Tourist Destination Experiences in Zhouzhuang, China ［J］. Tourist Experience, 2013.

［68］Garrod B., Fyall A. Heritage Tourism: A Question of Definition ［J］. Annals of Tourism Research, 2001, 28 (4): 1049 – 1052.

［69］Gentile C., Spiller N., Noci G. How to Sustain the Customer Experience: An Overview of Experience Components that Co – create Value With the Customer ［J］. European Management Journal, 2007, 25 (5): 395 – 410.

［70］Goffman E. The Presentation of Self in Everyday Life ［M］. Doubleday Anchor Books, 1959.

［71］Gomez Jacinto L., Martingarcia J. S., C. Bertiche – Haud' Huyze. A Model of Tourism Experience and Attitude Change. ［J］. Annals of Tourism Research, 1999, 26 (4): 1024 – 1027.

［72］Graburn N. H. H. The Anthropology of Tourism. ［J］. Annals of Tourism Research, 1983, 10 (1): 9 – 33.

［73］Graefe A. R., Vaske. J. J. A Framework Formanaging Quality in the Tourist Experience ［J］. Annals of Tourism Research, 1987.

［74］Graf A., Maas P. Customer Value from a Customer Perspective: A Comprehensive Review ［J］. Journal für Betriebswirtschaft, 2008, 58 (1): 1 – 20.

［75］Gremler D. D., Gwinner K. P. Customer – Employee Rapport in Service Relationships ［J］. Journal of Service Research, 2000, 3 (1): 82 – 104.

［76］Grönroos C. Adopting a Service Logic for Marketing ［J］. Marketing Theory, 2006, 6 (3): 317 – 333.

［77］Gross M. J. , Brown G. Tourism Experiences in a Lifestyle Destination Setting: The Roles of Involvement and Place Attachment ［J］. Journal of Business Research, 2006, 59 (6): 696 – 700.

［78］Grove S. J. , Fisk R. P. The Impact of Other Customers on Service Experiences: A Critical Incident Examination of "Getting Along" ［J］. Journal of Retailing, 1997, 73 (1): 63 – 85.

［79］Grove S. J. , Fisk R. P. The Service Experience as Theater ［J］. Advances in Consumer Research, 1992, 19 (1): 455 – 461.

［80］Gummesson E. Quality Management in Service Organizations: An Interpretation of the Service Quality Phenomenon and a Synthesis of International Research ［M］. New York, International Service Quality Assiciation, 1993.

［81］Gupta S. , Zeithaml V. Customer Metrics and Their Impact on Financial Performance ［J］. Marketing Science, 2006, 25 (6): 718 – 739.

［82］Gustafsson I. B. , Öström Å. , Johansson J. , et al. The Five Aspects Meal Model: A Tool for Developing Meal Services in Restaurants. ［J］. Journal of Foodservice, 2010, 17 (2): 84 – 93.

［83］Gutman J. A Means – End Chain Model Based on Consumer Categorization Processes ［J］. Journal of Marketing, 1982, 46 (2): 60 – 72.

［84］Gutman J. Means – end Chains as Goal Hierarchies ［J］. Psychology & Marketing, 1997, 14 (6): 545 – 560.

［85］Harkin M. Modernist Anthropology and Tourism of the Authentic ［J］. Annals of Tourism Research, 1995, 22 (3): 650 – 670.

［86］Harris K. , Baron S. Consumer – to – Consumer Conversations in Service Settings ［J］. Journal of Service Research, 2004, 6 (3): 287 – 303.

［87］Hartman R. S. The Structure of Value: Foundations of Scientific Axiology ［M］. Carbondale, IL: Southern Illinois University Press, 1967.

［88］Heide M. , Grønhaug K. Atmosphere: Conceptual Issues and Implications for Hospitality Management ［J］. Scandinavian Journal of Hospitality and Tourism, 2006, 6 (4): 271 – 286.

［89］Heike A. Schänzel, Alison J. McIntosh. An Insight into the Personal and Emotive Context of Wildlife Viewing at the Penguin Place, Otago Peninsula, New Zealand ［J］. Journal of Sustainable Tourism, 2000, 8 (1): 36 – 52.

［90］ Heinonen K. , Strandvik T. Monitoring Value – in – use of E – service ［J］. Journal of Service Management, 2009, 20 (1): 33 – 51.

［91］ Herbert D. T. , Prentice R. C. , Thomas C. J. Heritage Sites: Strategies for Marketing and Development ［J］. Tourism Management, 1991, 12 (1).

［92］ Herbert D. Literary Places, Tourism and the Heritage Experience ［J］. Annals of Tourism Research, 2001, 28 (2): 312 – 333.

［93］ Hochschild, A. R. The Managed Heart: Commercialization of Human Feeling (2nd ed.) ［M］. Berkeley, CA: University of California Press, 2003.

［94］ Högström C. , Rosner M. , Gustafsson A. How to Create Attractive and Unique Customer Experiences: An Application of Kano's Theory of Attractive Quality to Recreational Tourism ［J］. Marketing Intelligence & Planning, 2010, 28 (4): 385 – 402.

［95］ Holbrook M. B. , Hirschman E. C. The Experiential Aspects of Consumption: Consumer Fantasies, Feelings, and Fun ［J］. Journal of Consumer Research, 1982, 9 (2): 132 – 140.

［96］ Holbrook, M. B. The Nature of Customer Value: An Axiology of Services in the Consumption Experience ［A］//R. T. Rust & R. L. Oliver (Eds.), Service Quality: New Directions in Theory and Practice ［M］. Thousand Oaks, CA: SAGE, 1994.

［97］ Hollenhorst S. , Gardner L. The Indicator Performance Estimate Approach to Determining Acceptable Wilderness Conditions ［J］. Environmental Management, 1994, 18 (6): 901 – 906.

［98］ Hopkins J. Signs of the Post – Rural: Marketing Myths of a Symbolic Countryside ［J］. Geografiska Annaler Series B Human Geography, 1998, 80 (2): 65 – 81.

［99］ Huang Y. , Scott N. , Ding P. , et al. Impression of Liu sanjie: Effect of Mood on Experience and Satisfaction ［J］. International Journal of Tourism Research, 2011, 14 (1): 91 – 102.

［100］ Hunter W. C. A Typology of Photographic Representations for Tourism: Depictions of Groomed Spaces ［J］. Tourism Management, 2008, 29 (2): 354 – 365.

［101］ Hyounggon Kim, Tazim Jamal. Touristic Quest for Existential Authenticity ［J］. Annals of Tourism Research, 2007, 34 (1): 181 – 201.

［102］ Ian D. Clark. Rock art sites in Victoria, Australia: A Management History

Framework [J] . Tourism Management, 2002, 23 (5): 455 – 464.

[103] Istvan L. B. Communicating the Arcane: A Conceptual Frame Work for Environmental interpretation [D] . Washington D. C: University of Washington, 1993.

[104] Jacinto, Severina, M. , et al. Enhanced Renal Vascular Responsiveness to Angiotensin II in Hypertensive Ren – 2 Transgenic Rats [J] . American Journal of Physiology Renal Physiology, 1999.

[105] Jafari J. Tourism Models: The Sociocultural Aspects [J] . Tourism Management, 1987, 8 (2): 151 – 159.

[106] Jani D. , Han H. S. Investigating the Key Factors Affecting Behavioral Intentions: Evidence from a Full service Restaurant Setting. [J] . International Journal of Contemporary Hospitality Management, 2011, 23 (7): 1000 – 1018.

[107] Jensen R. The Dream Society: How the Coming Shift from Information to Imagination will Transform your Business [M] . NewYork: McGraw – Hill, 1999.

[108] Jeong S. W. , Fiore A. M. , Niehm L. S. , et al. The Role of Experiential Value in Online Shopping the Impacts of Product Presentation on Consumer Responses Towards an Apparel Web Site [J] . Internet Research, 2009, 19 (1): 105 – 124.

[109] Joar Vitters, Vorkinn M. , Vistad O. I. , et al. Tourist Experiences and Attractions [J] . Annals of Tourism Research, 2000, 27 (2): 432 – 450.

[110] Josiam B. M. , Mattson M. , Sullivan P. The Historaunt: Heritage tourism at Mickey's Dining Car [J] . Tourism Management, 2004, 25 (4): 453 – 461.

[111] Kashyap R. , Bojanic D. C. A Structural Analysis of Value, Quality, and Price Perceptions of Business and Leisure Travelers [J] . Journal of Travel Research, 2000, 39 (1): 45 – 51.

[112] Kellogg D. L. , Youngdahl W. E. , Bowen D. E. . On the Relationship between Customer Participation and Satisfaction: Two Frameworks [J] . International Journal of Service Industry Management, 1997, 8 (3): 206 – 219.

[113] Kellogg D. L. , Youngdahl W. E. , Bowen D. E. . On the Relationship between Customer Participation and Satisfaction: Two Frameworks [J] . International Journal of Service Industry Management, 1997, 8 (3): 206 – 219.

[114] Konstantinos Andriotis. Sacred Site Experience: A Phenomenological Study [J] . Annals of Tourism Research, 2009, 36 (1): 64 – 84.

[115] Kotler, P. Atmospherics as a Marketing Tool [J]. Journal of Retailing, 1973, 49 (4): 48 – 64.

[116] Kotler, P., Bowen, J. T., Makens, J. C. Marketing for Hospitality and Tourism (5th ed.) [M]. Upper Saddle River, NJ: Person Prentice Hall, 2009.

[117] Kumar V., Karande K. The Effect of Retail Store Environment on Retailer Performance [J]. Journal of Business Research, 2000, 49 (2): 167 – 181.

[118] Lai X. Market Economy and the Double – Effect of Life – Value Conception [J]. Journal of South China Normal University (Social Science Edition), 1995.

[119] LaSalle D., Britton T. A. Priceless: Turning Ordinary Products into Extraordinary Experiences [M]. Boston, MA: Harvard Business School Press, 2003.

[120] Levy S. J. Symbols for Sale [J]. Harvard Business Review, 1959, 37 (4): 117 – 124.

[121] Light D. Characteristics of the Audience for "Events" at a Heritage Site [J]. Tourism Management, 1996, 17 (3): 183 – 190.

[122] Light D. Visitor's Use of Interpretative Media at Heritage Sites [J]. Leisure Studies, 1995, 14 (5): 132 – 149.

[123] Lindquist J. D. Meaning of Image [J]. Journal of Retailing, 1974, 50 (4): 29 – 38.

[124] M. Csikszentmihalyi. I. S. Csilcszentmihalyi. Optimal Experience: Psychological Studies of Flows of Consciousness [M]. Cambridge: Cambridge University Press, 1988.

[125] MacCannell D. The Tourist: A New Theory of the Leisure Class [M]. New York: Schocken, 1976.

[126] Machleit K. A., Eroglu S. A. Describing and Measuring Emotional Response to Shopping Experience [J]. Journal of Business Research, 2000, 49 (2): 101 – 111.

[127] Manfredo M. J., Driver B. J., Brown P. J. A Test of Concepts Inherent in Experience based Setting Management for Outdoor Recreation Areas [J]. Journal of Leisure Study, 1983 (15): 263 – 283.

[128] Mano H., Oliver R. L. Assessing the Dimensionality and Structure of the Consumption Experience: Evaluation, Feeling, and Satisfaction [J]. Journal of Con-

sumer Research, 1993, 20 (3): 451 – 466.

[129] Martin B. S. , Bridges W. C. , Valliere W. Research Note are Cultural Heritage Visitors Really Different from Other Visitors? [J] . Tourism Analysis, 2004, 9 (9): 129 – 134.

[130] Martin C. L. , Pranter C. A. Compatibility Management: Customer – To – Customer Relationships in Service Environments [J] . Journal of Services Marketing, 1989, 3 (3): 5 – 15.

[131] Martin, W. B. Quality Service: The Restaurant Manager's Bible [M]. Ithaca, NY: Cornell University, 1986.

[132] Maslow A. H. Toward a Psychology of Being (2nd ed.) [M] . Princeton NJ: D Van Nostrand, 1968.

[133] Mathwick C. , Malhotra N. K. , Rigdon E. The Effect of Dynamic Retail Experiences on Experiential Perceptions of Value: An Internet and Catalog Comparison [J] . Journal of Retailing, 2002, 78 (1): 51 – 60.

[134] Mathwick C. , Malhotra N. K. , Rigdon E. Experiential Value: Conceptualization, Measurement and Application in the Catalog and Internet Shopping Environment [J] . Journal of Retailing, 2001, 77 (1): 39 – 56.

[135] Mattsson, J. Better Business by the ABC of Values [M] . Lund, Sweden: Studentlitteratur, 1991.

[136] Mckercher B. The Unrecognized Threat to Tourism: Can Tourism Survive "Sustainability"? [J] . Tourism Management, 1993, 14 (2): 131 – 136.

[137] Mckercher, Du Cros. Cultural Tourism: The Partnership between Tourism and Cultural Heritage Management [M] . New York: Haworth, 2002.

[138] Mckercher, Bob. Some Fundamental Truths About Tourism: Understanding Tourism's Social and Environmental Impacts [J] . Journal of Sustainable Tourism, 1993, 1 (1): 6 – 16.

[139] Mehrabian A. , Russell J. A. An Approach to Environmental Psychology [M] . Cambridge, MA: MIT Press, 1974.

[140] Mervyn S. Jackson, Gerard N. White, Claire L. Schmierer. Tourism Experiences with in an Attributional Framework [J] . Annals of Tourism Research, 1996, 23 (4): 798 – 810.

[141] Michie S. , Gooty J. Values, Emotions, and Authenticity: Will the Real Leader Please Stand up? [J] . Leadership Quarterly, 2005, 16 (3): 1 – 457.

[142] Milliman, Ronald E. The Influence of Background Music on the Behavior of Restaurant Patrons [J] . Journal of Consumer Research, 1986, 13 (2): 286.

[143] Monroe, K. B. Pricing: Making Profitable Decisions [M] . New York: McGraw – Hill, 1979.

[144] Morgan M. , Elbe J. , Curiel J. D. E. , et al. Has the Experience Economy Arrived? The views of Destination Managers in Three Visitor – dependent Areas. [J] . International Journal of Tourism Research, 2010, 11 (2): 201 – 216.

[145] Morgan W. H. , Hazelton M. L. , et al. Value of Retinal Vein Pulsation Characteristics in Predicting Increased Optic Disc Excavation [J] . British Journal of Ophthalmology, 2007, 91 (4): 441.

[146] Moscardo G. Making Visitors Mindful: Principles for Creating Quality Sustainable Visitor Experience through Effective Communication [M] . Champaign Illinois: Sagamore Publishing, 1999: 19 – 40.

[147] Moscardo G. Mindful Visitors: Heritage and Tourism [J] . Annals of Tourism Research (S0160 – 7383), 1996, 23 (2): 376 – 397.

[148] Mossberg L. Extraordinary Experiences through Storytelling [J] . Scandinavian Journal of Hospitality & Tourism, 2008, 8 (3): 195 – 210.

[149] Mossberg, Lena. A Marketing Approach to the Tourist Experience [J] . Scandinavian Journal of Hospitality and Tourism, 2007, 7 (1): 59 – 74.

[150] Nelson, Beard K. Enhancing the Attendee's Experience through Creative Design of the Event Environment: Applying Goffman's Dramaturgical Perspective [J] . Journal of Convention & Event Tourism, 2009, 10 (2): 120 – 133.

[151] Nicholls R. F. Interactions between Service Customers: Managing On – Site Customer – to – Customer Interactions for Service Advantage [M] . Poznan, Poland: Poznan University of Economics, 2005.

[152] Ning Wang. Rethinking Authenticity In Tourism Experience [J] . Annals of Tourism Research, 1999, 26 (2): 349 – 370.

[153] Norton A. Experiencing nature: The Reproduction of Environmental Discourse through Safari Tourism in East Africa. [J] . Geoforum, 1996, 27

(3): 355 - 373.

[154] Oswald A. M. , Ram K. , Michael B. Lasting Customer Loyalty: A Total Customer Experience Approach [J] . Journal of Consumer Marketing, 2006, 23 (7): 397 - 405.

[155] Otto J. E. , Ritchie J. R. B. The Service Experience in Tourism [J] . Tourism Management, 1996, 17 (3): 165 - 174.

[156] Otto J. E. , Ritchie J. R. B. The Service Experience in Tourism [J] . Tourism Management, 1996, 17 (3): 165 - 174.

[157] Palmer A. Customer Experience Management: A Critical Review of an E-merging Idea [J] . Journal of Services Marketing, 2010, 24 (3): 196 - 208.

[158] Panzarella, R. The Phenomenology of Aesthetic Peak Experiences [J] . Journal of Humanistic Psychology, 1980, 20 (1): 69 - 85.

[159] Parasuraman A. Technology Readiness Index (Tri) [J] . Journal of Service Research, 2000, 2 (4): 307 - 320.

[160] Pearce P. L. The Social Psychology of Tourist Behavior [M] . New York: Pergamon, 1982: 27 - 47.

[161] Pierssené A. Explaining our World - An Approach to the Art of Environmental Interpretation [M] . London: E&FN Spon Press, 1999.

[162] Pine B. J. , Gilmore J. H. The Experience Economy: Work is Theatre & Every Business a Stage [M] . Boston, MA: Harvard Business School Press, 1999.

[163] Pizam A. , Calantone R. J. Beyond Psychographics - values as Determinants of Tourist Behavior [J] . International Journal of Hospitality Management, 1987, 6 (3): 177 - 181.

[164] Poria Y. , Butler R. , Airey D. Clarifying Heritage Tourism [J] . Annals of Tourism Research, 2001, 28 (4): 1047 - 1049.

[165] Poria Y. , Butler R. , Airey D. The Core of Heritage Tourism [J] . Annals of Tourism Research, 2003, 30 (1): 238 - 254.

[166] Poria Y. Ashworth G. Heritage Tourism: Current Resource for Conflict [J] . Annals of Tourism Research, 2009, 36 (3): 522 - 525.

[167] Prebensen N. K. , Foss L. Coping and Co - creating in Tourist Experiences [J] . International Journal of Tourism Research, 2011, 13 (1): 54 - 67.

[168] Prebensen N. K. , Woo, E. , Chen, J. S. , Uysal, M. Motivation and Involvement as Antecedents of the Perceived Value of the Destination Experience [J] . Journal of Travel Research, 2012: 52 (2), 253 – 264.

[169] Prentice R. C. , Witt S. F. , Hamer C. Tourism as Experience: The Case of Heritage Parks [J] . Annals of Tourism Research, 1998, 25 (1): 1 – 24.

[170] Price L. L. , Arnould E. J. , Tierney P. Going to Extremes: Managing Service Encounters and Assessing Provider Performance. [J] . Journal of Marketing, 1995, 59 (2): 83 – 97.

[171] Pullman M. E. , Gross M. A. Ability of Experience Design Elements to Elicit Emotions and Loyalty Behaviors [J] . Decision Sciences, 2004, 35 (3): 551 – 578.

[172] Quan S. , Wang N. Towards a Structural Model of the Tourist Experience: An Illustration from Food Experiences in Tourism. [J] . Tourism Management, 2004, 25 (3): 297 – 305.

[173] Ranjan K. R. , Read S. Value Co – creation: Concept and Measurement [J] . Journal of the Academy of Marketing Science, 2016, 44 (3): 290 – 315.

[174] Ravald A. , Grönroos, C. The Value Concept and Relationship Marketing [J] . European Journal of Marketing, 1996, 30 (2): 19 – 30.

[175] Richard C. Prentice, Stephen F. Witt, Claire Hamer. Tourism as Experience: The Case of Heritage Parks [J] . Annals of Tourism Research, 1998, 25 (1): 1 – 24.

[176] Richards G. The Experience Industry and the Creation of Attractions [J] . Cultural Attractions & European Tourism, 2001: 55 – 69.

[177] Richards G. Cultural Tourism in Europe [J] . Progress in Tourism, Recreation and Hospitality Management, 1993 (5): 99 – 115.

[178] Ritchie J. R. B, Hudson S. Understanding and Meeting the Challenges of Consumer/Tourist Experience Research [J] . International Journal of Tourism Research, 2010, 11 (2): 111 – 126.

[179] Ross G. Tourist Destination Images of the Wet Tropical Rainforests of North Queensland [J] . Australian Psychologist, 1991 (26): 153 – 157.

[180] Ruyter K. D. , Kasper H. Consumer Affairs Departments in the United States and the Netherlands: A Comparative Analysis [J] . Journal of Consumer Policy,

1997, 20 (3): 325 – 352.

[181] Royo – Vela M. Rural – cultural Excursion Conceptualization: A Local Tourism Marketing Management Model Based on Tourist Destination Image Measurement [J]. Tourism Management, 2009, 30 (3): 419 – 428.

[182] Ryan Chris. The Tourist Experience: A New Introduction [M]. London, Cassell: Wellington House, 1997.

[183] Sara Sandström, Edvardsson B., Kristensson P., et al. Value in Use through Service Experience [J]. Journal of Service Theory and Practice, 2008, 18 (2): 112 – 126.

[184] Schmitt B. Experiential Marketing [J]. Journal of Marketing Management, 1999a, 15 (1 – 3): 53 – 67.

[185] Selwyn T. The Tourist Image: Myths and Myth Making in Tourism [J]. Tourism Analysis, 1996.

[186] Sharp C. C. The Manager, Interpretation's Best Friend [J]. Rocky Mountain – High Plains Parks and Recreation Journal, 1969, 4 (1): 19 – 22.

[187] Shaw C., Ivens J. Building Great Customer Experiences [M]. New York: Palgrave, 1982.

[188] Sheth J. N., Newman B. I., Gross B. L. Why We Buy What We Buy: A Theory of Consumption Values [J]. Journal of Business Research, 1991, 22 (2): 159 – 170.

[189] Sheth J. N., Newman B. I., Gross B. L. Consumption Values and Market Choices: Theory and Applications [M]. Cincinnati, OH: South – Western Publishing, 1991a.

[190] Sheth, Jagdish N. Consumption Values and Market Choices: Theory and Applications [M]. South – Western Pub, 1991.

[191] Shuai Q., Ning W. Towards a Structural Model of the Tourist Experience: An Illustration from Food Experiences in Tourism [J]. Tourism Management, 2004, 25 (3): 297 – 305.

[192] Shiuh – Nan Hwang, Chuan Lee, Huei – Ju Chen. The Relationship among Tourists' Involvement, Place Attachment and Interpretation Satisfaction in Taiwan's National Parks [J]. Tourism Management, 2005, 26 (2): 143 – 156.

[193] Silberberg T. Cultural Tourism and Business Opportunities for Museums and Heritage Sites [J]. Tourism Management, 1995, 16 (5): 361 – 365.

[194] Silpakit P., Fisk R. P. Services Marketing in a Changing Environment [J]. American Marketing Association, 1985, 5 (6): 117 – 121.

[195] Slåtten T., Mehmetoglu M., Svensson G., et al. Atmospheric Experiences that Emotionally Touch Customers [J]. Managing Service Quality: An International Journal, 2009, 19 (6): 721 – 746.

[196] Smith J. B., Colgate M. Customer Value Creation: A Practical Framework [J]. Journal of Marketing Theory & Practice, 2007, 15 (1): 7 – 23.

[197] Snepenger D., Snepenger M., Dalbey M., et al. Meanings and Consumption Characteristics of Places at a Tourism Destination [J]. Journal of Travel Research, 2007, 45 (3): 310 – 321.

[198] Stamboulis Y., Skayannis P. Innovation Strategies and Technology for Experience – based Tourism [J]. Tourism Management, 2003, 24 (1): 35 – 43.

[199] Stebbins R. A. Cultural Tourism as Serious Leisure [J]. Annals of Tourism Research, 1996, 23 (4): 948 – 950.

[200] Stephen A. D., Adelina B. Differentiation by Design: The Importance of Design in Retailer Repositioning and Differentiation [J]. International Journal of Retail & Distribution Management, 1999, 27 (2): 72 – 83.

[201] Sweeney J. C., Soutar G. N., Whiteley A., Johnson L. W. Generating Consumption Value Items: A Parallel Interviewing Process Approach [J]. Asia Pacific Advances in Consumer Research, 1996 (2): 108 – 115.

[202] Taylor J. P. Authenticity and Sincerity in Tourism [J]. Annals of Tourism Research, 2001, 28 (1): 7 – 26.

[203] Thaler R. H. Mental Accounting and Consumer Choice [J]. Marketing Science, 2008, 27 (1): 12 – 14.

[204] Tilden F. Interpreting our Heritage (3rd ed) [M]. Chapel Hill. NC: University of North Carolina Press, 1977.

[205] Timothy D. J. Cultural Heritage and Tourism: An Introduction [J]. Cultural Heritage & Tourism An Introduction, 2011, 2 (1): 123 – 126.

[206] Timothy, Dallen J. Tourism and the Personal Heritage Experience [J].

Annals of Tourism Research, 1997, 24 (3): 751 – 754.

[207] Tombs A. , Mccoll – Kennedy J R. Social – Servicescape Conceptual Model [J] . Marketing Theory, 2003, 3 (4): 447 – 475.

[208] Tribe J. , Snaith T. From Servqual to Holsat: Holiday Satisfaction in Varadero, Cuba [J] . Tourism Management, 1998, 19 (1): 25 – 34.

[209] Tung V. W. S. , Ritchie J. R. B. Investigating the Memorable Experiences of the Senior Travel Market: An Examination of the Reminiscence Bump [J] . Journal of Travel & Tourism Marketing, 2011, 28 (3): 331 – 343.

[210] Turner V. W. , Bruner E. M. The Anthropology of Experience Urbana [M] . IL: University of Illinois Press, 1986.

[211] Tussyadiah I. P. Toward a Theoretical Foundation for Experience Design in Tourism [J] . Journal of Travel Research, 2014, 53 (5): 543 – 564.

[212] Twitchell J. B. An English Teacher Looks at Branding [J] . Journal of Consumer Research, 2004, 31 (2): 484 – 489.

[213] Underhill P. Why We Buy: The Science of Shopping [M] . New York, NY: Simon & Schuster, 1999.

[214] Urry J. Consuming Places [M] . New York : Routledge, 2002.

[215] Urry J. The Tourist Gaze: Leisure and Travel in Contemporary Societies [M] . London: Sage, 1996.

[216] Van Limberg, B. The Anatomy of a Digital Storyt elling System [J]. Information Technology & Tourism, 2009, 11 (1): 31 – 42.

[217] Vargo S. L. , Lusch R. F. Evolving to a New Dominant Logic for Marketing [J] . Journal of Marketing, 2004, 68 (1): 1 – 17.

[218] Volo S. Conceptualizing Experience: A Tourist Based Approach [J]. Journal of Hospitality Marketing & Management, 2009, 18 (2): 111 – 126.

[219] Wakefield K. L. , Blodgett J. G. The Effect of the Servicescape on Customers' Behavioral Intentions in Leisure Service Settings [J] . Journal of Services Marketing, 1996, 10 (6): 45 – 61.

[220] Wang Ning. Tourism and Modernity: A Sociological Analysis [M] . New York: Pergamon, 2000.

[221] Watson G. L. , Kopachevsky J. P. Interpretations of Tourism as Commodity

[J]. Annals of Tourism Research, 1994, 21 (3): 643 –660.

[222] Wearing B., Wearing S. Refocussing the Tourist Experience: The Flaneur and the Choraster [J]. Leisure Studies, 1996, 15 (4): 229 –243.

[223] Wilder W. D., Csikszentmihalyi M., Csikszentmihalyi I. S. Optimal Experience: Psychological Studies of Flow in Consciousness [J]. Man, 1989, 24 (4): 690.

[224] Williams D. R. Great Expectations and the Limits to Satisfaction: A Review of Recreation and Consumer Satisfaction Research [C]. Outdoor Recreation Benchmark: National Outdoor Recreation Forum, 1989.

[225] Williams P., Soutar G. N. Value, Satisfaction and Behavioral Intentions in an Adventure Tourism Context [J]. Annals of Tourism Research, 2000, 36 (3): 413 –438.

[226] Wirtz D., Kruger J., Scollon C. N., et al. What to Do on Spring Break? The Role of Predicted, On – Line, and Remembered Experience in Future Choice [J]. Psychological Science, 2003, 14 (5): 520 –524.

[227] Woodruff R. B. Customer Value: The Next Source for Competitive Advantage [J]. Journal of the Academy of Marketing Science, 1997, 25 (2): 139.

[228] Yale P. From Tourist Attractions to Heritage Tourism [M]. Huntington: Elm Publications, 1991.

[229] Zeithaml V. A. Consumer Perceptions of Price, Quality, and Value: A Means – end Model and Synthesis of Evidence. [J]. Journal of Marketing, 1988, 52 (3): 2 –22.

[230] Zomerdijk L. G., Voss C. A. Service Design for Experience – Centric Services [J]. Journal of Service Research, 2010, 13 (1): 67 –82.

[231] 阿尔文·托夫勒. 未来的冲击 [M]. 孟广均译. 北京: 新华出版社, 1996.

[232] 白丹, 马耀峰, 刘军胜. 基于扎根理论的世界遗产旅游地游客感知评价研究——以秦始皇陵兵马俑景区为例 [J]. 干旱区资源与环境, 2016, 30 (6): 198 –203.

[233] 白凯, 马耀峰, 李天顺. 旅游目的地游客体验质量评价性研究——以北京入境游客为例 [J]. 北京社会科学, 2006 (5): 54 –57.

［234］曹洪珍．旅游体验中研究快乐形成的新方法——畅爽理论［J］．北方经贸，2006（11）：13-14.

［235］陈才．旅游体验的性质与结构［M］．北京：旅游教育出版社，2010.

［236］陈岗，黄震方．旅游景观形成与演变机制的符号学解释——兼议符号学视角下的旅游城市化与旅游商业化现象［J］．人文地理，2010（5）：124-127.

［237］陈岗．杭州西湖文化景观的语言符号叙事——基于景区营销、文化传播与旅游体验文本的比较研究［J］．杭州师范大学学报（社会科学版），2015（2）：121-127.

［238］陈岗．旅游吸引物符号的双层表意结构与体验真实性研究［J］．人文地理，2012（2）：50-55.

［239］陈娟．体验型旅游产品的开发设计研究［D］．大连海事大学硕士学位论文，2006.

［240］陈伟凤，陈钢华，黄远水．遗产旅游体验的真实性及其塑造途径研究［J］．桂林旅游高等专科学校学报，2008，19（2）：182-185.

［241］陈岩英，谢朝武．基于氛围管理的历史文化名城的旅游开发研究［J］．未来与发展，2010（7）：4.

［242］戴伦·J. 蒂莫西，斯蒂芬·W. 博伊德．遗产旅游［M］．程尽能译．北京：旅游教育出版社，2007.

［243］戴维·波普诺．社会学［M］．李强译．北京：中国人民大学出版社，1999.

［244］邓小艳，刘英．符号化运作：世界文化遗产旅游地创新发展的路径选择——以湖北武当山为例［J］．经济地理，2012，32（9）：156-160.

［245］丁雨莲，陆林，黄亮．文化休闲旅游符号的思考——以丽江大研古城和徽州古村落为例［J］．旅游学刊，2006，21（7）：12-16.

［246］董培海，施江义，李伟．关于旅游产品符号价值的解读［J］．北京第二外国语学院学报，2010（9）：33-40.

［247］窦璐．旅游者感知价值、满意度与环境负责行为［J］．干旱区资源与环境，2016，30（1）：197-202.

［248］窦清．论旅游体验［D］．广西大学硕士学位论文，2003.

[249] 范秀成. 服务质量管理：交互过程与交互质量 [J]. 南开管理评论，1999（1）：8-12.

[250] 方法林，宋益丹. 旅游特色景观下的江南古镇文化氛围构筑研究 [J]. 中国商论，2010（20）：178-179.

[251] 费迪南德·D. 索绪尔. 普通语言学教程 [M]. 高名凯译. 北京：商务印书馆，1980.

[252] 高小华. 旅游产品体验性设计 [D]. 扬州大学硕士学位论文，2008.

[253] 龚静芳. 浅谈室内装饰环境的艺术氛围营造与陈设布置 [J]. 美与时代，2009（10）：45-48.

[254] 桂榕，吕宛青. 符号表征与主客同位景观：民族文化旅游空间的一种后现代性——以"彝人古镇"为例 [J]. 旅游科学，2013，27（3）：37-49.

[255] 郭安禧，郭英之，李海军等. 旅游者感知价值对重游意向影响的实证研究——旅游者满意和风险可能性的作用 [J]. 旅游学刊，2018，33（1）：63-73.

[256] 郭承波，汪培. 浅议室内环境设计气氛的创造 [J]. 盐城工学院学报（自然科学版），1998（4）：36-38.

[257] 郭鸿. 现代西方符号学纲要 [M]. 上海：复旦大学出版社，2008.

[258] 郭凌，王志章. 基于扎根理论的文化遗产地旅游解说系统游客感知研究 [J]. 学术论坛，2015，38（9）：104-108.

[259] 何琼峰. 基于扎根理论的文化遗产景区游客满意度影响因素研究——以大众点评网北京5A景区的游客评论为例 [J]. 经济地理，2014，34（1）：168-173.

[260] 胡燕雯，张朋. 试论体验经济时代的旅游业发展 [J]. 桂林旅游高等专科学校学报，2003，14（3）：48-51.

[261] 黄克已. 宗教旅游景区氛围对游客感知价值的影响研究 [D]. 浙江大学硕士学位论文，2013.

[262] 黄鹂. 旅游体验与景区开发模式 [J]. 兰州大学学报（社会科学版），2004，32（6）：104-108.

[263] 黄蓉，阚如良，陈楼. 旅游景区标识系统的个性化实现路径研究——以三峡车溪民俗旅游区为例 [J]. 资源开发与市场，2014，30（5）：614-616.

[264] 黄颖. 古镇游客间互动、体验价值及满意度的关系研究 [D]. 浙江

大学硕士学位论文,2014.

[265] 黄志红. 休闲农业体验价值评价指标体系构建及其应用 [J]. 求索,2010 (6):24 – 26.

[266] 贾秉瑜. 体验经济视角下旅游产品体验性研究 [D]. 北京第二外国语学院硕士学位论文,2007.

[267] 蒋婷,张峰. 游客间互动对再惠顾意愿的影响研究——基于游客体验的视角 [J]. 旅游学刊,2013,28 (7):90 – 100.

[268] 靳晓丽. 游客对工业遗产旅游景观符号的情感认知研究 [D]. 东北财经大学硕士学位论文,2013.

[269] 克劳德·列维—斯特劳斯. 结构人类学:巫术·宗教·艺术·神话 [M]. 陆晓禾,黄锡光,等译. 北京:文化艺术出版社,1989.

[270] 李钰. 旅游体验设计理论研究 [J]. 云南社会科学,2010 (3):124 – 126.

[271] 李海英,李琼. 基于和谐理念营造旅游度假区休闲氛围的研究[J]. 科技信息 (科学教研),2008 (3):142 – 143.

[272] 李怀兰. 旅游体验效用因素分析 [D]. 广西大学硕士学位论文,2004.

[273] 李建州,范秀成. 三维度服务体验实证研究 [J]. 旅游科学,2006,20 (2):54 – 59.

[274] 李经龙,张小林. 旅游体验——旅游规划的新视角 [J]. 地理与地理科学,2005 (6):91 – 95.

[275] 李蕾蕾. 海滨旅游空间的符号学与文化研究 [J]. 城市规划学刊,2004 (2):58 – 61.

[276] 李玲. 后现代语境下遗产旅游的发展路径 [J]. 求索,2011 (5):90 – 91.

[277] 李丽娟. 旅游体验价值共创研究 [M]. 北京:旅游教育出版社,2013.

[278] 李森. 旅游群体规模与旅游体验质量:针对旅游群体成员间互动过程的实证分析 [D]. 东北财经大学硕士学位论文,2005.

[279] 李娜. 基于顾客感知价值的高档商务饭店大堂氛围研究 [D]. 浙江大学硕士学位论文,2006.

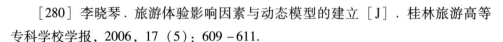

[280] 李晓琴. 旅游体验影响因素与动态模型的建立 [J]. 桂林旅游高等专科学校学报, 2006, 17 (5): 609-611.

[281] 李雪松. 店内气氛——不可忽视的营销刺激 [J]. 商场现代化, 2000 (3): 33-34.

[282] 李志兰. 顾客间互动风格与体验价值创造 [M]. 北京: 经济管理出版社, 2015.

[283] 林南枝. 旅游市场学 [M]. 天津: 南开大学出版社, 2000.

[284] 刘丹萍, 保继刚. 旅游者"符号性消费"行为之思考——由"雅虎中国"的一项调查说起 [J]. 旅游科学, 2006, 20 (1): 28-33.

[285] 刘录护. 旅游社会学中的主要理论视角 [A] //王宁, 刘丹萍, 马凌, 旅游社会学 [M]. 天津: 南开大学出版社, 2008.

[286] 刘少艾, 卢长宝. 价值共创: 景区游客管理理念转向及创新路径 [J]. 人文地理, 2016 (4): 135-142.

[287] 刘欣. 基于体验营销理论的科技旅游产品开发研究 [D]. 南京师范大学硕士学位论文, 2007.

[288] 刘扬. 影视主题公园游客旅游体验质量评价研究——以横店影视城为例 [J]. 首都师范大学学报 (自然科学版), 2012, 33 (1): 67-72.

[289] 龙江智. 从体验视角看旅游的本质及旅游学科体系的构建 [J]. 旅游学刊, 2005, 20 (1): 21-26.

[290] 龙江智. 旅游体验理论: 基于中国老年群体的本土化建构 [M]. 北京: 中国旅游出版社, 2010.

[291] 吕函霏, 肖晓, 江岳安. 主题酒店的氛围营造——以成都西藏饭店为例 [J]. 成都理工大学学报 (社会科学版), 2010, 18 (2): 98-102.

[292] 麦克奈尔. 旅游者: 休闲阶层新论 [M]. 张晓萍译. 桂林: 广西师范大学出版社, 2008.

[293] 马凌. 社会学视角下的旅游吸引物及其建构 [J]. 旅游学刊, 2009, 24 (3): 69-74.

[294] 马秋芳, 孙根年. 基于符号学的秦俑馆名牌景点形成研究 [J]. 旅游学刊, 2009, 24 (8): 66-70.

[295] 马秋芳, 杨新军, 康俊香. 传统旅游城市入境游客满意度评价及其期望—感知特征差异分析——以西安欧美游客为例 [J]. 旅游学刊, 2006, 21

（2）：30 – 35.

［296］马秋芳．旅游地媒体符号的内容分析——以陕西省为例［J］．旅游科学，2011，25（3）：35 – 44.

［297］马秋芳．陕西省旅游手册营销图片内容分析［J］．旅游论坛，2014，7（1）：84 – 89.

［298］马秋穗．符号想像与表征：消费理论视阈下的古镇景观生产［J］．社会科学家，2010（10）：85 – 94.

［299］马潇．城市体验型旅游产品开发研究［D］．华南师范大学硕士学位论文，2007.

［300］米德（Mead, G. H.）．心灵、自我与社会［M］．上海：上海译文出版社，2008.

［301］彭丹．旅游符号学的理论述评和研究内容［J］．旅游科学，2014，28（5）：79 – 94.

［302］彭丹．旅游体验研究新视角：旅游者互动的社会关系研究［J］．旅游学刊，2013，28（10）：89 – 96.

［303］彭丹．"旅游人"的符号学分析［J］．旅游科学，2008，22（4）：23 – 27.

［304］彭兆荣．旅游人类学［M］．北京：民族出版社，2004.

［305］皮平凡，刘晓斌，高颜超．旅游目的地顾客体验价值量表开发研究［J］．价值工程，2016，35（24）：30 – 34.

［306］屈册．旅游情境感知及其对旅游体验质量的影响研究［D］．东北财经大学硕士学位论文，2013.

［307］任留柱，龚露．探析视觉感知与室内空间形态设计［J］．大众文艺，2012（13）：66 – 67.

［308］芮田生．旅游体验与旅游产品策划研究［D］．四川大学硕士学位论文，2007.

［309］宋晓真．浅析商业步行街环境的操作性与空间氛围营造——以济南泉城路商业步行街为例［J］．江南大学学报（人文社会科学版），2010，9（6）：129 – 132.

［310］苏勤．旅游者类型及其体验质量研究——以周庄为例［J］．地理科学，2004（4）：506 – 511.

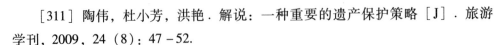
［311］陶伟，杜小芳，洪艳．解说：一种重要的遗产保护策略［J］．旅游学刊，2009，24（8）：47－52.

［312］王镜．基于遗产生态和旅游体验的西安遗产旅游开发模式研究［D］．陕西师范大学博士学位论文，2008.

［313］王宁．试论旅游吸引物的三重属性［J］．旅游学刊，1997，12（3）：56.

［314］王钦安，孙根年，汤云云等．传统型景区游客感知满意度及游后倾向实证分析——以琅琊山景区为例［J］．资源开发与市场，2016，32（1）：99－102.

［315］王苏君．走向审美体验［D］．浙江大学博士学位论文，2003.

［316］王晓蓉．森林旅游体验营销策略研究［D］．兰州大学硕士学位论文，2007.

［317］魏小安，魏诗华．旅游情景规划与项目体验设计［J］．旅游科学，2004（4）：38－44.

［318］吴恺．茶馆室内灯光设计——用灯光营造环境氛围［J］．大众文艺，2008（6）：46－47.

［319］伍香平．论体验及其价值生成［D］．华中师范大学硕士学位论文，2003.

［320］武虹剑，龙江智．旅游体验生成途径的理论模型［J］．社会科学辑刊，2009（3）：46－49.

［321］向坚持．O2O模式体验价值与顾客满意度、行为意向关系研究与实证分析——以酒店业为例［J］．湖南师范大学社会科学学报，2017，46（4）：124－129.

［322］肖洪根．评《旅游学原理》［J］．旅游学刊，2001（1）：79.

［323］谢彦君，鲍燕敏．旅游网站的符号及其功能分析［J］．旅游科学，2007，21（5）：46－51.

［324］谢彦君，彭丹．旅游、旅游体验和符号——对相关研究的一个评述［J］．旅游科学，2005，19（6）：1－6.

［325］谢彦君，吴凯．期望与感受：旅游体验质量的交互模型［J］．旅游科学，2000（2）：1－4.

［326］谢彦君．旅游的三副面孔和精一本质［J］．旅游世界：旅游发展研究，2011（6）：1－1.

［327］谢彦君．旅游体验的情境模型：旅游场［J］．财经问题研究，2005（12）：64－69.

［328］谢彦君．旅游体验研究［D］．东北财经大学博士学位论文，2005.

［329］谢彦君．基础旅游学［M］．北京：中国旅游出版社，1999.

［330］谢彦君．旅游体验研究［M］．北京：中国旅游出版社，2010.

［331］徐虹，李秋云．顾客是如何评价体验质量的？——基于在线评论的事件—属性分析［J］．旅游科学，2016，30（3）：44－56.

［332］约瑟夫·派恩，詹姆斯·吉尔摩．体验经济［M］．夏业良，普讳等译．北京：机械工业出版社，2002.

［333］约瑟夫·派恩，詹姆斯·吉尔摩．体验经济［M］．毕崇毅译．北京：机械工业出版社，2012.

［334］杨骏，席岳婷．符号感知下的旅游体验真实性研究［J］．北京第二外国语学院学报，2015，37（7）：34－39.

［335］杨文华．基于原真性视角的文化遗产景区旅游解说系统构建［J］．云南民族大学学报（哲学社会科学版），2016，33（3）：54－59.

［336］杨韫，陈永杰．度假酒店顾客体验的探索研究及实证启示［J］．旅游学刊，2010，25（4）：49－54.

［337］叶仰蓬．景点旅游氛围管理及其对策［J］．乐山师范学院学报，2003（1）：111－114，118.

［338］叶宗造．基于顾客感知价值的农家茶庄氛围研究［D］．浙江大学硕士学位论文，2011.

［339］张朝枝，马凌，王晓晓等．符号化的"原真"与遗产地商业化——基于乌镇、周庄的案例研究［J］．旅游科学，2008，22（5）：59－66.

［340］张成杰．旅游景区游客体验价值评价研究［D］．暨南大学硕士学位论文，2006.

［341］张凤超，尤树洋．顾客体验价值结构维度：DIY业态视角［J］．华南师范大学学报（社会科学版），2009（4）：108－113.

［342］张凤超，尤树洋．体验价值结构维度理论模型评介［J］．外国经济与管理，2009（8）：46－52.

［343］张茜，郑宪春，李文明．湖南省乡村旅游地游客忠诚机制研究［J］．湖南社会科学，2017（4）．138－142.

［344］章尚正，董义飞．从游客体验看世界遗产地西递—宏村的旅游发展［J］．华东经济管理，2006，20（2）：43-46.

［345］郑向敏，田苗苗．体验营销在饭店经营中的应用［J］．桂林旅游高等专科学校学报，2005，16（4）：34-37.

［346］周霓．基于体验营销理论的旅游产品开发策略研究［J］．经济论坛，2008（3）：107-108.

［347］庄志民．论旅游意象属性及其构成［J］．旅游科学，2007，21（3）：19-26.

［348］邹统钎，吴丽云．旅游体验的本质、类型与塑造原则［J］．旅游科学，2003（4）：7-10，41.

［349］邹统钎．旅游景区开发与管理［M］．北京：清华大学出版社，2011.

附录 A　管理者访谈提纲

破冰问题

1. 你在城墙管委会工作多久了（你的部门运营多久了）？
2. 你做现在这个职位有多长时间了？

主要访谈的问题

1. 你能描述一下你的部门或组织在古城墙旅游中所起的作用或者扮演的角色吗？
2. 你能描述一下你的组织或者部门为游客提供的体验或服务吗？你们是怎么做的？
3. 这里有为游客设计的能让游客参与的体验活动吗？
4. 你能比较一下你们部门现在为游客做的和之前为游客做的有什么不同吗？如果有，可以讲讲为什么你的部门会做出这样的改变吗？
5. 未来你的部门有计划改变有关旅游体验的设计吗？为什么？

结束问题

你有其他愿意和我分享的感受和评论吗？

附录 B 管理者访谈内容

管理者访谈 01

破冰问题

1. 你在城墙管委会工作多久了（你的部门运营多久了）？

已经八年了。

2. 你做现在这个职位有多长时间了？

旅游服务发展公司成立是在 2012 年，我做这个职位有四年了。

主要访谈的问题

1. 你能描述一下你的部门或组织在古城墙旅游中所起的作用或者扮演的角色吗？

我们把自身定位为服务者，成立这个公司主要也是面向游客，主要是做服务，也整合了相关部门，主要是对游客服务，包括检票、礼宾接待、演艺、讲解，宗旨是"满意加惊喜"。2012 年我们加入国际金钥匙组织，在全国是第一家，我们是城堡看门人。

2. 你能描述一下你的组织或者部门为游客提供的体验或服务吗？你们是怎么做的？

我们会给游客生日祝福，买门票的时候会看身份证，如果是当日生日的话，城墙上广播里会出现游客的名字，祝游客生日快乐。我们很多服务环节是为游客做的，高跟鞋磨破脚，服务人员有百宝箱，有创可贴、针线包，随身携带烟灰缸，提供免费增值服务。瓮城招聘了一些外国志愿者，志愿者经过培训可以给外国人提供旅游信息，外国人还可以和中国人拍照，以及在拍照点位上有人帮助他合影，南京城墙景区的人员也会过来交流，彼此取长补短。

3. 这里有为游客设计的能让游客参与的体验活动吗？

和国内的南京明城墙以及山西平遥古城墙相比，西安城墙的主要特色在于保存完整且规模宏大，并且我们位于古都西安，这是一个巨大的优势。除了军事文化的展示、唐历史文化元素的展示推广，我们也在做传统文化推广和现代文化的推广，主要是想打造西安城墙的知名度和影响力，使它成为我们西安的门户。

我们会做一些节事活动，比如上元灯展，一路布展囊括含光门、小南门、朱雀门、南门、文昌门以及建国门等核心路线，大概有 500 米长。西安城墙景区上元灯会分设与唐文化等相关的主题，主要还是想依托传统文化、结合现代手段，以恢宏的气势彰显大唐盛世。同时，为了增加游客的参与度，也会增加智慧旅游如 AR 的成分，让游客借助手机有更多的参与机会。这样游客不仅能看到 3D 花灯，还可以线上猜灯谜。这样的新春灯会既有传统的味道，又体现出现代科技的魅力。

4. 你能比较一下你们部门现在为游客做的和之前为游客做的有什么不同吗？如果有，可以讲讲为什么你的部门会做出这样的改变吗？

和以前有日新月异的变化，景区要求摸索创新，接受新兴事物。我们曾经有在瓮城里建电梯的想法，主要方便残疾人和老人，后来经过多方考虑，还是放弃了，一是考虑古迹的保护，还有就是公众的反应吧。所以现在是用身体，去抬去背，厕所配纸，洗手液不间断。游客也会反映城墙太晒，但城墙本身是文物，不能破坏景观主体，我们仅提供木条座椅，供游客休息，厕所也不能和城墙主体景观背道而驰，还要考虑城墙承重之类的问题。敌楼没有开放，也是考虑到防火问题，希望游客觉得这个票有所值。城墙节事活动很多，春晚也在瓮城举办，还有其他一些大型活动。

5. 未来你的部门有计划改变有关旅游体验的设计吗？为什么？

未来还是想建设智慧景区，更加智能化，类似于智慧城市。

管理者访谈 02

破冰问题

1. 你在城墙管委会工作多久了（你的部门运营多久了）？

我在城墙工作十年了，我们这个部门一直做财务，后来把门票这一工作放到我们这里了。

2. 你做现在这个职位有多长时间了？

八年了。

主要访谈的问题

1. 你能描述一下你的部门或组织在古城墙旅游中所起的作用或者扮演的角色吗？

财务这一工作对客服务没什么关系，就说售票吧，售票主要和游客对接，是游客和景区接触的第一个窗口，也可以说是第一印象区吧，这个板块会让游客形成对于城墙的直接的感知。

2. 你能描述一下你的组织或者部门为游客提供的体验或服务吗？你们是怎么做的？

中国游客普遍不爱请导游，针对这一情况，我们设立了散客服务中心。这里的工作人员都是经过专业培训的，即使售票员也要对古城墙的历史文化有所了解，我们要求他们甚至可以充当导游，同时，入口处放置免费的景区导览图，有路线推荐及景点介绍，想从服务意识和服务质量入手，现在有关售票员的培训做得比较多，主要是要求售票员掌握相关信息，不光是城墙的信息，还有城墙周边景点的信息，周边景点挺多的，游客咨询的话，可能会问到，所以需要售票员有一定的知识和信息储备，现在每个售票员都是半个咨询员。我们也会提升针对游客的服务质量，城墙现在已经拿到了金钥匙的资质，所以我们的服务标准是要和金钥匙看齐的，比如生日信息要对接，虽然以金钥匙为标准，但是不能保证每个员工领会，我们一直在改变，正在努力跟国际接轨。

3. 这里有为游客设计的能让游客参与的体验活动吗?

门票这里是没有的,还是做好本职服务,希望能给游客提供"满意 + 惊喜"的服务。

4. 你能比较一下你们部门现在为游客做的和之前为游客做的有什么不同吗?如果有,可以讲讲为什么你的部门会做出这样的改变吗?

之前,我们一直争取和碑林景区合作,因为魁星楼和孔庙密不可分,本就是封建社会科举制度的一个体现,目前已经实现了金牌讲解员的互享、联票发售,都是为了扩大这一文化形象的影响力,传播古代宗教科举文化。

对于窗口工作人员的要求也不一样了,比如窗口工作人员是半个讲解员的身份。另外,想通过完善考核制度来提升员工的工作积极性,我们一直在努力,通过完善考核系统,整合管理路径和技术路径,激励员工自我成长。我们提供给员工晋升和发展的平台,也在改革薪酬设计,比如技术岗员工拿到管理层的薪水,这样希望能间接影响到服务质量。

5. 未来你的部门有计划改变有关旅游体验的设计吗? 为什么?

继续跟进金钥匙和智慧旅游,也要看后期公司发展。

管理者访谈 03

破冰问题

1. 你在城墙管委会工作多久了 (你的部门运营多久了)?

五年。

2. 你做现在这个职位有多长时间了?

两年。

主要访谈的问题

1. 你能描述一下你的部门或组织在古城墙旅游中所起的作用或者扮演的角色吗?

我们是行政接待岗,是景区的窗口,面对的对象是各界领导和国外元首、政府首脑，给他们做有关城墙的一切讲解，我们这个部门直接代表景区形象，甚至是国家和城市的形象。

2. 你能描述一下你的组织或者部门为游客提供的体验或服务吗？你们是怎么做的？

我们的参观路线是既定路线，不光讲解城墙本身的历史文化，还要串联起西安城墙的过去、现在，包括景区的历史文化、工程改造、遗产保护以及服务等，城墙已经加入了金钥匙组织，这是一个很大的荣誉。我们要突出一个时间轴的概念，不仅是一个景区的概念，我们将注意力更多地放在如何将历史文化名城与现代文化相融合方面。

3. 这里有为游客设计的能让游客参与的体验活动吗？

体验活动还是比较丰富的，景区内，城墙自行车是一个非常好的体验项目，很受大众欢迎，还有系列文化展演，多个时间段的武士表演，主题演出，有"梦长安"演出，这些演出活动丰富了景区的内涵，也可以让游客参与进来。

4. 你能比较一下你们部门现在为游客做的和之前为游客做的有什么不同吗？如果有，可以讲讲为什么你的部门会做出这样的改变吗？

最初只是接待，只是把历史文化知识介绍给游客，但现在出于文物保护的考虑，以及游客接待量的提升对景区也是一个挑战，要间接影响对方感知，让大家明白在这里不仅仅是参观展览，最主要的是要意识到这是老祖宗的财富。现在城墙的影响力非常大，举办的活动包括国家元首的造访、春晚的演出、秋晚的镜头，以及马友友音乐会、丝绸之路音乐会，这样的影响力以前是没有的。城墙自身的地理优势也非常明显，位于市中心，每个人都可以深入其中，在其他地方是听到历史、看到历史，在城墙则是可以触摸历史。通过历史文化介绍，希望游客能感受到西安城墙的存在是一个很漫长的历史过程，要保留、传承下来，而且要保护好。这是我们的工作也是责任，其中包含了敬畏之心。目前，我们的注意力更多放在如何将她与历史文化名城、与现代文化相融合打造城墙的影响力，一些有影响力的活动虽然很多游客确实不能参与其中，可这些活动的确会增加城墙的曝光度，本质上它们是媒介事件，这些一连串的事件会让游客对城墙充满好奇和向往，他们可能会想来这里看一看。

5. 未来你的部门有计划改变有关旅游体验的设计吗？为什么？

我们的接待会向更高的层次迈进，希望在曲江板块里面做到最好，南门有文化国门和礼仪国门，如何让国人接受和认可？城墙突然火了，能不能符合期望，如何符合游客期望，依靠经验和重要活动所探索出来的路要保持下来，还要突出创新，这是我们一直在考虑的。

管理者访谈 04

破冰问题

1. 你在城墙管委会工作多久了（你的部门运营多久了）？

五年。

2. 你做现在这个职位有多长时间了？

三年。

主要访谈的问题

1. 你能描述一下你的部门或组织在古城墙旅游中所起的作用或者扮演的角色吗？

我们演艺部主要是策划管理仿古演出，主要部门有灯光音响部、物美部、服装部、艺术团和仪仗队，我们的口号是"守护城墙历史，践行文化使命"，还原古代军事防御城池的使命。

2. 你能描述一下你的组织或者部门为游客提供的体验或服务吗？你们是怎么做的？

西安城墙是一座军事堡垒，蕴含着千年历史，并且是呈现多元文化的一个角色，因此我们主要的工作是要"活化"历史，不仅仅是让游客到此一游，最主要的是让他们对历史、对文化能有深入的了解，所以我们设计了相应的舞台演出、大型节事活动让游客更深入地参与进来。我们的演出活动很多，比如有"士兵巡游""武士换岗"演出，全年 365 天不间断。艺术团主要做《梦长安》以及节假日演出，《梦长安》是品牌。武士巡游，我们是在固定时间和固定路线、固定点位表演。武士站岗是城墙里设置的固定岗位供游客拍照。节假日武士表演会增加场次。《梦长安》虽然买票才能看，但表演是从南门吊桥出去，在南门广场开始的，即使是不买票的游客在南门广场也可免费观看《梦长安——大唐迎宾礼》。艺术团也会在中国传统节日策划节目，比如在七夕、中秋、春节，设计和节假日主题贴切的演出。

3. 这里有为游客设计的能让游客参与的体验活动吗？

体验活动主要就是和游客拍照，但元宵节灯会的时候，会有人偶互动、演员互动的环节。唐文化是西安城墙非常重要的一个代表性文化，古长安有大唐盛世，明城墙是在唐城墙的基础上修建的，但因为年代久远，唐代留下的痕迹很少了，现在我们主要通过舞台化演出以及一些和唐文化相关的活动来还原历史。今天我们的"入城仪式"就是在唐代的礼仪上发展起来的，在唐朝，永宁门一直有以大唐国礼迎接各国贵宾的传统，大唐古长安城南门入城仪式被称为"天下第一礼"，因此，我们据此策划了大型文化主题舞台剧《梦长安》，吸引了国内外大批游客观看，非常成功，《梦长安》还曾接待了包括美国总统克林顿、印度总理莫迪在内的各国政要。

4. 你能比较一下你们部门现在为游客做的和之前为游客做的有什么不同吗？如果有，可以讲讲为什么你的部门会做出这样的改变吗？

其实变化挺大的，从管理、服务到游客亲身体验各个方面，变化都比较大，原因在于服务和管理革新了，包括《梦长安》的发展，这和资金投入有关，我们的服装和道具请的是国际的设计师。开演之前，前面会设计和观众拍照的环节，主要缓解游客等候的烦躁，"武士换岗"巡游的服装和道具也有很大的提升，出发点就是尽可能多地还原古代防御城池的真实性，要提供品质化服务，服装、音乐都很关注细节，出发点是为游客体验考虑。

5. 未来你的部门有计划改变有关旅游体验的设计吗？为什么？

未来的计划是有的，目前想的是《梦长安》演出每年都能有所提升，包括灯光、音响、服装的提升。今后我们会投入更多的资金和人力，注重灯光效果的提升，以及演出编排效果和体验的提升，要和游客有更多互动，比如月城的演员和游客互动，能让游客体验更加贴切，深入融入演出，亲身体验，穿着武士的衣服来体验。希望艺术团更多承担国家的演出，"武士换岗"的服装金甲全国独一无二，游客会打听，有的是奔着这个演出来的，所以一直坚持演出。

管理者访谈 05

破冰问题

1. 你在城墙管委会工作多久了（你的部门运营多久了）？

在城墙工作八年了，我是城墙旅游发展公司成立后第一批招进来的。

2. 你做现在这个职位有多长时间了？

四年，"金钥匙"是 2012 年王总引进的，当时他是第一把"钥匙"，四年间我们一直在做"金钥匙"这件事情。

主要访谈的问题

1. 你能描述一下你的部门或组织在古城墙旅游中所起的作用或者扮演的角色吗？

2016 年第一批正式培训学习拿到证书的有四把钥匙，城墙是国内第一家拿到金钥匙资质的景区，先利人后利己，把游客放在第一位，一点一滴积累、学习，现在是中国景区的标杆。全国有四家景区有金钥匙，现在我们有 19 把"金钥匙"，我们主要属于游客服务部，是一线服务人员，满足游客的需求，我们几乎没有普通服务，尽量满足游客的需求。

2. 你能描述一下你的组织或者部门为游客提供的体验或服务吗？你们是怎么做的？

我们先是观察，然后和游客沟通，我们是文物保护单位，没有电梯，遇到老人家和残疾人，我们主动提供帮助，会留金钥匙卡片服务电话，24 小时提供帮助。另外，还有空中送祝福活动，检票买票时，游客出示证件，发现有过生日的，当天播报，现在以一个月集中播报。

3. 这里有为游客设计的能让游客参与的体验活动吗？

永康书记说每个月都要有大型活动，要做两点，建成世界精品级景区和开启"百条建议"活动，各个部门去讨论，怎么去提升，怎么去改进。无人机表演要常规化，每个月每个节日都有大型活动，把游客当成自己的朋友或者家人。

4. 你能比较一下你们部门现在为游客做的和之前为游客做的有什么不同吗？如果有，可以讲讲为什么你的部门会做出这样的改变吗？

城墙以前都没有服务，现在岗位更加细化，有游客部、礼宾接待部，从2012年成立旅游公司后有改变，金钥匙要动起来，眼睛要看，随时把握游客需求，骑车环城转一圈，在门点巡视，发现问题，总结问题，员工在岗状态要沟通给主管，我们主要负责监督、培训。我们是"金钥匙"专员，负责现场管理、岗位分配、投诉处理、设施设备检查、平行协调，对物业、安保，都有监督。我们有现场服务群，发现问题后随时发到群里，我们还有志愿者导游，城墙的自主讲解系统也在升级，会给游客发二维码名片，有视频、有讲解，全程覆盖升级。

5. 未来你的部门有计划改变有关旅游体验的设计吗？为什么？

金钥匙下一步的目标是输出管理，我们32把"钥匙"去给需要的景区培训，出去借调。守护历史责任，践行历史使命，热爱工作，尊重游客，游客需要什么，我们都放到全国金钥匙群里。城墙作为文化遗产地必须要有讲解，所以我们有视频讲解，会给游客推荐线路，如果想看西安全景，运动型游览就走一圈，如果带老人小孩，行动不便，就推荐向西走，走到西门。我们金钥匙也会在南门进行讲解，礼宾、检票也都会讲，游客服务中心有导游，其余门没有。现在我们要把城墙做成西安的门脸，将灯光秀做成西安的夜景，2015年城墙游客有300万人，2017年500万人，门票收入有2.5亿元。

管理者访谈 06

破冰问题

1. 你在城墙管委会工作多久了（你的部门运营多久了）？
在城墙工作九年了。
2. 你做现在这个职位有多长时间了？
做"武士"九年了。

主要访谈的问题

1. 你能描述一下你的部门或组织在古城墙旅游中所起的作用或者扮演的角

色吗？

城墙在 2006 年就有武士巡演了，之前属于游客服务部，后面属于演艺部，我们的使命就是"守护城墙历史，践行文化使命"，还原古代防御城池。我们的作用主要是给城墙增添古代的气氛，一个城池有士兵才算是城墙，城墙也是文化底蕴非常深厚的地方，《梦长安》演出时间是在四月底到十月初，我们这些演出就成为辅助性的，商演是主要的。

2. 你能描述一下你的组织或者部门为游客提供的体验或服务吗？你们是怎么做的？

我们主要是武士巡游和士兵换岗，武士巡游每天是上午 10 点、11 点，下午 3 点、4 点，换岗是每天下午 5 点。但每年时间不一样，演出地点主要在南门区域，巡游区域包括外广场、南门瓮城。

3. 这里有为游客设计的能让游客参与的体验活动吗？

我们和游客进行互动，游客会问你这个盔甲是古代的还是现在仿制的，我们会告诉他，这是唐朝的衣服，游客会要求和我们拍照，90% 以上都会要求拍照，会问你，收不收钱。

4. 你能比较一下你们部门现在为游客做的和之前为游客做的有什么不同吗？如果有，可以讲讲为什么你的部门会做出这样的改变吗？

从 2013 年开始巡游更多往演艺方向靠拢，之前单纯就是武士岗位职责，现在更多的是带有演员的性质，以前没有巡游，就是在城门洞两侧站岗，拍照合影。现在服装、音乐、道具都革新了，衣服目前有两套，一套巡游，一套演出，夏季是红色，特别热的时候才会穿，比较轻、凉快。我们"武士"有 30 个人，高峰期一天演出 20 多场，武士优先选退伍军人，然后是体院的，要有身材、气质、气魄，还要有动作，《梦长安》出城缔结，武术指导都是从北京请的，以前武士表演主题也是变化的，最受欢迎的是 2015 年的《皇城羽林卫》，游客看得多，场地利用得好，就在瓮城，但现在瓮城主推《梦长安》，只能给让路了，目前武士换岗在月城，受场地限制，观众减少了。《梦长安》之前我们是表演主力，现在是辅助性演出。目前武士人员不够，主要在南门附近演出，没法辐射到北门。敌楼也不敢作为场地来演出，害怕损坏，也有防火的考虑。

5. 未来你的部门有计划改变有关旅游体验的设计吗？为什么？

每年的表演要有创新，满足游客需求，但对服装、道具、音乐、布阵排练也会有进一步的要求，也会增加和游客的互动环节。

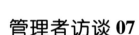

管理者访谈 07

破冰问题

1. 你在城墙管委会工作多久了（你的部门运营多久了）？

我是2014年3月10日加入城墙工作的，至今已经有四年了，刚入职的时候是一名一线对客服务人员，差不多过了一年半，因为工作需要，调岗到了二线办公室做行政助理。

2. 你做现在这个职位有多长时间了？

后来过了差不多两年的时间，因为人事变动，岗位空缺，就到了现在这个游客服务中心主管职位，在这个岗位差不多半年了。

主要访谈的问题

1. 你能描述一下你的部门或组织在古城墙旅游中所起的作用或者扮演的角色吗？

我们所在的部门是游客服务部，主要负责的是景区一线对客服务工作，涵盖的岗位有景区的咨询员、讲解员、礼宾员、检票员，而我所在的游客服务中心，内设的就是咨询员、讲解员岗位，主要为游客提供咨询、讲解服务，同时提供休息区、观影区、行李寄存、广播播报、投诉处理、医药箱、针线盒、饮用水等服务，并配合景区各类活动做好宣传、对游客解释、物资发放等工作。我们作为景区的窗口，是展示景区形象、宣传景区文化、反馈游客游览体验、连接景区与游客的桥梁，游客从我们这里了解到景区、了解到城墙、了解到城墙文化，同时在游客的游览过程中提供帮助，满足游客游览需求。

2. 你能描述一下你的组织或者部门为游客提供的体验或服务吗？你们是怎么做的？

游客中心是一个服务窗口，特别是现在有金钥匙这个资质，我们主要提供满意加惊喜，我们设立有"空中送祝福"生日播报、留言册、纪念章、纪念品展示、二维码导览、免费书籍、"吃住行游购娱"服务卡、影片介绍、触摸屏介绍等，游客在这里可以从不同方面感受到景区为游客提供的服务与互动。景区开展的"烟头赠礼""志愿者服务""车让人"等活动，也让我们有机会跟更多的市民及游客进行交流互动。

3. 这里有为游客设计的能让游客参与的体验活动吗？

我们的旅游服务发展公司，每月会在景区内开展主题活动，包括征集春联、新年祈福跑、新春灯会、全民制灯、新春互动演艺、马拉松、风筝节、自行车赛、惠民政策、儿童艺术节等，可以让不同群体的市民、游客走近城墙，体验丰富多彩的活动。

4. 你能比较一下你们部门现在为游客做的和之前为游客做的有什么不同吗？如果有，可以讲讲为什么你的部门会做出这样的改变吗？

时代在发展，人们对品质的追求也越来越高。我们为了满足游客的游览需求，不断改善游客的游览体验，提升景区服务品质，树立景区服务标杆，打造世界精品级一流景区，让更多的游客能够了解城墙、了解城墙文化、为城墙建立口碑，进而进一步宣传城墙，使城墙成为西安名片，成为国家经典。我们通过提升现场硬件设施及软件实力来不断满足游客需求，例如，游客中心扩建改造提升、增设景区游客服务中心点位、配备电子导视导览、增设导览图、丰富对游客服务物资（免费导游图、免费书籍、轮椅、婴儿车等），同步开展人员系列培训（景区基础知识、英语专项知识、医疗急救知识等）提升现场工作人员的综合服务能力。

5. 未来你的部门有计划改变有关旅游体验的设计吗？为什么？

下一阶段要以打造世界级精品景区为目标，还有百条建议活动，就是通过调研，让各界专家、学者、市民、游客对城墙的服务管理提出建议，最后选出百条建议。下一步将建立导游服务体系，同时提供自助照片打印等服务，要挖掘周边资源丰富讲解路线及讲解内容，针对不同群体如老人、儿童、学生等拟定不同讲解内容，也考虑增设小语种讲解服务，配备多语种导游图，以方便外国游客。对景区历史文化展示系统进行丰富和提升，增加最佳观测点等，丰富游客的游览体验。此外，还将根据市民及游客的游览情况提供更多的惠民服务。

管理者访谈 08

破冰问题

1. 你在城墙管委会工作多久了（你的部门运营多久了）？

在城墙工作已近九年。

2. 你做现在这个职位有多长时间了？

任售票员工作九年。

主要访谈的问题

1. 你能描述一下你的部门或组织在古城墙旅游中所起的作用或者扮演的角色吗？

景区售票室是游客第一接触的窗口，会和游客进行情感交流。售票室是整体景区的门面和窗口，游客的视觉、情绪、情感的愉悦程度与售票部门密不可分。

2. 你能描述一下你的组织或者部门为游客提供的体验或服务吗？你们是怎么做的？

售票室的职责就是通过销售景区门票完成企业收入，为游客提供方便，我们除了卖票，问询服务也是我们的主要工作，我们会向游客推介景区的资源优势、景区亮点以及周边信息等。售票过程中产生的意外我们也会妥当处理。登记身份证时会留意游客的生日，如果那天正好是游客的生日，我们会为游客播报生日祝福。

3. 这里有为游客设计的能让游客参与的体验活动吗？

在景区开展"烟头不落地"的活动过程中，我们在售票室区域开展"人人争当志愿者"的贴标活动，近距离与游客互动，为树立景区形象，扩大宣传，受到了好评。

4. 你能比较一下你们部门现在为游客做的和之前为游客做的有什么不同吗？如果有，可以讲讲为什么你的部门会做出这样的改变吗？

我们致力于打造世界一流的标杆景区，向 5A 迈进，以前售票员就是卖票，现在我们会接受培训，比如城墙及周边景点讲解，游客一定会问到。受制于售票室空间和场地因素，我们在日常工作中，也会走出售票柜台，走到大厅主动为游客服务。当前旅游市场竞争激烈，景区的硬件、软件都在不断创新，景区的售票服务也在不断提升。

目前售票销售结算方式不再是单一的现金支付，现已有线上支付——西银汇付，游客可使用微信、支付宝等多种方式支付。因国外游客无法使用网上支付功能，我们还增加了"易收银"POS 机刷卡功能，在未来工作中，售票室还将继续增加 ATM 提款机、自助售票机等，为游客提供"满意＋惊喜"的服务。

管理者访谈 09

破冰问题

1. 你在城墙管委会工作多久了（你的部门运营多久了）？
2. 你做现在这个职位有多长时间了？

我在西安城墙的"城墙故事"精品屋已经工作两年了。

主要访谈的问题

1. 你能描述一下你的部门或组织在古城墙旅游中所起的作用或者扮演的角色吗？

旅游纪念品商店主要做主题文化推广，我们的作用是宣传、推广、传播城墙文化，满足游客的购物体验。我们的职责主要是负责城墙主题旅游纪念品的销售，其中也包括回答游客提出的对城墙以及周边信息的询问。

2. 你能描述一下你的组织或者部门为游客提供的体验或服务吗？你们是怎么做的？

城墙的主题和武士有关，我们的旅游纪念品是城墙自主研发的，也有和别的设计公司合作的，主要是推广城墙文化，然后辐射到西安、陕西，出发点就是以特色化为主，希望游客可以通过我们的产品对城墙文化有更深刻的体会，当然，趣味性也很重要。

3. 这里有为游客设计的能让游客参与的体验活动吗？

我们组织了城墙小武士集章活动，集齐印章的游客可以获赠小礼品或参加抽奖，可以促使游客积极游览，增加游览的趣味性，从而更多地了解城墙。我们会组织有关西安城墙的知识竞答比赛，使游客不仅能真正参观到城墙的风貌，还能更加了解城墙的历史文化。

4. 你能比较一下你们部门现在为游客做的和之前为游客做的有什么不同吗？如果有，可以讲讲为什么你的部门会做出这样的改变吗？

景区内现在所有的目标都是打造世界精品一流景区，增强游客游览体验，提高游客的满意度。硬件上，主要是店面升级改造、完善基础设施；服务方面，培训很多，主要是加强员工综合素质培训，我们会规范文明用语，也统一着装，对英语也有要求，大家都在学习英语，我们也会为游客提供免费饮用水等。

5. 未来你的部门有计划改变有关旅游体验的设计吗？为什么？

希望城墙故事主题纪念品店可以有输出，最好能有网点，将来产品体系更完善，更有趣味性、特色性，可以走出城墙、宣传城墙和宣传西安。

管理者访谈 10

破冰问题

1. 你在城墙管委会工作多久了（你的部门运营多久了）？
2. 你做现在这个职位有多长时间了？
我在西安城墙当自行车租赁服务人员已经两年多了。

主要访谈的问题

1. 你能描述一下你的部门或组织在古城墙旅游中所起的作用或者扮演的角色吗？

我们的职责主要是负责城墙自行车租赁服务，也包括为游客做一些简单的周边介绍，让游客骑自行车或乘电瓶车游城墙时能尽可能不留遗憾。

2. 你能描述一下你的组织或者部门为游客提供的体验或服务吗？你们是怎

么做的？

在城墙上骑自行车是一个非常受欢迎的活动，我们虽然仅是办理租赁自行车的手续，但在这里对游客服务，也得不断提升服务意识和服务质量，尽可能多地帮助游客解答游玩过程中的困惑，会推荐游客骑行路线或者推荐周边景点，出行信息咨询等。

3. 这里有为游客设计的能让游客参与的体验活动吗？

结合自行车这一主题，我们在城墙敌楼附近提供自行车车模展，让游客更加了解自行车的由来，也可以丰富他们的体验。

4. 你能比较一下你们部门现在为游客做的和之前为游客做的有什么不同吗？如果有，可以讲讲为什么你的部门会做出这样的改变吗？

前两年城墙也有人力车夫拉车游玩城墙的，考虑到文物保护以及游客自身更深入的体验，我们统一提供自行车和电瓶车服务，自行车也实现了更新换代，以前是老式 26 车子，现在都是赛车型号的，抗震减压效果好。同时，我们的培训也在加强，员工的服务态度、用语、服装的统一都在提升，我们也为游客提供饮用水，为游客提供微信、支付宝付款方式，让游客在游览时有一个好心情。

5. 未来你的部门有计划改变有关旅游体验的设计吗？为什么？

我们的目标是打造一流精品景区，下一步说是会组织员工更多地去学习、了解城墙的历史文化及周边介绍，继续提升业务能力。

附录 C 旅游者访谈提纲

1. 您去过其他古城墙吗？感觉怎么样？

2. 为什么决定来西安城墙？

3. 您什么时候到这儿来的？和谁一起来的？

4. 当您在这个古城墙旅游的时候，您感受到了什么样的氛围？有特别引起您注意的吗？为什么？

5. 您参与什么活动了吗？为什么（没有）？

6. 您雇佣导游了吗？为什么（没有）？

7. 您听说过城墙举办的大型节事或者赛事活动吗？您认为怎么样？

8. 西安城墙的基础设施和硬件设施怎样？

9. 您计划买一些纪念品吗？买了什么或者准备买什么？

10. 您能用一个词或者几个词形容一下古城墙的主题吗？能否解释一下？

11. 您认为城墙之旅对您而言值吗？为什么？

12. 有关西安城墙的旅游体验，还有什么愿意和我分享的吗？

附录 D　部分旅游者访谈内容

旅游者访谈 01

1. 您去过其他古城墙吗？感觉怎么样？

去过南京的明城墙，蔓藤植物多一些，有沧桑感，城门壮观，但不完整，没法登临，我们第一次上西安城墙，感觉西安的城墙更古朴一些，西安市也更古朴一些。

2. 为什么决定来西安城墙？

我们出差，住在钟楼附近，往南边看，看到了城墙，夜景美、红灯笼好看，算是临时起意。

3. 您什么时候到这儿来的？和谁一起来的？

和同事，昨晚到的。

4. 当您在这个古城墙旅游的时候，您感受到了什么样的氛围？有特别引起您注意的吗？为什么？

我们从南门上来，已经走了很久了，西安城墙和南京的明城墙宽度差不多，对瓮城、箭楼、敌楼比较有感觉，之前了解过相关历史"瓮城捉鳖"。我想到西安，一是想到秦朝，一统中原，这是尚武精神，我觉得秦始皇是明君；二是想到唐朝，繁华盛世，李白，四海之内皆兄弟，国际化大都市，虽然朝代后来衰败了，但历史上曾经是辉煌的，但秦朝的历史为什么没有在城墙上展示。或者说，城墙上有没有什么经典的战役，以什么样的方式给大家宣传普及一下，但我不赞成做成游戏，破坏文物，而且文化厚重，能不能用潜移默化的方式影响游客，比如洗手间、路灯、广告牌可以将游客带到一个情境中来，城墙上的旌旗、标识牌、红灯笼也有一定的代入感，但还是不够，垃圾桶做得实在是太不到位了，这边风景的辨识度不高，估计到傍晚夕阳会很美，灯笼也会很漂亮，晚上来应该更好。自行车设置为公共自行车最好，现在都共享单车时代了，看到这些砖有的破旧，有的新，不知道是不是后来修的，城墙比其他城墙更完整、更宽阔，但城墙在古代有没有大将军，历史上有没有特别有名的大人物，以什么的方式让大家记住、参加进来，去寻找，像我去绍兴，就记得沈园了，因为有陆游和唐婉的故事，因为《钗头凤》，其实沈园是一个普通的江南小园，它会讲故事，还有三味书屋也好，因为上了小学课本，所以大家才知道。

5. 您参与什么活动了吗？为什么（没有）？

我们打算步行锻炼身体，出租车司机推荐我们骑自行车，我们旅行就是临时起意，走马观花，随便看看，也没看到城墙有什么活动，就像我刚才说的，城墙要多开发一些以文化主题、人物主题、历史主题为核心的活动，要会讲故事，这样我们也就会对这些活动感兴趣了。

6. 您雇佣导游了吗？为什么（没有）？

没有，不想受约束。

7. 您听说过城墙举办的大型节事或者赛事活动吗？您认为怎么样？

大型事件的话，其实我们只关注事件本身，对事件举办地可能无感，比如我们只关注习近平主席接见了莫迪，但是我们不关心在哪里接见的，城墙举办的这些大型活动，这是城墙的一个宣传策略，能让更多人关注到城墙，但我们就是希望能保护好文物。另外，因为个人比较喜欢历史，对一切和历史文化相关的事物感兴趣，所以也希望城墙能多做一些这样的活动，别辜负祖宗留下来的宝贵遗产。

8. 西安城墙的基础设施和硬件设施怎样？

环境挺干净的，没看到城墙上有啥服务，就是买票的时候也交流得比较少，我们对古城墙没有预期，感觉和南京城墙差不多吧，基本能够支撑需求就行，有卫生间、座椅，没有看到能接水的地方，当然，城墙本身就是一个军事设施建筑，该有的都有，比如护城河、垛口、马面、敌台。

9. 您计划买一些纪念品吗？买了什么或者准备买什么？

要是有和城墙主题相关的故事类的纪念品会买，文创要跟上，把历史和现代文化结合起来，吸引更多人注意，也能惠及更多百姓，我们没看到纪念品店，感觉不会有惊喜。

10. 您能用一个词或者几个词形容一下古城墙的主题吗？能否解释一下？

古朴、厚重。

11. 您认为城墙之旅对您而言值吗？为什么？

门票有点儿贵，如果更便宜些，可能会有更多人来，城墙不一定推荐，有空来转转，总体不太值，因为太单调，没有参与进来，没有故事，主要这边的介绍没有做到位，我觉得一个景点围绕一个主题、一个故事展开是最好的。这边城墙是老的，保护、维护得非常好，但是没有涉及故事，没有给我们更多的途径了解历史文化。

12. 有关西安城墙的旅游体验，还有什么愿意和我分享的吗？

我们对西安的历史不是特别了解，感觉城墙的软景观建设比较匮乏，比如以西湖举例，大家都知道许仙和白娘子的故事，西湖的意向就是由这个展开的，但它又不是只有许仙和白娘子，还有苏堤、白堤，因苏轼和白居易而得名，还有杨公堤杨工。然后又有了西湖十景，这又展开了故事，还有一些秋瑾、苏小小、武松的故事，还有西泠印社，景是美的，故事是丰富的，我们是开心的。这城墙有些单调，属于守城的设施，长城属于护国的，更宏伟壮观。南方城市包装得更多一点，会讲故事。故事里面一定要有大 IP，比如李白，借助诗词大会，可以好好宣传一下。

旅游者访谈 02

1. 您去过其他古城墙吗？感觉怎么样？

没有去过其他地方的城墙。

2. 为什么决定来西安城墙？

我一般到一个地方会搜一下网络的信息，打开大众点评排名，我看到城墙的排名第三，朋友也推荐来城墙，说是可以在城墙上骑单车，以前对城墙没有太多的关注，了解得不够多，我上午去了陕西省历史博物馆，查了坐车网，发现到城墙很方便，坐地铁几站就到了，今天的天气又很不错。

3. 您什么时候到这儿来的？和谁一起来的？

我来西安出差，前天到的。

4. 当您在这个古城墙旅游的时候，您感受到了什么样的氛围？有特别引起您注意的吗？为什么？

我觉得在城墙看不到什么景观，城墙本来就是一个军事建筑体，防御用的，拍照的时候可以拍到一些仿唐式的建筑。从城墙下看到城墙上旌旗飘飘，还有那个红灯笼，就想上去了会不会很兴奋，但是真的上来了，反而觉得没有在下面看得感觉好，而且有关城墙的战役、故事，能不能多讲一些，具体一些，比如永宁门经历过哪些战役，有哪些事件，这样对游客来说会有所收获，不然和我在公园散步有什么区别呢？

5. 您参与什么活动了吗？为什么（没有）？

没有，没有发现感兴趣的，只有骑自行车，不觉得在这里骑有什么特别，收费不合理，单车也不是很方便。

6. 您雇佣导游了吗？为什么（没有）？

没有，自己可以查相关资料。

7. 您听说过城墙举办的大型节事或者赛事活动吗？您认为怎么样？

我知道城墙是昨晚春晚的分会场，跑男是看大众点评知道的，我觉得城墙是城市比较有代表性的建筑，是地标，那这些大型活动的选址肯定是这样的，如果是在城墙上做一些偏公益的活动，比如亲子活动、校园活动，可以让它接地气，和民众的生活结合起来，因为大家对于城墙的定位是很模糊的，仅仅是西安的一个标志。《梦长安》是按照时间编排好的，但活动可以是随机的，互为补充。

8. 西安城墙的基础设施和硬件设施怎样？

其实我对城墙是抱有很大期望的，大家说可以骑单车，可我真的来了，一开始找不到单车，后来找到了，又要额外收费，我去看了一下，比较贵，两个小时45元，我玩不了那么长时间，而且单车对较小的女孩子来说，不是特别方便。而且游客一般会带行李，单车没有篮子框，放不了东西，后面没坐垫，我们背着包，拿着水，提着衣服，我怎么骑啊，所以可以分段计时收费，自行车还不是我们喜欢的款式，也看不到啥东西，和想的不一样，我对城墙的期望是骑单车和看城墙内外的风景。

9. 您计划买一些纪念品吗？买了什么或者准备买什么？

纪念品店没有，散客除非有硬性需求，如果是以商店的形式，游客是不会去的，文化通过商店来展示，其实不合适。我看到这些阁楼，其实抱有希望，会不会看到什么东西，希望有一些宣传册、故事、讲解，这个时候再去卖相关的书籍，带进去，这样卖纪念品会更好。形象宣传大使、纪念品店合二为一，纪念币很不错，做工很精美，镇馆之宝印在上面做国宝展示，这样很有意义，而且我以后看到会回忆、会查，我会对应去找。

10. 您能用一个词或者几个词形容一下古城墙的主题吗？能否解释一下？

壮观、古朴、智慧。

11. 您认为城墙之旅对您而言值吗？为什么？

50 多元的门票，觉得不太值，我不会推荐给其他朋友。为什么来西安城墙呢，因为它是西安的代表，那在城墙上可以干什么呢，可以骑车，骑车干嘛呢？绕城一周，可以看看市区内的景色。我不是奔着城墙来的，而是奔着城墙可以帮助我们做什么来的，城墙的定位是比较模糊的，但城墙也是有知名度的。你看省历博物馆和兵马俑，因为之前对它们了解得比较多，所以去了之后，收获很大，认知和了解会深一些，不是刻意去了解，而是个人成长经历中，一定会穿插的东西。

12. 有关西安城墙的旅游体验，还有什么愿意和我分享的吗？

关于申请世界遗产和游客又有什么联系呢？比如升级为世界文化遗产了，那世界文化遗产是什么呢？它为什么可以升级成功呢？原因是什么？游客知不知道？游客能从中受益吗？受众最关心的是，你能给我带来什么收益，历史、文化、文物是很厉害，可是和我有什么关系呢？我都不了解啊，你也没有给我更好、更多的渠道让我了解啊，我感兴趣才来，城墙要给每一个景点会讲故事，这个很重要，游客需要有收获，游客说不出一二三，会很空虚，这边垛口的牌子就两个，没有任何更多、更详细的讲解，大家就只有很开心地骑单车，不会有所思考，我在城墙上骑单车和我在江边骑单车有什么区别吗？文化景区怎么样吸引游客，一定要会讲故事，深挖文化，创造经济，让游客慕名而来，一定是"名"打动到你，那有几个"名"打动到你了？像我们这样出差，开会很忙，我能够中午饭不吃来这边，希望能有所收获，但是和我的预期不一样，历史比较厚重的景点应该有故事，那我骑单车还是希望能了解城墙，我觉得古城墙设施还挺仿古的，黑色的瓦片、红色的灯笼，真的很怀旧，让我一下想到《大汉天子》，外观装饰不错，内涵还是要深挖。之前去大雁塔，为什么叫大雁塔，玄奘取经真正历史的版本是什么，我去了大雁塔对这些真的了解了，它有很多标注，我一边看，一边查，获得了想要的东西。那儿的小册子很好，这边也没有小册子，小册子里面会有乐趣，门票定价太高了，没有额外的价值体现，只有骑单车。我想了解背后的历史、故事，我不会推荐到城墙，因为内涵不够，我总不能推荐你去骑单车吧。其实我觉得这些城门，还是要会讲故事，历史上有很多故事，是不是在这里发生的，玄武门之变什么的，比如小册子讲玄武门之变，玄武门在哪里，就像跑男找钥匙，这样绕一圈的游客会很多，这样可以宣传城市形象，宣传历史文化。目前这些建筑物，比较浪费，经济价值也没有体现，楼都关着，想看一看，逛一逛，什么都没有。敌楼可以做历史文化推广的便利店，和陕西的地方民俗结合起来，如果把唐朝的妆容放在这里展示展览，可以让大家感受唐朝的礼仪、服饰，中国古代历史那么恢宏，可现在有多少人愿意去了解中国的历史文化，城墙也要做中国历史文化弘扬的使者。比如成都的大学生穿汉服，也是身体力行推行汉文化，那西安是十三朝古都，有资格、有资源，更有义务去做这样中国历史文化的弘扬推广工作。我来西安，我感觉西安的经济并不是很有活力，西安的旅游景点做得不够精细。你看长沙，最会深挖故事，造星、做品牌、讲故事。西安出租车司机讲，留不住人，景点集中，游客两到三天彻底玩一遍，然后就走了。我们去长沙就是去看明星，去参加他们的娱乐节目，找黄牛，在长沙过夜的游客很多，自己开发的景点会炒作，制造流量，留住游客。我觉得西安有很多优势，可以讲很多故事，如果做成一档连续的节目，就会让大家愿意走进西安，让大家了解这个十三朝古都，比如《爸爸去哪儿》，进而拉动一些地方的消费。江西婺源的油菜花很出名，很多人去旅游是没有诉求的，就是拍照，仅限于我去了那里，但去了就去了，他享受在朋友圈定位的那一刻，并不想了解，也觉得没有必要了解。一些年轻人没有兴趣了解中国的文化、历史，一方面可能是年轻人追求外来文化，另一方面就是不知如何入手，我真的来了，再看这些讲解，发现很枯燥，引起不了我的兴趣，深入浅出的比较少。最好用一些互动的科技手段来吸引人，比如《我在故宫修文物》，故宫推出了很萌、很Q的东西，在互联网推广，这很适合年轻人的口味。首先我要接受你，然后我才能接受你的东西，我比较关注这些，所以才会有所思考。用现代的方式讲解古代的故事，因为这样年轻人才会接受，感兴趣，然后再去讲更深的。那个出租车司机给我讲了好多陕西的历史，有关中大地震、闯关东什么的，说西安旱涝保收，太安逸了，穷则变，变则通，我觉得他给我的信息量比城墙给我的多，就像我看一本书，我不需要记得每一个字，但是有一两句话说到点子上了，让我记住了，我就觉得值了。

旅游者访谈 03

1. 您去过其他古城墙吗？感觉怎么样？

没有去过其他地方的城墙，第一次来西安城墙，蛮期待的。

2. 为什么决定来西安城墙？

很向往西安，有名的古都，西安城墙又是目前保存最完整的古城墙遗址，在这里可以骑自行车，能看完西安城一圈，所以我就来了。

3. 您什么时候到这儿来的？和谁一起来的？

我一个人来的，辞职了来散心。

4. 当您在这个古城墙旅游的时候，您感受到了什么样的氛围？有特别引起您注意的吗？为什么？

感觉古城墙很宽敞，有种穿越到了古代的感觉。游人很少，我很喜欢，周围的建筑比较矮，我觉得很舒服，一般城市里都是寸土寸金，这里做得很好。感觉东南边的城内风景更好些，能看到碑林博物馆。就是整体感觉光秃秃的，什么东西都少一点儿，本来希望有更多关于文化内涵的解释，比如碑林孔庙，除了简单的标识牌，是不是能有更多深入的讲解，但是走了一段，没看到什么介绍。路很宽，如果能有语音介绍，一边走，一边思考，可能会更好，历史上应该有很多很多故事。虽然是历史文化名城，就只有很简单的名城介绍，希望能看到城墙的历史、变动、过去的危机，等等。

5. 您参加什么活动了吗？为什么（没有）？

其实本来是冲着骑车看西安城来的，但是今天太晒了，遮阳的地方又太少了，一下没了兴致，随意走了走，如果天气不是很热，应该感觉会很好，我也觉得城墙的活动太少了，本身是一座军事堡垒、历史遗迹，历史上应该有很多战役、故事，就是大唐也有很多风俗文化之类的，应该多开发一些和历史文化有关的活动，不一定规模很大，但是可以丰富一些，让城墙活起来。

6. 您雇佣导游了吗？为什么（没有）？

完全没有找导游的想法，导游收费高吧，也没看到任何地方有导游或者提示。我希望能找到语音导游，或者找个二维码扫一下自助讲解，可连个二维码都没有。

7. 您听说过城墙举办的大型节事或者赛事活动吗？您认为怎么样？

印象模糊，但这些大型节事活动本身挺好的，但是我不会参加，人太多了。活动对城墙可以起到宣传作用，告诉大家我们西安有一个非常好的城墙，假如我是本地人我会觉得很骄傲。外地人的话应该不会特意来参加，除非特别喜欢。我们倒是关心每日有哪些常规演出，是我们能感受的、参与的。

8. 西安城墙的基础设施和硬件设施怎样？

我希望自行车在设计上更舒服一些就好了，像摩拜那样骑起来很舒服，还有要是上来我能随时接点儿水喝就好了，感觉城墙上少了点儿什么，光秃秃的，我希望有很多标识文化内涵的指示牌在里面，看到那个解释文庙碑林的牌子，就那么一点儿，西安有那么多历史、故事、战争啊，其实都可以在城墙上展示出来，游客可以一路走来，一路慢慢看。

9. 您计划买一些纪念品吗？买了什么或者准备买什么？

没有买，看了纪念品店，价格很贵，淘宝上也可以买到，而且没有什么特色，感觉每个地方的模式是一样的。

10. 您能用一个词或者几个词形容一下古城墙的主题吗？能否解释一下？

宽敞、舒心、古朴、穿越。城墙对我来说，最大的美在于它宽敞的空间感，整体的氛围又很古朴，人在上面会很舒服，心里敞亮，有浓浓的历史氛围，会有一种穿越的感觉。

11. 您认为城墙之旅对您而言值吗？为什么？

整体来说还是挺值的，虽然确实有些失望，也可能和天气有关吧，但起码我到了古都西安，登上了古城墙，认识了西安，了解了历史，别人说城墙怎样，骑车怎样，但是你实地来了，就能更直观地认识城墙。而且大中午没什么人，光秃秃的城墙，也是一种孤独的体验吧。

12. 有关西安城墙的旅游体验，还有什么愿意和我分享的吗？

希望城墙能多一些活动，能多利用一些科技手段辅助游客服务，特别是讲解这一块。

旅游者访谈 04

1. 您去过其他古城墙吗？感觉怎么样？

去过，但都是一小部分，有的也是后来仿造的，没有去过这么完整的城墙，感觉别的地方没有西安的城墙完整。

2. 为什么决定来西安城墙？

城墙是西安的代表，来了西安，肯定是要来城墙走一走的。

3. 您什么时候到这儿来的？和谁一起来的？

我和朋友一起来的，昨天到的。

4. 当您在这个古城墙旅游的时候，您感受到了什么样的氛围？有特别引起您注意的吗？为什么？

其实登城墙之前，在城门底下先摸了城墙，想起了很多历史片段，比如攻城守城厮杀的场面，内心会有波动，因为觉得人在历史面前很渺小，历史又是那么厚重，相同的地方，发生了很多事件，走过很多人，真的上来了，又觉得一下被震慑到了，城墙上的一砖一瓦，就安安静静在这里，是一种见证。内心很平静，我觉得城墙很神奇，能够让人安静下来，不知道和颜色有没有关系，青砖青瓦，鲜亮的只有红灯笼和旗子，我们是从南门上的，骑车到了西边，看到了城墙下的寺庙。走到了火车站，又看到赶向祖国各地的旅人，不同的方向看到的景色就像是不同的世界，或者不同的心境赋予它不同的意义，有的嘈杂，有的安静，我还有一些遐想，比如有人是不是真的可以穿越时空。

5. 您参与什么活动了吗？为什么（没有）？

虽然下雨了，还是骑了白行车，太多人推荐，城墙的氛围又这么好，这么多人在骑，兴致一下就来了，迎着风，迎着雨，骑着走完了一圈，把整个西安城看了一遍，感觉越到北边，城墙内的建筑就越低矮老旧，有些房子还破破烂烂的，更像是真实的市井生活，我还想西安有没有贫民区之类的，细雨霏霏中，很有感觉，树被吹得沙沙作响，天空阴霾，就更有一种历史的沧桑感了，说不定下一秒就穿越到古代了，就是路面不平，颠簸得厉害。

6. 您雇佣导游了吗？为什么（没有）？

没有，来之前，了解了一下城墙的历史，觉得没有必要请导游。

7. 您听说过城墙举办的大型节事或者赛事活动吗？您认为怎么样？

听说过元宵节灯展，还有一些接待贵宾的大型活动，印度总理莫迪应该来过这里，我觉得这种活动挺好的，因为体验传统或者古代的一些东西能更好地保护我们的传统，但就是不知道西安人和这些古迹的活动互动得怎么样，如果能增加本地人的互动频率，会更好，因为在外地人眼中，本地人的精神面貌也是一种可见的旅游资源吧，要是城墙对西安本地人开放得更多，我要是能看到西安人在这里跑步、遛弯、遛孩子，听到的全是陕西话，城墙上还有老人家唱秦腔，绝对是满满的市井百态。

8. 西安城墙的基础设施和硬件设施怎样？

我觉得挺好的，但其实对于古建筑来说，增加的设施不用太多，不然会破坏主体景观，也可能对城墙有破坏。

9. 您计划买一些纪念品吗？买了什么或者准备买什么？

要买的，走过路过的仪式感很重要，但不是为买而买，看眼缘，我们刚才转了一下纪念品店，没有发现喜欢的，建议可以结合城墙主题再创新一些。

10. 您能用一个词或者几个词形容一下古城墙的主题吗？能否解释一下？

古老、安静，作为历史见证和遗留的存在，城墙很重要，毕竟我们不知道时代将来会发生怎样的变化，至少，书本里教过"城墙"是可以让子孙后代有想象的。

11. 您认为城墙之旅对您而言值吗？为什么？

蛮好，一脚一脚踩在这些历史遗留下来的砖石上，人生没有白走的路。

12. 有关西安城墙的旅游体验，还有什么愿意和我分享的吗？

对城墙了解得越多，感受也就会越多，有的人仅当景点逛一圈，所以体验也就限于"到此一游"，可以增加更多免费的、便于游客了解的方式和渠道，也可以创新一些相关的纪念品，因为现在的纪念品太局限了，像20世纪90年代的感觉。

旅游者访谈 05

1. 您去过其他古城墙吗？感觉怎么样？

其他古城墙没登过，只是在城墙下穿行过。2007 年曾经在南京工作过，在南京城逛街的时候，多次路过、看过南京中华门，感觉挺古朴的，城墙并不长，只有那么一段，古朴青砖的缝隙里有青苔，还有明代的卫兵铜像、旗帜。只是这一切掩映在嘈杂的城市声音里，并没有让我有多少融入感。

2. 为什么决定来西安城墙？

我多次听别人讲西安古城墙的名气，这次也是了了一个心愿。

3. 您什么时候到这儿来的？和谁一起来的？

自己一个人来的。

4. 当您在这个古城墙旅游的时候，您感受到了什么样的氛围？有特别引起您注意的吗？为什么？

从南门城墙下走进来，先看到一堵很敦实、厚实的青砖墙。沿着阶梯走上来，第一感觉就是：好宽阔的道路啊，好厚实的城墙，很有安全感，让恐高的我不怕往下看。城墙上的风很大，南门城墙上的灯笼在风中摇啊摇，荡啊荡，很有画面感，特别像演电影。我还专门拍了几张照片，还有城门洞里斑驳的车辙辘让人感觉像是进入到历史。还有这些来游览城墙的人，都表现得很闲适，"闲庭信步"、走走停停；还有青春飞扬的年轻人，骑着自行车一路欢声笑语。看着他们，我自己都掩饰不住地咧嘴笑。我自己对城墙最重要的感觉就是，城墙不重要，谁与我一起爬城墙最重要。

5. 您参与什么活动了吗？为什么（没有）？

骑自行车了，累、爽、开心。不少人推荐骑车，攻略上也有，城墙一圈将近14 公里，靠走不知道要走到猴年马月了，可不转完一圈又觉得遗憾，攻略上说可以看到西安火车站，起码我得看看西安火车站，所以租了车往东北方向走，有时候地势微微高低起伏，还有些颠簸，有点小刺激，主要是大家结伴而行，周围欢乐的人群无形中也给你助力了，看到了西安火车站，那里人好多，还有熟悉的播放车次的广播声，想象着此时有多少人在南来北往，而你此时是在一座古代的军事堡垒上骑车，这体验太棒了。

6. 您雇佣导游了吗？为什么（没有）？

没有雇佣导游，导游说的词我觉得多是后人强加上的，与城墙上的人文景观没有啥关联，我不喜欢这样的"张冠李戴"。

7. 您听说过城墙举办的大型节事或者赛事活动吗？您认为怎么样？

在新闻里看过，好像哪一年春晚在西安城墙有分会场，西安是中国历史上有名的古都，城墙是西安的名片，能做这样的活动也说明西安有影响力，还有马拉松比赛，真会选地方，在这里和在其他地方跑马拉松肯定不一样，对于那些选手来说，肯定是美好的回忆。

8. 西安城墙的基础设施和硬件设施怎样？

从我个人角度来说，西安城墙本身就是一项基础设施，不适合做较大改变，能做的就是把卫生设施做好、维护好，城墙在这一块也确实做得很好，你看那标语"烟头不落地，城墙更美丽"。还有一个建议，不用建太多设施，不要过度商业化，最好保持古朴的风格。

9. 您计划买一些纪念品吗？买了什么或者准备买什么？

纪念品如果比较有特色，会买一些，但是从全国多地的经验来看，没有啥比较有特色的，西安城墙也一样，纪念品没啥特色。

10. 您能用一个词或者几个词形容一下古城墙的主题吗？能否解释一下？

古朴、庄严、历史感。城墙主体建筑的颜色很复古，很有感觉，一块块大砖都是历史的见证，城墙保存得这么完整，城门楼也高大雄伟，只有真正上来感受了才能明白历史的厚重沧桑，还有感叹我们和平年代的美好。

11. 您认为城墙之旅对您而言值吗？为什么？

还可以吧，值与不值是一个比较主观的感觉，我觉得骑自行车穿行在中国古代伟大的军事建筑上，特别是走到南门这一段的时候，看着城墙下市民的人间烟火，才能体会到一个城市的文化。

12. 有关西安城墙的旅游体验，还有什么愿意和我分享的吗？

西安城墙保存得非常完整，东西南北望不到头，宏伟有气势。我希望再来城墙的时候，还是保护得这么好，也希望这次一起同行的小伙伴多年之后还可以相约再游城墙。

旅游者访谈 06

1. 您去过其他古城墙吗？感觉怎么样？

去过平遥古城，比较玲珑精致，相比较而言，西安城墙更为大气，又在古都，显得厚重感更强，见过北京古城墙破败的样子，被拆得只剩大门楼。

2. 为什么决定来西安城墙？

它是西安的标志性建筑，是中国保存最大、最完整的古城墙。

3. 您什么时候到这儿来的？和谁一起来的？

和朋友一起来的。

4. 当您在这个古城墙旅游的时候，您感受到了什么样的氛围？有特别引起您注意的吗？为什么？

城墙太适合拍照了，在城墙上拍照，会有从现在穿越到古代的感觉，我们骑车的时候，身边有不同年龄的、不同地方的游客，还有外国人，大家都充满活力，朝气蓬勃，脸蛋被太阳晒得红扑扑的，健康又热情。走在城墙上，也可以感受西安最真实的样子，有点破旧，有点儿懒散。碑林那一带有贴着城墙根一排排搓麻将的，东边那里有卖古玩字画的，还有那些古建筑式样的酒吧、私房菜馆，护城河边很接地气，有遛鸟唱戏的，我听到唱戏的声音，是城墙下面传来的，我趴在城墙上向下看，一群老年人围在一起唱戏，很热闹，我虽然听不懂，感觉是秦腔吧，挺粗犷的，很原生态，再听着耳边的古筝，有一种穿越的感觉。城墙外有很多槐树，这个季节到处是槐花香，太舒服了，城墙真是西安的宝，就像一个百年老人一样，守护着西安，我觉得西安如果没有了城墙，她也许就不再是西安了。

5. 您参与什么活动了吗？为什么（没有）？

骑自行车，不来城墙骑车太遗憾了，可以绕西安城一圈，可以看西安的城市风光，还能感受周围其他的骑车人的欢乐和活力，有一种同在感，一路上遇到徒步、拍照的，各种姿态、各种表情，大家彼此感染着，氛围很好。

6. 您雇佣导游了吗？为什么（没有）？

没有，这个地方虽然应该请导游，但导游讲的东西我觉得我们自己可以查到，比如城墙什么时候建的，有什么样的历史故事，但情感的东西还是要靠我们自己去体会，而且自己感受不受约束，自由自在。

7. 您听说过城墙举办的大型节事或者赛事活动吗？您认为怎么样？

听说过城墙马拉松比赛还有元宵节灯会，上过新闻，这次来，说是还有风筝节，但是没看到有放风筝的或者有什么活动，可能结束了吧，刚好错过有些遗憾，在城墙上做这些活动，让更多人参与，我觉得挺好的，在城墙上心境会开阔，感受也会不一样。

8. 西安城墙的基础设施和硬件设施怎样？

我们感受到的就是军事设施的细节吧，瓮城、箭楼、垛口之类的，还有那些灯笼和旗子有古代的感觉，能听到古筝感觉舒服，至于厕所，也很干净，座椅设置得也很便利，没有接水的地方不太方便，或者能设计一些自饮水台更好。

9. 您计划买一些纪念品吗？买了什么或者准备买什么？

打算买和城墙主题结合的书签，好看不贵有意义。

10. 您能用一个词或者几个词形容一下古城墙的主题吗？能否解释一下？

古朴、厚重。西安是十三朝古都，历史那么悠久，城墙在这里，就是历史的见证物，厚重又沧桑，我们很喜欢城墙的氛围，这氛围可能和西安有关，也可能和城墙建筑本身有关，她的砖石、城门，还有城墙根儿下的风光和生活，都很古朴。

11. 您认为城墙之旅对您而言值吗？为什么？

挺值的，这种历史气息、文化气息，还有西安人、这城墙上的人，还有我和小伙伴，以后都是美好的回忆。

12. 有关西安城墙的旅游体验，还有什么愿意和我分享的吗？

希望城墙保护得越来越好，也希望开发得越来越好，下次我们再来可以重温今天的美好时光。

旅游者访谈 07

1. 您去过其他古城墙吗？感觉怎么样？

去过南京的城墙，平遥的也去过，感觉西安的城墙完整度和规模都比其他地方的大，一上来挺震撼的。

2. 为什么决定来西安城墙？

因为开会，顺便过来，时间有限，第一时间就想来这里了，在市区很方便。

3. 您什么时候到这儿来的？和谁一起来的？

和同事一起，来了两天了。

4. 当您在这个古城墙旅游的时候，您感受到了什么样的氛围？有特别引起您注意的吗？为什么？

城墙上的游人有意思，看到很多人在骑车、拍照，还有拍婚纱照的，看到好多外国人，笑得很开心，我就坐着，看着他们，感觉非常好。看了跑男，就想来看看，来了之后发现城墙很壮观，感受到了历史的沧桑和真实，这些灯笼、旗子、大砖块，古色古香，有一种安安静静的气场。

5. 您参与什么活动了吗？为什么（没有）？

没有，不知道城墙上有什么活动，也没看到。在这里散步挺好，环境适合，我们走了一段就坐下歇歇，下面是碑林孔庙，古色古香，树木参天，挺有感觉，这里适合慢慢体会，这种历史氛围会让人沉浸。

6. 您雇佣导游了吗？为什么（没有）？

没有雇佣导游，还是想自己感受，我本身是学历史的，但是导游其实讲得挺有趣的，如果带老人和孩子的话，会请导游。

7. 您听说过城墙举办的大型节事或者赛事活动吗？您认为怎么样？

知道克林顿来过西安，有入城仪式，我觉得西安在世界上也是名城，涉及的国际活动其实挺好的，很自豪，如果交通方便，也希望可以参与这些活动，宣传西安。G20改变了杭州，也希望西安能树立形象，让更多的外国人过来，让西安走向世界。最好能有一些有关文化的表演，想看一些活动，比如展示陕西的文化、美食、历史的活动，帮我们更好地了解历史，也可以表演完后根据表演设计一些小纪念品，在节假日举行大型活动，平时可以小规模做一些，我一定会买。

8. 西安城墙的基础设施和硬件设施怎样？

瓮城、箭楼、垛口、敌台这些军事设施很棒，古人真是有智慧。旅游设施的话，感觉城墙很干净，管理也挺好的，这个空间很有吸引力，有历史文化氛围，大家在这上面心情开阔。

9. 您计划买一些纪念品吗？买了什么或者准备买什么？

打算在城墙买，看到感兴趣的话，会买，因为我一直都有买纪念品的爱好，比如冰箱贴。

10. 您能用一个词或者几个词形容一下古城墙的主题吗？能否解释一下？

历史、厚重、穿越。希望城墙能够永远保存下去，让后人能一直看到。城墙是维稳的设施，现在我们是和平社会，可以在和平年代看到动乱年代的设施，很穿越。

11. 您认为城墙之旅对你而言值吗？为什么？

虽然也算是临时起意，但挺值的，我本来就喜欢历史，冲它的历史氛围，也觉得挺好，在这上面让人心境开阔，也能思考很多东西，值。

12. 有关西安城墙的旅游体验，还有什么愿意和我分享的吗？

没有看到夜景有些遗憾，晚上我们就要走了，昨天看到了城墙的大红灯笼，确实漂亮，下次带孩子再来看吧，也希望城墙能有更多丰富多彩的历史文化活动。

旅游者访谈08

1. 您去过其他古城墙吗？感觉怎么样？

去过，去过开封古城墙，感觉太矮了，不威严；去过皇城相府的城墙，感觉不错，就是面积太小，不大气；去过敦煌的阳关城墙，一般般；去过嘉峪关，感觉大气磅礴；去过山海关，感觉还可以吧。

2. 为什么决定来西安城墙？

西安作为一个古都，本就是历史古迹众多，西安城墙也是很有名了，完整有气势，保存得好。去过了其他几个古城墙，也想亲身感受一下西安明城墙的风姿。

3. 您什么时候到这儿来的？和谁一起来的？

自己，出差有半天时间，交通方便，从市中心过来看看。

4. 当您在这个古城墙旅游的时候，您感受到了什么样的氛围？有特别引起您注意的吗？为什么？

古朴，这和西安这个城市厚重的历史感相吻合。西安的天灰蒙蒙的，城墙的主体颜色、这些大青砖也是灰色的，有沧桑感。在城墙下看的时候，觉得红灯笼和城墙配在一起，引人注目，看着很安静。上来了，反而感觉城墙外的景致更大气，可以看到钟楼，街道笔直宽阔，车流穿梭，特别是南门往西一带那些青砖青瓦的客栈、酒吧什么的，建得很不错，与城墙格调浑然一体，东边有孔庙碑林，有文化气息，感觉西安城墙信息量挺大的啊，环城公园也不错，环境优美，听到吹拉弹唱的，感受老百姓的生活，很真实。

5. 您参与什么活动了吗？为什么（没有）？

骑自行车的人不少，我随意走走，主要感受一下城墙的历史氛围，见识一下古人的智慧，我本人对历史比较感兴趣，站在这里能遥想一下城墙发生的一些故事和战事，也会有特别的感触。

6. 您雇佣导游了吗？为什么（没有）？

没有，对城墙有一些了解，自己走也比较自在。

7. 您听说过城墙举办的大型节事或者赛事活动吗？您认为怎么样？

这些年城墙的曝光率挺高的，宣传得很不错，城墙给你们西安立功了。具体事件一时让我说也说不出来，但是克林顿来西安参加了入城仪式我是知道的，活动挺好，刚才说了，知名度上去了，游客也就多了，但是我本身喜欢历史，也希望能多一些有关历史文化的活动，发挥古城墙的形象特质，也可以普及一些历史文化知识，让老百姓受益。

8. 西安城墙的基础设施和硬件设施怎样？

挺好的，座椅、厕所，都挺便利，为了维持古城墙这一个历史古迹形象，太多的设施也不合适，有些设施是到跟前要用才觉得方不方便，刚才着急买水，不知道到哪儿买。指路牌设立得挺有心，提示你下一个出口厕所还有多远，但有关讲解的标识牌是不是过于简单了，建议增设一些历史场景的图片说明，比方说在玉祥门那将当年二虎守长安的情节告知大家，并配以历史感很强的图片，会让观众感觉更好。可设置扫码或者电子语音讲解器会更有效率，中国人不爱请导游，景区要想到这些，为游客多多提供便利。

9. 您计划买一些纪念品吗？买了什么或者准备买什么？

没有特别喜欢的，年轻人估计会感兴趣。

10. 您能用一个词或者几个词形容一下古城墙的主题吗？能否解释一下？

古朴，历史气息和文化气息浓厚，安静。这地方空间大，人不多，过了东门，人越来越少，很安静，走在这里，内心也会变得安静，再看看城墙根下的街景和一些行走的人，也会有一些感慨，就是和平年代的百姓生活吧。

11. 您认为城墙之旅对您而言值吗？为什么？

还是值的，起码是明清时期的古城墙。很多历史片段都与此相关，比方说清代同治时期的回民军围攻西安城，太平军、西捻军等都曾围城。置身于此，是一个提醒和见证，让人容易和历史产生连接，也是一种确认。

12. 有关西安城墙的旅游体验，还有什么愿意和我分享的吗？

城墙上骑自行车的人真多，老外也不少，觉得我们的生活真的变好了，特别是那些年轻人，很有活力，很开心，大家都很享受今天的日子，所以说和平年代来之不易，要好好珍惜，希望古城墙被保护得越来越好，也可以和爱国主义教育、历史文化教育多结合，觉得老祖宗留下的财富一定要多多为后人服务。

旅游者访谈 09

1. 您去过其他古城墙吗？感觉怎么样？

去过假的城墙，就一段，西安城墙宏伟，有气势，是真正的城墙。

2. 为什么决定来西安城墙？

带孩子来看病，离西门很近，很方便，城墙代表着西安，这城墙都有几千年历史了，做过十三个朝代的都城，来了就来看看嘛。

3. 您什么时候到这儿来的？和谁一起来的？

我们一家三口。

4. 当您在这个古城墙旅游的时候，您感受到了什么样的氛围？有特别引起您注意的吗？为什么？

城墙宽得很，我上来第一印象，感觉护城河很远，古代射箭都能射到河外面去，厉害得很，还有这些砖，都特别大，古代人很智慧，很厉害，没有机械、塔吊，都是靠奴隶，没有工资，还能把城墙修得这么直、这么大，太聪明了。路过那个天下第一门的北门，在那里给孩子拍了张相片，有纪念意义，这些灯笼很多，一排排整齐又好看。城墙以外的楼高，城墙以内的楼低，是不是害怕遮住城墙，不让建造高建筑。第一次来城墙感觉很稀奇，这里的氛围把人拉回到古代。城墙以前打过仗没？有没有弹孔，在砖上找了半天，砖这么厚，打不穿吧，没找到，看到砖上刻有字，可能是新铺的，因为不是游客故意刻上去的，而且字都是一样的，垛口和大青砖很特别。我们趴到敌楼的门缝里，想看里面有没有古代的东西，希望有那些古代文物，或者将军事指挥部开放让我们看看，因为我们爱看打仗片。趴到垛口哪儿，还想着古代人咋打仗呢，我们去的一些景点，如青训班，陈设的都有近现代八路军的桌子、沙发什么的。这里最好能有一些和古代历史文化、战役相关的摆设。城墙给人的感觉很有安全感，打过仗的城墙容易被人遗忘，但是一上来就想起来，能不能隔几百米把古代军事文化的图片、文字贴在墙边，不要用那些艳丽的颜色，用那些暗色系，让人学习学习，回味回味。

5. 您参与什么活动了吗？为什么（没有）？

我们抱着孩子太累了，想坐电瓶车，太贵了，我们农民挣钱不容易，不舍得花那个钱，要是能便宜些就好了。

6. 您雇佣导游了吗？为什么（没有）？

没有，临时想到上来转转，也嫌贵。

7. 您听说过城墙举办的大型节事或者赛事活动吗？您认为怎么样？

新闻上看到过城墙举办了一些大型活动，有那个自行车比赛，就是没机会看，想看看呢。春晚在城墙举办，觉得西安很伟大，还可以上春晚，西安也正在往一线城市努力嘛。能不能开发一些和古代历史文化相关的活动，比如开发些有关秦朝、汉代还有唐代的历史文化活动，因为秦汉唐的文化都很辉煌。

8. 西安城墙的基础设施和硬件设施怎样？

我们想买水，走了这么长时间，走到北门才发现卖水的地方。看到那么多人骑自行车，我们也想骑，要是有那种能照顾到孩子的车子就更好了。城墙上太干净了，没有看到打扫卫生的，没有看到烟头，想抽烟，在这样的环境下，想抽烟但不好意思抽，外国人也多，不能丢人啊，还有除了买票再也没有碰到过工作人员。另外，标识牌容易被忽略，不方便小孩子看，是不是有些太朝外了，广仁寺的标识牌写得比较粗略，大概了解了一下，没记住，是关于康熙、文成公主什么的。

9. 您计划买一些纪念品吗？买了什么或者准备买什么？

没有，太热了，买了一把伞，比电瓶车划算，伞回去还可以用。

10. 您能用一个词或者几个词形容一下古城墙的主题吗？能否解释一下？

古朴、历史气息、古人智慧、安静。上来了没想到城墙这么宽阔，并排走几辆车都没问题，和在下面想象得不一样，这是古代留下来的，这些都是老建筑，处处体现着古人的聪明才智。我们也可以感受到当年打仗的情景，但现在就安静

地站在这里，人又不多，这里的历史气氛很好。

11. 您认为城墙之旅对你而言值吗？为什么？

我觉得城墙的门票太贵了，城墙游览不了一圈，那些电瓶车也贵，一站都要30元，我们农民挣钱不容易。

12. 有关西安城墙的旅游体验，还有什么愿意和我分享的吗？

以后要带大女儿来，让她见识一下城墙的伟大，其实我还挺想走完这一圈，了个心愿，把西安城转一遍。因为我抱着孩子，老公带着我们，最好有那种车，那就没什么遗憾了。

旅游者访谈 10

1. 您去过其他古城墙吗？感觉怎么样？

1966年去过南京明城墙，年代不同了，现在来到西安城墙，多有气势，整修、管理得非常不错。南京城墙当时破破烂烂，维护管理得很差，那个年代正在破四旧。现在形势变了，国家开始保护文化古建筑，你看西安城墙规划管理得多好，环境多好，成了文化、旅游、休闲中心。

2. 为什么决定来西安城墙？

我认为城墙是西安的形象，是西安的标志，到了西安如果不到城墙会遗憾。城墙见证了祖国建设的历史，也是西安城市发展的见证，你看外国人来城墙转一圈，首先看到了文物古迹，然后看到的是西安城市内外的风光、西安的变化，说大点，会感受到中国的强大，城墙代表西安，代表中国。到城墙上遛一遛、转一转，看看城市的变化，主要是城市环境的变化，环境卫生、服务态度、人与人之间的交流、精神文明建设，都好起来了。

3. 您什么时候到这儿来的？和谁一起来的？

昨天到的，今天一早就来了。

4. 当您在这个古城墙旅游的时候，您感受到了什么样的氛围？有特别引起您注意的吗？为什么？

站在这里你看西安城市多气派、多宏伟，环境干净整洁，感觉心情舒畅。往城墙内外一看，风景很好，走一走，人又少，刚刚下过雨，看到远处的高楼大厦、城市街道，有绿树环绕，千年古槐在街道旁耸立。国内、国外的游客坐着电瓶车，骑着自行车，休闲娱乐，很放松。城墙在历史上是一个军事堡垒，起保护作用，现在国家富强了，人民站起来了，过去劳动人民用他们的心血建成了一座古建筑，这是国家财富，就像万里长城，让我们看到国家的伟大，劳动人民创造的奇迹，这是多大的工程，凝聚了多大的力量，让人油然而生一种自豪感、幸福感。作为一个老百姓，在这里看看西安的火车站，来来往往的人群平平安安走在路上，你看报纸上报道中东地区，被战火蹂躏，叙利亚、伊拉克人民生命朝不保夕，生活在我们国家多幸福。再想到抗日战争时期，日本侵略中国，在那个年代，中国人民过的啥日子，现在吃穿不愁，国家政策那么好，老人可以免费来城墙，你看城墙的环城公园修得多漂亮，这时候就会体会到国家和党的温暖，中国人民的骄傲。

5. 您参与什么活动了吗？为什么（没有）？

在南门看过士兵表演，他们就是搞文艺演出，没有多深的内涵，就是表演，欣赏一下。

6. 您雇佣导游了吗？为什么（没有）？

就自己看看，也有标识牌。

7. 您听说过城墙举办的大型节事或者赛事活动吗？您认为怎么样？

听到过城墙的大型活动，如城墙跑步比赛、无人机表演，还有自行车比赛，西安的文化优势被发挥出来了，骄傲啊，祖国发展了，西安发展了，国家变强了，城墙就是历史的缩影和见证。

8. 西安城墙的基础设施和硬件设施怎样？

挺好的，这些建筑细节，如斜坡排水、垛口防御，还有吊桥、瓮城，都是伟大的设施，这里就是军事博物馆。标识牌也做得好，会介绍历史，看看上面的介绍，也了解了古代历史文化，能学些知识。到咱这个年龄，了解历史使思想充实，丰富了心灵。城墙外还有一些有意思的建筑，比如喇嘛寺，看它的标识牌就能了解文化遗产，不错！

9. 您计划买一些纪念品吗？买了什么或者准备买什么？

没啥买的，城墙这风景这么好，够了。

10. 您能用一个词或者几个词形容一下古城墙的主题吗？能否解释一下？

我感觉到城墙上下到处是文化，到处都是历史，到处都是文化生活，来这里充实了自己。你站在这里，能看到历史、看到文化、看到过去、看到现在和未来。

11. 您认为城墙之旅对您而言值吗？为什么？

太值了。你看这里的火车站，农民工背着大包小包，他们为了国家的建设、人民的幸福，南来北往，感受到国家的兴旺发达。你看高楼大厦一天一个变化，还有别墅、两层小楼，难道不是人们生活水平提高了吗？这证明国家在发展，人民生活兴旺，财富在增长。以前西安满大街尘土飞扬，车辆横穿马路，没法和南方城市比，像无锡，这几年，都是车让人，西安现在向珠三角靠近，绿化越来越好。城墙做得很好，已经很不错了，国家的维护、保护已经做得很理想了，已经让我心满意足了。你看地面的砖，凡是有坏的地方，都维修保养，夜里的灯光设施多漂亮，生活在这样的国度里，国泰民安，老百姓有幸福感、知足感。

12. 有关西安城墙的旅游体验，还有什么愿意和我分享的吗？

我们老了，国家的未来是你们的，你们要好好生活，好好工作，好好保护城墙，好好宣传城墙，让更多的外国人看看我们中国的强大，也让更多年轻人更爱国。

后 记

　　曾有人把人生喻为"独上高楼，望尽天涯路""衣带渐宽终不悔，为伊消得人憔悴"直至"蓦然回首，那人却在灯火阑珊处"三个阶段，对我来说，我更愿意把人生的历程理解为一种积累、沉淀和历练。从本科时懵懂进入旅游管理这个专业，到硕士时对这个专业有了更进一步的体悟，再到今天，经由众多前辈、老师引领回归对旅游学最本质、最深切的关照，自己也在逐步积累作为一名科研工作者的觉知和修养。在本书的写作过程中，经历了一次次的困难和挫败，但我很庆幸自己在战胜困难的过程中提高了自己的耐受力，学识和学术能力有了质的提升。人生没有白走的路，每一步都算数，这几年的经历必将使我一生受益。

　　在本书即将付梓之际，要感谢诸多给予我帮助的老师们，感谢你们在我困惑时给予我鼓励和关怀，感谢你们在本书完成过程中给予我技术性的指导和探讨。此外，还要感谢我的家人，他们的关心与支持是我前行的动力。漫漫求学路，几近不惑却还任性地走在"成为自己"的路上，感恩身边的亲人、朋友支持我、理解我、帮助我。最后，感谢自己在人生幽微时刻的坚守与坚持，生命是一个长期而持续的积累过程，要做点亮自己的光！

　　谨以此文，献给为完成此书给予我支持与帮助的人们！

李艳

2021 年 4 月于西安家中